U0902446

# 中国特色社会主义文化建设研究

王光秀◎著

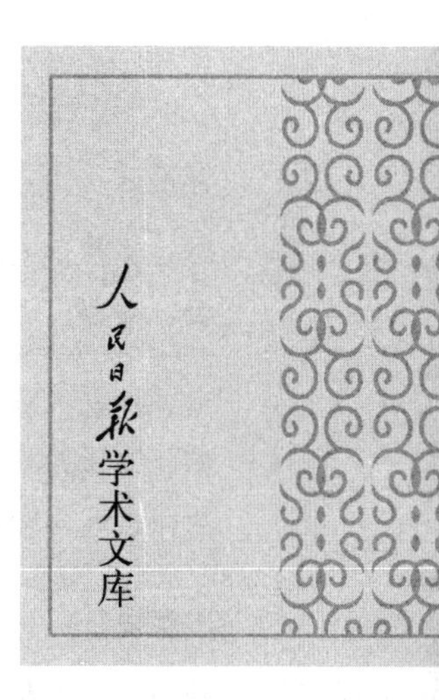


人民日报出版社

**图书在版编目（CIP）数据**

中国特色社会主义文化建设研究 / 王光秀著 .
—北京：人民日报出版社，2016. 12
ISBN 978 - 7 - 5115 - 3425 - 5

Ⅰ. ①中… Ⅱ. ①王… Ⅲ. ①中国特色社会主义—文化事业—建设—研究 Ⅳ. ①G12

中国版本图书馆 CIP 数据核字（2016）第 302873 号

**书　　名：中国特色社会主义文化建设研究**
**著　　者：**王光秀

**出 版 人：**董　伟
**责任编辑：**刘天一
**封面设计：**中联学林

**出版发行：**人民日报出版社
**社　　址：**北京金台西路 2 号
**邮政编码：**100733
**发行热线：**（010）65369527　65369846　65369509　65369510
**邮购热线：**（010）65369530　65363527
**编辑热线：**（010）65369844
**网　　址：**www. peopledailypress. com
**经　　销：**新华书店
**印　　刷：**北京欣睿虹彩印刷有限公司

**开　　本：**710mm×1000mm　1/16
**字　　数：**215 千字
**印　　张：**15. 5
**印　　次：**2017 年 1 月第 1 版　　2017 年 1 月第 1 次印刷

**书　　号：**ISBN 978 - 7 - 5115 - 3425 - 5
**定　　价：**68. 00 元

# 目 录
CONTENTS

# 导 论

一个国家的文化发展状况直接关系到一个国家的整体发展状况，在一定情况下甚至关系到一个民族、一个国家的前途和命运，尤其是在当前世界正在依照文化价值观而进行定位和划分的新形势下，更要求我们自觉地承担起文化建设，提升中华文化的影响力，提高国家文化软实力的责任，从而在激烈的国际竞争中，使国家、民族立于不败之地。我们党成立90多年，尤其是新中国成立60多年来，长期重视社会主义文化建设，并取得了伟大成绩和丰硕成果。如今我们要深入研究中国特色社会主义文化建设，以便更好地探索中国特色社会主义文化建设的科学路径、方法、措施，有效推进我国社会主义文化的大发展、大繁荣，从而推进全面建设小康社会的总进程，实现社会主义现代化和中华民族的复兴。因此，笔者以为在当今的时代背景下，加强对中国特色社会主义文化建设的研究，无疑具有十分重要的理论与现实意义。

## 一、本研究的意义

### （一）对中国特色社会主义文化建设的研究，能够丰富和发展文化建设的理论成果

我国作为文明古国、礼仪之邦，有关文化的种种活动自古有之，但由于认识的原因、社会发展程度的原因以及国际社会联系的程度等原因，我们对文化建设整体意义的自觉要晚很多，因此至今我们对文化建设研究的

理论成果不是很多，2005 年以后陆续出现有关文化的文章、著作，但探讨的内容基本上集中在如文化发展论、某一种文化形式对经济活动的影响、先进文化对社会发展的促进作用等方面的论述，而对中国特色社会主义文化建设进行整体、综合研究的理论成果则比较少。运用中国全文数据库检索，在博士、硕士论文中均未发现与“中国特色社会主义文化建设研究”对应的成果。综观学术界的这些研究状况，可以说对中国特色社会主义文化建设的整体研究还停留于较为零散的水平上，缺乏全面、整体和系统的研究。此外，对文化建设的理论依据、存在状态、发展趋势等更深的思考均还有较大的研究空间，本书的研究正是试图在这一方面做一些努力，为文化建设的理论研究做出自己的一点贡献。

（二）对中国特色社会主义文化建设的研究，有助于推动对马克思主义理论的整体把握

众所周知，我们党一直坚持以马克思主义作为指导思想，在革命、建设、改革时期都取得了举世瞩目的成绩，但也在不同的时期遭到过一些挫折，原因多种多样，而对马克思主义的非整体性把握应是原因之一。例如，当我们强调意识形态的反作用时，却忽略了生产力发展、经济等方面的建设；而当我们强调发展生产力、加强经济建设的时候，又在一定程度上忽略了文化等方面的建设，在多次类似于跷跷板的社会建设起伏中显现出了我们对马克思主义理论整体性把握的不足。现在在我国生产力有较大发展、经济建设有较大进步的情况下，进行中国特色社会主义文化建设研究，将有助于推动对马克思主义理论的整体把握，从而有利于社会主义现代化建设（其中也包括文化建设）进程的科学化。

（三）加强中国特色社会主义文化建设研究，促进社会主义先进文化健康发展，是坚持中国特色社会主义道路的需要，是实现现代化的思想理论前提

一个文明进步的社会，应该是具有物质和精神文化多维度文明的社会；一个现代化的国家，应该包含经济、政治、文化、社会发展等多方面的整体的现代化；一个国家的文化建设程度，往往会成为外邦衡量其文明

进步程度的直接标杆。因此，我们必须加快文化建设的步伐，自觉、主动地推动我国文化大发展、大繁荣，以满足人民群众多样化的文化需求，保障人民群众的基本文化权益，为中国现代化建设提供强有力的思想保证、舆论支持和精神动力。

需要特别指出的是，我们的文化体系中包含有社会主义核心价值体系，这一体系完整概括了中国特色社会主义事业的指导思想、理想信念、精神动力、行为规范等，因此建设中国特色社会主义事业，必须加强对中国特色社会主义文化建设的研究，促进社会主义先进文化的发展。这种科学、健康的文化代表了社会未来发展方向，推动着社会前进，它影响着人们的精神和灵魂，渗透于社会生活的各个方面，决定着人们的精神力量，尤其是我们的文化体系中所包含的社会主义核心价值体系，直接决定着我们党、国家和民族的发展方向、性质和兴衰。如果我们的文化建设研究不到位，我们的文化建设受到阻碍，尤其是没有社会主义核心价值体系的有效建构，那么，“社会主义”就是没有核心的，“中国特色”也就只剩下了空架子。正处在大发展、大变革、大调整时期的当今世界，其主要特征就是文化的重要性前所未有地凸显：文化与经济、政治等相互交融，日益成为经济社会发展的重要战略资源；世界各民族、各国家之间综合国力的激烈竞争，正日益聚集于以文化为核心的“软实力”的竞争。因此，我们必须自觉地加强文化建设，在国际交往中在宣传舆论方面占据主动，从整体上提升我们的国际竞争力，从而使我们的中国道路或中国特色更具完整性及生命力。

（四）加强中国特色社会主义文化建设研究、促进社会主义先进文化健康发展，是不断巩固马克思主义的指导地位、提供强大的精神动力和智力支持的需要

我国是社会主义国家，社会主义先进文化中的马克思主义是我们的指导思想；而中国特色社会主义、爱国主义、改革创新则是我们的共同理想、民族精神、时代精神；那么先进的教育、科学技术等便是我们的智力支持。因此，只有通过加强文化建设研究，促进社会主义先进文化健康发

展，才能不断巩固马克思主义的指导地位，为社会主义建设提供强大的精神动力和智力支持，亦即通过加强中国特色社会主义文化建设研究，促进社会主义先进文化健康发展，使我们更加坚定地以马克思列宁主义、毛泽东思想、邓小平理论和“三个代表”重要思想、科学发展观为指导，巩固马克思主义在意识形态领域的指导地位，巩固全党全国人民团结奋斗的共同思想基础；使我们更好地结合改革开放和社会主义现代化建设的实践，加强马克思主义理论研究和建设，从而做到围绕马克思主义的问题，能进一步认清哪些是必须始终坚持的基本原理，哪些理论判断是需要丰富和发展的，以及正确判断哪些是对它的教条式的理解，哪些是附加在它名下的错误观点等；使我们能更好地正确区分思想认识、学术、政治问题三者之间的界限，做到就事论事，是什么问题就解决什么问题，始终坚持政治原则和政治方向等。只有这样才能用科学的态度对待马克思主义，用发展着的马克思主义指导新的实践。尤其是当面对不断变化的国际国内形势和意识形态工作的复杂情况时，我们要始终保持政治上的清醒和坚定，始终坚持马克思主义的指导地位，才能不断巩固我们党执政的思想基础，才能提供强大的精神动力和智力支持，保证党和国家的事业沿着正确方向前进。

（五）加强中国特色社会主义文化建设研究，促进社会主义先进文化健康发展，是满足当代人民群众日益增长的精神文化需求的需要

马克思主义辩证唯物论认为，人是物质和精神的统一体，有着两种基本生活，即物质生活和精神生活，精神文化不仅是精神力量和智力财富，还是人的一种基本生活需求，正如人不能只有精神生活而没有物质生活一样，人也不能只有物质生活而没有精神生活，人既有自然属性，更有社会属性，有物质追求，更需要有精神境界，有经济需要，更应有道德规范，因此，没有精神文化生活的人，不能说是完整意义上的人。同时，马克思主义也认为，人的文化生活需求受物质生活条件的制约，随着人们的物质生活水平的提高，对精神文化的需求也会发生变化。近年来，随着我国民众物质生活水平的快速提高，人们精神文化的需求也正在快速增长，国内文化消费需求空间巨大。但当前一个必须承认的客观现实是：由于历史、

现实等各种原因，当前我国文化建设的现状离满足国内民众文化消费需求还有一定的距离，在不少层面出现了文化产品的供需矛盾。这些情况足以表明，当前我国文化建设现状与生产力发展、经济发展不相适应，与高新技术在文化领域的发展和广泛应用之趋势不相适应，与加快社会主义法制建设的要求不相适应，与进一步推进改革开放的新要求不相适应，总之，与人民群众日益增长的精神文化需求不相适应，与全面建设小康社会的目标、任务不相适应。由此可见，我国当前加强社会主义文化建设的任务极其繁重、艰巨，要解决这个矛盾，完成这个极其繁重、艰巨的任务，就必须加强中国特色社会主义文化建设研究，促进社会主义先进文化健康发展。①

（六）加强中国特色社会主义文化建设研究，促进社会主义先进文化健康发展，是提高我国国际竞争力、增强整体综合国力的需要

国际竞争力的概念需要从两个角度概括：从国际市场角度而言，国际竞争力是指一个国家在国际市场上，资产引进、吸收能力与输出扩张能力、出售其产品的能力，即保持贸易顺差或贸易平衡的能力等；从国内经济角度而言，国际竞争力是指在国际竞争背景下，一个国家创造增加值和国民财富持续增长的能力，两者相辅相成，共同构成了一个国家与其他国家竞争的经济发展与社会发展的能力，而支持一个国家国际竞争力的，便是这个国家的综合国力（national power）。国家的综合国力是指一个主权国家所拥有的全部实力及国际影响，包括物质和精神文化力量的综合。综合国力是衡量一个国家各方面实力的综合性指标，同时也是衡量一个国家基本国情及资源的重要指标。

当今世界文化与经济发展一体化的趋势正在加速，使文化在综合国力的竞争中居于越来越突出的地位。文化与经济发展的一体化，一方面是指文化经济化，另一方面是指经济文化化。文化经济化，是指文化进入市

① 聪明玉石：《加强社会主义文化建设是满足人民群众日益增长的精神文化需求的迫切需要》http：//forum. home. news. cn/。

场、进入产业，形成独树一帜、充满生机、朝气蓬勃的文化市场、文化产业，从而使文化具有了经济力、具有了商品性质，成为社会经济发展中的重要组成部分。这一点在当代西方发达国家已经越来越明显，他们的音乐文化、体育文化、饮食文化早已成为一种产业并形成了巨大的国际市场，已成了当代世界经济中同时也是他们本国经济中占比越来越大的新兴产业。近年来，发达国家文化产业占整个GDP的比例越来越大，例如，美国的文化产业占GDP的比例约为25%，而音像产品40%以上的国际份额被美国占据了，电影出口80%的世界市场也被美国占据了。日本文化产业紧随其后，占了日本GDP的20%。① 经济文化化，则是指现代经济发展中的各种文化因素，如科学技术、信息等的作用越来越凸显。北美、西欧、东亚等诸国，由于高科技等文化因素的大量渗入，使经济中的知识、科技、信息等文化因素已日益跃居重要地位。与之相应的便是，经济结构中体力劳动者的人数不断减少，而脑力劳动者的数量则迅速增加。正是由于受以上文化经济化和经济文化化这种文化与经济发展一体化的影响，人类经济已经从传统时代发展到了新型经济时代，即我们所说的知识经济时代。由此足以可见当今文化对国际世界经济、各个国家的综合国力、经济发展的巨大影响。我国拥有五千年的悠久历史，文化资源丰富，但我国文化产业只占GDP的很小一部分，对外文化贸易的渠道还不够宽，对外文化产品的国际竞争力还很有限。因此，我们必须通过加强中国特色社会主义文化建设研究，促进社会主义先进文化健康发展，从而增强我国的综合国力，同时不断推动中华民族的优秀文化走向世界，为世界文明做出更大贡献。

（七）加强中国特色社会主义文化建设研究，促进社会主义先进文化健康发展，是促进人的全面发展的需要

人的全面发展是人类长期追求的目标，在人类文明的早期，古希腊著名哲学家亚里士多德就曾提出过“和谐教育”。夸美纽斯也主张人们应该

① 赵少华:《推动文化产业又好又快发展不断增强我国文化软实力和国际竞争力》,《中国文化报》, 2010年8月31日。

成为和谐发展的人，因而要使人们接受完善的教育，从而得到多方面的发展。为此他在其著作《大教学论》中提出了泛智教育的理念。人类进一步发展之后，这样的思想就更为明晰、具体了，例如，作为自然主义教育思想代表的法国思想家卢梭就认为教育的目的、本质，即是促进人的自然天性，使人获得全面发展。瑞士的著名教育家裴斯泰洛齐也认为，人类教育的宗旨是发展人的理性、自由、善良意志及其他潜在能力。到了马克思、恩格斯那里，则更为重视人的全面发展问题了。他们第一次正式使用“个人的全面发展”的概念，是在《德意志意识形态》之中，在该书里，他们明确地提出关于人的全面发展的思想。后来，马克思和恩格斯在《共产党宣言》中，更具体地把人的全面发展定为共产主义者的理想目标和共产主义社会的基本原则。到《资本论》（1867 年）面世时，马克思、恩格斯已全面揭示了人的全面发展的科学内涵，即包括人的各种能力的充分发展；人的社会关系的全面发展以及人的个性的全面发展等多个方面。因此，从一般意义上说人的全面发展应该既包括人的脑力和体力的充分发展，亦即人的劳动能力（包括人的脑力劳动能力与体力劳动能力）的全面发展，同时也包括思想道德素质、志趣爱好、身体健康素质等多个方面的协调发展。而这些方面素质的提高，均有赖于加强中国特色社会主义文化建设研究，进而促进社会主义先进文化的健康发展。这是因为社会主义先进文化中的智力、体育、美育等构成部分，能够提高人们的科学文化素质、身体健康素质，满足人们的精神文化生活需求，给人们带来身心的愉悦等；而社会主义先进文化中的核心价值体系等构成部分，则能帮助人们形成科学的世界观、人生观；养成合理的价值观和培育良好的道德修养，从而实现人的全面发展。具体而言，首先，通过先进文化中的专业知识提高劳动者的能力（主要是脑力劳动的能力）。作为先进文化的重要组成部分，科学技术无疑是提高劳动者能力（主要是脑力劳动的能力）的关键。其次，通过发展先进文化，塑造人们的高尚品质，完善人们的道德修养，即通过先进文化建设强化为人民服务的理念，培育爱国、爱民的情怀，不断提高人们的思想道德修养。最后，通过发展先进文化中的现代化教育，加快提高劳动者素质，即通过加强现代化教育直接培养出现代化建设所需要的各层次合格人才，进而达到以发展先进文化促进人的全面发展的目的。

（八）加强中国特色社会主义文化建设研究，推动社会主义先进文化健康发展，是促进经济增长的需要

马克思主义唯物历史观早就指出经济是文化的基础，文化对经济又有能动的反作用。恩格斯指出，经济作为基础同政治等其他社会因素之间的“交互作用”，一直是经济社会的主旋律。当前的社会正处于知识经济时代，文化对社会全面发展的作用越来越凸显。胡锦涛同志强调，文化是经济社会发展的重要支撑力量。我们要建设强盛的经济大国，必须建设与之有“交互作用”的文化强国。而历史发展规律告诉我们，文化与经济的结合不会自动产生，需要我们深入研究文化建设，不断认识它，把握它，调整它，使其不断处于先导与超前发展的状态，从而充分发挥文化对社会经济增长的促进作用。

从当前国际社会发展的特点来看，文化产业是极具发展潜力的经济增长点。文化产业有其特点，如文化资源在使用过程中具有不断积累性、价值增值性，产业生产具有无污染、低能耗等特点，这使得发展文化产业已经成为我们转变经济增长方式的重要选择。特别是与世界发达国家相比，该产业在我国国民经济中的比例总体上偏低，已经成为当前制约我国总体经济发展的突出因素，例如，我国文化贸易逆差的现象严重，输出的文化产品价格远远低于引进的同类产品，文化产品和服务出口渠道不宽，国际市场开拓的速度慢，文化产品整体竞争力不足等。此外，我们也可以用数字来将其具体化：根据中国文化软实力研发中心等机构联合发布的《文化软实力蓝皮书：中国文化软实力研究报告（2010）》的介绍，在世界文化市场中，美国、欧盟、中国所占的比例分别是43%、34%、4%，也就是说，在世界文化市场中，我们现在占的比例只有美国、欧盟的零头。这样大的一个差距对我国总体经济发展的制约和影响是显而易见、不容置

疑的。①

总之，在上述情况下，加强中国特色社会主义文化建设研究，大力促进文化的健康发展，显然具有十分突出、不言而喻的重大理论意义与现实意义。

## 二、本研究的相关概念

### （一）文化

文化既是一个日常生活中普遍使用的概念，也是一个抽象的概念；文化既是一个古老的概念也是一个时新的范畴，从人类较早时期开始，就有了对文化的探寻、思考，当今人们赋予文化的内涵与外延都是以往传统的理解所无法比拟的。在我国，虽然古代就已经有丰富的文化思考与学理资源，但对文化的系统研究却并没有相应的古老历史，直接从社会发展层面去理解文化对社会的作用应该始于中国的近代，并由此而发起有名的“新文化运动”，同时也有部分仁人志士明确提出了教育救国、科学救国等主张，看到了文化对社会发展的作用。但由于社会历史观、认识等方面的局限，不能正确认识社会与文化的辩证关系，因此，此时对文化的研究仍处于浅层的、狭窄的认识层次，远未达到对文化的真正自觉。我们党从其产生开始，就注意到了文化的重要性。但我们对文化建设整体意义的自觉要晚很多，对文化的有意识的整体建设以及文化建设在社会发展中的整体功能的深层次认识，也要比西方发达国家晚。2005 年以后，有关文化的文章、著作逐渐多了起来，开始探讨文化发展论、文化与经济发展、先进文化对社会发展的促进作用等，而对文化的定义也是其讨论的重要部分。

在人类历史上，对文化的定义可谓众说纷纭。据不完全统计，有关文化的定义已经超过了 250 种，哲学家、人类学家等学界专家均从各自不同的领域去界定文化的定义，各有侧重，至今尚未有一个人人认同的文化定义，但比较一致的看法是把文化看作是人类社会的文明方式。

---

① 《我国文化产业在国民经济中所占比重》，http：//www. cinic. org. cn。

文化无疑是社会现象，是当代人们创造的社会产物，但文化也是历史现象，是人类社会长期积淀的产物。从目前的情况而言，中外学者均比较认同的观点是文化的内涵有广义与侠义之分，广义的文化涵盖面非常广泛，它是人类创造的物质财富与精神财富的总和。从此角度理解，文化无疑是一个十分宽泛的大范畴，一切与人类活动有关的事物和现象都属于文化。狭义的文化是指人类的精神生产能力和精神产品，包括一切社会意识形态，如政治观点、思想意识、价值取向等。从这一角度理解，文化则是较为明确的范畴，事实上，现实中当我们把文化和政治、经济、军事并列相提时，实际上就是从狭义的理解上来使用文化这一概念。因此，我们要结合具体的语境，辩证地理解和科学地把握文化的概念。

（二）文化建设

从广义而言，文化建设包括人类社会的所有物质文明建设和精神文明建设，从狭义而言，则指人类道德思想建设以及发展科学、文学艺术、教育、卫生体育、广播电视、新闻出版、图书馆、博物馆等各项文化事业的活动。文化建设的基本任务，就是用符合时代要求的核心价值理念、道德要求、行为规范等培养民众的价值观、道德素质、行为习惯等；用最新的科学、技术成就提高民众的知识水平，通过一定的教育制度培养新一代建设者，并用反映时代精神的相关文学艺术及民众活动来丰富人们的精神生活，陶冶人们的情趣，从而维持社会的稳定，促进社会的发展。与中国特色社会主义的历史时期相适应，中国特色社会主义文化建设的基本内容是加强思想道德建设，发展教育、科学、文化事业等。其中，社会主义思想道德建设作为中国特色社会主义文化建设的灵魂，无疑是文化建设的重要内容和中心环节。同时，与中国特色社会主义建设的指导思想相一致，中国特色社会主义文化建设的指导思想便是马克思主义。中国特色社会主义文化建设的根本任务是：培育“四有”公民，提高整个中华民族的思想道德、科学文化素质。把培育“四有”公民作为建设中国特色社会主义文化的根本任务，在理论上符合马克思主义历史唯物主义的基本原理，从现实而言，则符合中国特色社会主义伟大实践的要求：在新的历史发展时期，我们要建设社会主义现代化强国、实现中华民族的伟大复兴，要完成这一艰巨的历史任务，就必然要培育一代又一代有理想、有道德、有文化、有纪律的“四有”公民。

（三）先进文化

文化既是对当前社会存在的反映，同时又具有历史继承性以及多样性等特征，使某一个社会历史发展时期的文化必然具有先进文化、落后文化甚至腐朽文化等区别。从唯物历史观立场出发，界定一个社会历史时期的先进文化的客观依据，是该文化是否能反映先进生产力的发展要求，是否能代表社会进步的方向，是否能体现和维护最广大人民的根本利益等。满足了这些客观依据的文化，便是这一时期的先进文化，因此，先进文化是指符合社会发展需要、反映社会先进生产力的发展要求，体现和维护最广大人民根本利益的文化部分，它们必然是推动人类社会前进的强有力的精神动力、智力支持，深刻地影响当代人的精神和灵魂，广泛地渗透于社会生活的各个方面。先进文化是一个历史概念，在不同的历史发展时期，有其不同的具体内涵，相应地中国特色社会主义时期的先进文化也有其特定的含义，具体的表述不尽相同，但比较统一的概括是：有着中国特色、代表中国先进文化方向的，面向现代化、世界及未来的，科学的民族的大众的社会主义文化。这部分文化是当前中国文化的主体，它的意识形态部分即马克思主义；它的价值体系、道德标准、行为规范包括了中国特色社会主义的共同理想、信念，爱国主义、集体主义的思想、情怀，以及团结、友爱、诚实、守信等相关道德要求、行为规范；它代表了积极向上的社会进步发展的方向，体现和维护了最广大人民的根本利益。它的先进科学技术文化、新科技革命的成果，则从根本上反映了先进生产力的发展要求，为人类社会生产力的发展提供了强有力的精神动力和智力支持。因此，中国特色社会主义文化完全符合先进文化的客观依据，是当前中国社会的先进文化，能否建设好这一先进文化，直接关系到我们党的性质、执政能力和国家与民族的兴衰。

（四）文化类型

文化是人类社会文明的方式，具有社会历史性，会因人、因时、因地等各种因素的不同具有复杂性、多样性，因此很难对文化做一个精确的分类。为了便于研究，人们通常从某个角度去进行分类，分类角度不同，所分出的文化类型便有所差别。据不完全统计，目前比较普遍的文化分类角度有下面几种主要情形。

第一，从文化的内部组合结构角度，可以把文化分为下面四种类型：一是物态文化，即人类的物质生产方式及其产品的总和，是显性文化；二是制度文化，即指由人们在实践中形成的各种规范、各种制度、组织条例等；三是行为文化，即指人们在生活中逐渐形成的，具有鲜明的民族、地域特色的民俗风情、仪式，以及包括衣食住行、各种生活方式、种种人与人之间的联系等；四是心态文化，也称隐性文化，即指人们在实践和意识活动中形成的社会心理和社会意识形态两部分，如人们审美的意识、价值理念等，是文化的核心部分。

第二，从抽象与具体的角度，可以将文化分为如下三种类型：一是深层文化（deep culture），主要指价值观念、价值取向、道德规范等高度抽象的层次；二是高级文化（high culture），包括哲学、宗教、文学、艺术等由抽象逐步走向具体的层次；三是大众文化（popular culture），是指民俗风情、仪式，以及衣食住行等进一步具体的层次。

第三，从不同性质和表现形式，可将文化分为下面几种类型：一是物质文化，即人类在社会实践活动中创造的各种物质产品，包括生活资料和生产资料。这些具有使用价值和价值的物质产品，在本质上都是文化的一种物化，都凝聚和内蕴着某种特定的文化。物质文化是基础文化，是人类文化和人类社会发展的前提。二是精神文化，也称为思想文化，它直接作用于人们的心理活动和精神活动，使人形成特定的主观内心世界，以此左右自己对客观世界的观察、判断、选择，从而左右自己的行为。哲学、宗教、文学、艺术、思想观念等，都属于精神文化。当物质文化达到一定高度之后，精神文化将在人们的生活中变得越来越重要。三是智能文化，也称为科技文化，是指能为人们提供认识、改造自然与社会的手段和方法，从而改变人们的生产生活条件和环境的文化。它既包括较高层次的科学和技术，也包括较低层次的一般生活知识与技能，比如，日常生活中前辈人对晚辈人的经验传授，大人对小孩的言传身教，各级各类学校学生所学的自然科学知识和应用知识等，都是智能文化。智能文化直接影响着人们的素质和生存能力，是人类社会发展的重要动力。四是规范文化，也称制度文化，是指规范人们的行为和生活方式的各种规则和要求。社会制度、法律法规、风俗习惯、伦理道德、条令条例、村规民俗、家风家教等，都是规范文化的具体表现。规范文化是为了调节人与人之间、人与社会之间的关系而形成的，有的是自发的，如习俗，有的则是人为定下的，如法规。规范文化使人类群体能够维持一种秩序，保持群体的稳定，从而在总体上有利于人类自身的健康发展。

第四，从社会地位和作用角度，可将文化划分为如下两种大的类型：一是主流文化，也称主体文化，是指在一定社会范围内占主导地位的，被绝大多数人接受和遵从的文化。例如，在中国封建社会，儒家文化就是主流文化；在当代中国，以马克思主义为指导的中国特色社会主义文化就是主流文化。二是支流文化，也称亚文化、次文化、边际文化，是指在一定社会中处于次要、边缘地位，仅被一部分社会成员所接受或仅是某一社会群体特有的文化。在许多情况下，亚文化虽然不一定得到统治集团的扶持，但可以与主文化共存共荣，相辅相成，在一定条件下还可以被主流文化融合从而成为主流文化的一部分。

第五，从研究对象和内容角度，可将文化划分为两种类型：一是自然科学文化，是指以自然界为其研究对象，体现人们对自然界的认识成果的文化，基本上与前述的智能文化、科技文化是一个范畴。这种文化涉及的是自然界问题，是为了调节人与自然的关系，因此具有普遍适用性，对任何社会群体和个人都具有相同的意义和作用。如物理学、生物学、化学、数学、生命医学等都属于这类文化，它们对人类的共同生存与发展产生作用。二是人文社会科学文化，是指以人类社会自身为其研究对象，体现着人们对社会的认识成果的文化，基本上包含了前述的精神文化和规范文化。整体而言，它所涉及的是社会问题，是为了调节人与人、人与社会的关系，是为了培养人的社会性使之更好地适应社会需要。由于人们所处的社会环境不一样，人文社会科学文化往往具有很强的民族性、国家性，不同的民族和国家之间存在很大不同。所谓文化的差异和冲突，一般就是指人文社会科学文化之间的差异和冲突。

（五）文化功能

功能是指事物或方法所发挥的有利作用，即事物所发挥的效能、功效，相应地，文化功能的含义则是指文化所发挥的有利作用，或者指文化所发挥的效能、功效。概括而言，文化的主要功能有下面几个方面。

一是文化具有促进人社会化的功能。在一个人从生物的人到社会的人的转变过程中，劳动是决定性的因素，而文化在其中发挥着重要的作用。人与动物的根本性区别在于，人有发达的大脑，有复杂的思维，有交流的语言，这一切都有赖于对文化的学习与接受。如果一个人自出生以后就离群独居甚至完全脱离社会生活环境，那么他就会因远离文化而成为一个非正常人，甚至蜕化为一个纯动物性的人。所以，文化在促进人的社会化过程中具有重要意义。

二是文化具有认知功能。文化具有帮助人们认识社会、认识自然及认识其他一切事物的作用，文化不断促进人们认识能力和行为能力的提高。人们通过学习、接受文化，掌握有关的知识和技能，认识到各种事物的本质、特点和变化规律，判断是非，制定出正确的对策，从而在行动中取得预期的满意效果。一般情况下，文化水平与人的知、行能力是成正比的，如果没有文化（不只是指狭义的文化），人们对外界事物将一无所知，人们在客观世界面前将寸步难行。

三是文化具有整合功能。文化有协调社会群体成员行动的作用。社会成员尽管是构成社会群体的一分子，但他们同时也是单个的个体，具有不同的个性、特点、需求、利益，在一定的条件下甚至会形成冲突、对立。此时，文化便是整合、凝聚社会的黏合剂。作为精神范畴的文化，可以依附于语言、艺术等文化载体，形成一种社会文化环境，为生活于其中的人们认识、分析、处理问题提供大致相同的基本点，使人们能够有效地沟通、消除隔阂、促成合作，进而维系社会和民族生生不息，促使其不断发展和进步。

四是文化具有导向功能。文化可以引领人与社会朝一定方向变化，以达成一定的目标。文化的导向功能分为正导向功能和反（负）导向功能两种形式。所谓正导向功能，是指文化引导人与社会向进步与发展的方面变化，达成符合社会向前发展目标要求的结果。我们知道，社会文化既有对现行社会的肯定和支持因素，也包含着对现行社会的评价与批判，文化既包含着这个社会“是什么”的价值支撑，也蕴含着这个社会“应如何”的价值判断。当一种旧的制度、旧的体制无法进一步运转下去的时候，蕴藏在新制度、新体制中的文化精神，就会给人们提供新理想、信念等，从而为人们的行动提供方向，这种文化会对社会产生正导向功能。文化的反（负）导向功能，是指某种文化引导人与社会向着某种落后、退步的方面变化，产生与社会整体目标要求不一致或者是相互排斥、相互对立的结果。这一功能就表现为某种文化对社会的正常运行与发展具有的消极作用。

五是文化具有维持秩序功能。我们知道文化具有社会性，它是人类社会共同生活过程中衍生出来或创造出来的社会财富，同时也是一个群体或社会全体成员共同享有的社会现象。不被群体或社会所承认的个别人的特殊习惯和行为模式，严格意义上说，不能成为这个社会的文化。因此，当一种文化形成和确立时，就意味相应的价值观和行为规范已被人们认可和遵从，从而意味着一种秩序的形成，并且伴随着这种文化的存在，这种秩序就会被相应地维持下去，这便是文化的维持功能。尤其是社会中常常存在人与自然、人与社会、人与人之间的矛盾，以及个人自身的各种矛盾。解决这些矛盾的方法、手段会随着社会发展的时期不同而有所差别，但依靠法律、理想、道德、礼俗、情操等文化因子去化解这些矛盾，则是不同时期人类社会通用的普遍方法，即用诚信、公正、正义等文化因子潜移默化地影响人们的行为，发挥文化的熏陶、教化、润滑、激励、凝聚等作用，从而维护社会稳定，使社会有序地向前发展。

六是文化对经济发展具有影响功能。文化的导向作用会直接影响经济战略、经济制度、经济政策的选择；文化以思想、理论等方式引导经济领域的生产、交换、分配、消费等各个环节的进行；文化还促进经济主体之间相互沟通、合作，使经济生活在一定的组织内有序开展；同时，与经济相关的各种文化因子也直接影响着经济发展的竞争力等。

总之，文化功能体现在社会生产和生活的一切领域和一切方面。随着社会的发展和进步，文化的作用变得越来越重要，尤其是在当今世界全球化不断推进、高新科技迅速发展及被广泛应用的时代，离开了文化，人的全面发展和社会的全面进步都是不可想象的。

（六）文化特征

文化特征，是指文化本身所具有的可作为标志的显著特点，可概括为如下几个主要方面。

一是文化具有抽象性。文化作为统称时，它不是指某一种具体的文化表现形态，而是人们对各种具体文化现象进行概括、抽象，并由此而形成的关于文化的概念。例如，精神文化就不是单指某一种具体的精神现象，它是对各种精神现象所体现的人类文明程度的共同本质的概括和抽象。文化总是建立在象征符号的基础上，一切具体文化现象都不过是一定文化类型的反映或象征。就如同白与黑，它们本来是自然界中的两种颜色，可当人们将其作为两个文字符号后，就使它们具有了浓厚的象征性。文化具有这一特点，主要是由于文化属于社会构成中的软件系统，它对于人类的特殊意义只能通过具体的事物或现象体现出来，而具体的事物或现象只是对于人类具有某种特殊意义的文化的反映或象征，不能直接等同于文化。

二是文化具有社会性、历史性。就其社会性而言，是指文化不是单个人创造的，它是人类社会共同生活过程中衍生出来或创造出来的社会财富；同时其社会性还表现在，文化必须是一个群体或社会全体成员共同享有的。不被群体或社会所承认的个别人的特殊习惯和行为模式，严格意义上说，不能成为这个社会的文化。文化的历史性，是指它随着社会的变迁而变化的特性，它不是凝固不变的。例如，在无阶级社会中文化不具有阶级性，而当历史发展到了阶级社会时，一些与政治、经济发展紧密相关的文化类别便具有鲜明的阶级性。

三是文化具有习得性。习得性，也称文化的后天性、文化的超生理性。这一方面是指任何文化都是人们后天学来或创造的，而不是通过生理遗传天生就有的。对个人而言，不需要后天的学习而与生俱来的，只是本能而非文化。例如，人饿了要吃东西，这就是本能，但吃什么东西、怎样吃、吃多少才最合适，这需要后天学习才能知道，这种关于"吃"的学问就是文化。再如单纯的趋利避害，这就是一种本能，但如何化害为利，如何除害生利，这就需要后天的学习才可以做到，从中体现出来的方式方法和技巧，也就是文化。另一方面是指任何一种文化，当客观条件具备之后，只要人们肯努力，就都可以学习。人们对一种文化可以做到从无知到有知，从知之不多到知之甚多，甚至成为我们通常所说的专家、学者。正是文化的这一特性，使得社会上形式多样的学习与教育成为可能，使得人们智能、技能的提高成为可能。

四是文化具有功能性。马克思主义认为，一定社会历史时期的文化必然受一定时期的社会存在所制约，但由于文化具有相对独立性，所以，文化通常对人类改造客观对象具有很大的能动作用。从历史经验看可以概括为两种方向相反的反作用：一是种能动的积极推动社会向前发展的作用；另一种则是消极的阻碍社会向前发展的作用。无论哪一个方向，文化所具有的功能性都是我们不能忽略的。

五是文化具有继承性。马克思主义在主张文化随社会的变化而具有历史性的同时，也强调文化具有明显的继承性，认为任何当前文化都或多或少地、直接或间接地包含着对以往文化的继承因素。随着人类社会历史不断发展、不断进步，新的文化也随之不断出现，但新文化并不会与以往的文化截然割裂，而是在继承传统文化的基础上产生的。可以说，任何一个历史时期的文化都是从前一个历史时期继承下来，并发展和演化的。继承的不可能也不应该是以往文化的全部，而是舍弃一部分，继承一部分，新增一部分，在此基础上形成一定社会历史时期的文化。因此，文化是一个不断继承和更新的过程，完全否定传统文化是不对的，并且也是不可能的。文化的继承以文化的积累（保存）为基础。文化保存的形式和手段是多种多样的，它可以物化的形式存积在生产资料和生活资料以及人们生活的社会环境之中，也可以人类特有的文字形式存积于各种媒介和载体之中，还可通过人们的语言交流形式得以保存，于是后人也就可以通过各种途径把文化继承下来。正是由于文化基于积累的继承性，才使得文化变得越来越鲜活，越来越丰富，越来越完美，人类自身也因此变得越来越聪明和有智慧，人类社会也因此不断发展和进步。如果文化不可继承，如果人们拒绝继承文化，那么人类的文明进步就无法实现。

六是文化具有多样性。文化具有多样性，一方面是指文化的类型多种多样，文化的具体表现更是纷繁复杂、千差万别。它涉及社会的政治、经济等各个领域，涉及人们生活的衣食住行等各个方面，因此文化的种类具有多样性。另一方面是指不同国家、民族，不同社会群体，不同的地区，都有其独特的文化。文化作为社会历史时期的产物，必然带有鲜明的个性特征，各个时期、各个地域和各民族的文化都会有各自不同的特色。

七是文化具有共同性。文化的共同性也称文化的共性、普遍性。这一方面是指人类处处有文化、时时有文化，文化普遍存在于整个人类社会之中；另一方面主要是指不同地域、不同民族、不同社会的文化，在相互区别的同时，又会有相一致的地方，会有共同的原则，即在特殊性与多样性之中又有共性。美国学者默达克在其所著的《社会结构》一书中，就从各种不同文化之中归纳出 70 多种共同点，例如，求爱、男女分工、睦邻友好、乱伦禁忌等，虽然在具体表现形式上不一样，但这些原则是相同的。正是文化的这种共同性，使得世界上各种文化之间能够互相交流、沟通，从而相互推动、共同发展，有力地维护和促进了人类的和平、稳定与发展。如果否认文化的共同性，将不同文化之间的差异绝对化，甚至人为地扩大成对立，就可能被某些居心险恶者当作制造冲突或战争的借口，从而给人类带来灾难。

# 第一章

# 中国特色社会主义文化建设理论的形成

中国特色社会主义文化建设理论作为中国特色社会主义理论体系的重要组成部分，与中国特色社会主义理论体系一样，是我们党在长期的实践探索和理论创新的基础上逐渐创立的。它的形成有着深刻的国内外时代背景、深厚的理论基础以及源远流长的文化历史积淀。

## 第一节　中国特色社会主义文化建设理论形成的时代背景

### 一、全球化进程的推进及世界文明的多样性发展

#### （一）全球化进程的推进

全球化通常意义上是指在经济、科技、文化等各方面发展的推动下，人类交往的时间、空间距离不断缩小，世界各国的联系日益紧密，国与国之间的政治、经济贸易等的相互联系、相互依存不断增强，全球逐步被视为一个整体，所以也有人把全球化解释为世界的压缩。从历史发展的角度考量，全球化则是一个人类历史发展的客观过程。作为思想敏锐的伟大思想家，马克思、恩格斯早在160多年以前，就在深刻分析资本主义社会的特点、发展规律、发展趋势等的基础上，科学地预见了人类历史发展的这种全球化趋势，他们在《共产党宣言》中明确认为，资产阶级由于利益的驱使、商品市场经济发展的推动，开拓了世界市场，从而使所有国家的生

产和消费都成为世界性的了。事实上，随着人类的向前发展，无论人们喜欢还是排斥，全球化都客观存在并持续演进着。到了20世纪80年代之后，超越国界、摆脱国家管制的西方发达国家垄断资本，在更广的范围、以更快的速度推动着全球化的进程。一些世界发达国家更是利用了全球化的发展来强化对世界各国的各方面的影响和渗透，既包括了政治、经济、军事等方面的影响，也包括了文化等方面的渗透，而且与传统相比，这种文化上的渗透越来越广泛和深入，如西方资本主义意识形态的扩张和强力推行西方资产阶级文化价值观等。在这种全球化国际背景下，要实现现代化强国的中国，在政治、经济、文化、军事、社会等方面的建设要完全不受外界的影响已然不现实。事实上，20世纪末期，在这种世界全球化状态下，世界现代化及其文化思潮已经对中国产生了巨大的影响。

从历史进程而言，在中国特色社会主义文化形成时期即20世纪70年代末期，正好处于西方理论界广泛使用“现代性”和“后现代性”术语的时期。所谓“现代性”，在西方学者的语境里，是指“秉承18世纪启蒙运动的宗旨而紧随着启蒙运动后出现的社会秩序”。现代化的标志是：前所未有的进取动力、对传统的背离和拒斥以及具有全球性后果。① 现代性理论认为，现代化是对一种与技术导向的经济增长密切相关的社会政治、经济、文化发展方式的概括，它是世界上各个国家不可避免的、值得追求并且仅仅需要一系列适当的因素就可以实现的社会发展过程。事实上，西方发达国家经过努力已经实现了现代化，而且在中国特色社会主义文化逐步形成时期即20世纪70年代末期，其就已经进入现代性社会发展的尾声，甚至开始了对现代性自身潜伏的并已经显现出来的许多弊端进行反思，他们的理论界事实上已经在热衷讨论“后现代性”的理论问题了。也就是说，在我国把实现现代化社会作为目标时，西方发达国家已经出现对“现代性”进行反思的“后现代性”文化思潮。

---

① （加）大卫·莱昂著，郭为桂译：《后现代性》，长春：吉林人民出版社，2004年，第36页。

“后现代性”理论是一种描述和揭示西方现代社会晚期所出现的各种重大社会变迁的社会文化理论，认为西方世界在20世纪末期出现了两个重要的特征：一是远程通信和计算机技术将成为“经济和社会交换方式、知识生产和再生产方式、人们的工作和组织特征的决定因素”①；二是消费生活方式和大众消费支配了所有社会生活，消费成了“生活世界运转的轴心”，消费甚至取代了工作，而且影响更广的是，现代的消费是全球性的、没有国界的，即使不消费的人，也会受到消费浪潮的影响②。上述社会层面的“后现代性”理论，在文化和知识层面又被称为“后现代主义”，它在理论上消减了科学的客观性权威，放弃了科学哲学中的“基础主义”诉求（一种认为科学建立在可观察到的坚实基础上的主张），它对理性、自然、进步等都表示怀疑。后现代主义中的解构主义甚至认为，所有的文本都没有自身确定性的含义，进而质疑所有的文本，主张文化的相对主义和多元性，从根本上动摇了以前现代性时期的逻辑中心主义立场。③

上述的世界文化思潮以及其他的文化思潮一起，借助世界全球化浪潮不断冲击着中国的广大民众，使刚刚接受实现国家现代化理念的中国，又要面对接踵而至的“后现代性”理念。如刚刚接受要发展科学、发展生产力等观念，又要面对对科学客观性权威的质疑；刚刚接受努力发展生产力、走现代化建设之路等观念，又要面对“消费成了‘生活世界运转的轴心’，甚至消费取代了工作，而且影响更广的是，现代的消费是全球性的、没有国界的，即使不消费的人，也会受到消费浪潮影响”等理念；要站在才刚刚改革开放、刚刚开始走现代化之路的大地上，去面对早已开放过的、已经走到现代化后期的西方人揭露现代化弊端的观点；还要面对他们站在后现代性时期思考的“文本无确定性”等观点。事实上也确实如此，

---

① （加）大卫·莱昂著，郭为桂译：《后现代性》，长春：吉林人民出版社，2004年，第67页。

② 刘克利，栾永玉：《中国文化体制改革与建设研究》，北京：中国人民大学出版社，2009年，第21页。

③ 刘克利，栾永玉：《中国文化体制改革与建设研究》，北京：中国人民大学出版社，2009年，第21－22页。

在20世纪末期，由于“现代性”是世界上各个国家不可避免的、值得追求并且仅仅需要一系列适当的因素就可以实现的社会发展过程，并且符合当时中国的现实需要，所以最先被我国知识分子所接受，并成为中国社会的发展之路。而随着改革的深入、经济的高速增长、现代化的快速发展，人们逐步发现西方发达国家某些后现代社会现象也确实在我国的一些发达都市渐渐出现。因而“后现代主义”的文化思潮也被我国部分知识分子所接纳，并首先从文学艺术等领域流传开来。面对如此纷繁复杂甚至前后主张迥异的西方文化思潮，在种种文化冲突中，我们必须思考：我们的文化建设该何去何从？我们的政治、经济现实是否允许我们的文化建设完全跟着西方的文化思潮走？不随西方文化路径走，我们的社会主义文化建设道路在何方？如何走上属于我们特有的、与中国实际相适应的、与世界先进科学文化发展潮流相符合的社会主义文化建设道路？如何建设文化才能使我们的文化获得安全？总之，世界全球化以及由它所扩散的复杂国际文化思潮表明，中国文化要在新的形势下获得新发展，原来在封闭状态下所形成的文化建设模式已经行不通，形成一种新的文化建设理念已经成为社会发展的客观需要。

（二）世界文明的多样性发展

在一定意义上说，文明应该是与人类共同成长的概念，可以从多个角度去界定。如果从静态去理解，文明是指人类社会进步、前进、向上的状态。因此，描述人类文明时，我们通常是指物质资料的丰富、文化的繁荣、民主政治的昌明等，既包括物质文明，也包括精神文明，是指人类创造出来的全部财富的总和。从动态去理解，文明是指人类创造各种财富的过程，是人类不断认识世界、改造世界，由低级向高级发展的过程。因此，人类发展史就是一部文明发展史，所以有研究认为人类文明肇始于4.4万年前，正是经过长期的文明发展过程，人类才有如今的文明状态，并且将伴随着人类的进步、发展而不断发展、丰富。

人类文明无疑具有共性、普遍性。这一方面是由于创造文明的人类本身具有共属于人类这一共同特性，因而从最大的属性上决定了各民族所创造的文明就都属于人类文明，具有共通性。另一方面，各民族的文明均沿着大体相同的基本规律发展，并经历着大致相同的基本形态，这些基本的相同性质使得世界各民族创造的文明，在一定条件下可以相互学习、相互交流、共同借鉴、共同分享，如各种科学技术、工业、交通、医药、教育、制度、体制、机制以及管理方式方法等，通过互通有无、融会贯通，促进了人类文明的共同发展、共同进步。

与此同时，人类文明又具有特殊性，呈现出世界文明的多样性发展特征。这一方面是因为在同一个民族的不同历史发展时期，其文明状态、程度、形式等有不同的特点，这就是我们常说的从纵向考量的结果。另一方面，是指同一个历史发展时期的不同民族的文明具有不同的特点，从而使世界文明呈现出多样性的发展状态，这就是我们常说的从横向考量的结果。即使在同一个历史时期，不同国家、民族，不同社会群体，不同的地区，都有其独特的文明特征。因此，我们说文明作为社会历史发展的产物，必然带有鲜明的个性特征，各个时期、各个地域和民族的文明都会有各自不同的特色，有时差异甚至会很大。如古代有名的几大文明代表就各有其特点：古代埃及人民在肥沃的尼罗河流域发展起来的埃及古代文明，其令人肃然起敬的金字塔等建筑、使人目瞪口呆的木乃伊所代表的文化，都是世界上独一无二的；古印度的文明以其宗教的神秘，诗歌、文学、史诗的丰富而闻名于世；古希腊文明显然以包括了神的故事和英雄的古希腊神话而著称；古罗马的文明特征是它辉煌一时的罗马法及令人瞩目的文学、艺术、哲学成就的交相辉映，共同构成了古罗马文明的繁荣；中国古代文明更是丰富多彩、博大精深，以儒家为代表的丰富思想学说、以长城为代表的古代建筑艺术、以四大发明为代表的科学技术等，任何时候都能展现出其独特的风貌。由此可见，由于世界各个民族所处的地理环境、生态条件、生产力发展状况、社会制度、文化结构等的不同，其所创造的文明各具特色，文明形式、文明水平、文明发展路径和方式都会呈现出差别性、多样性，这是一种历史的必然。正是文明的这种多样性，才使得人类世界变得丰富多彩，也正是这种多样性，才使得不同文明类型之间能互相比较、互相竞争、互相借鉴，取长补短，共同发展，由此使人类文明的发展获得巨大的内生动力。

由此，马克思主义认为，要承认世界文明多样性的客观现实，要尊重各国的文明发展历史。各国的文明也必须在多种文明的交融、震荡中，努力保持自己的特色才能更好地谋求发展。尤其是作为人类文明的重要组成部分的各民族文化，同样需要保持自己的个性特色，争取自己的立足之地，才能获得发展的机会。这一点对于有五千年文化发展历史的中国华夏文化来说更为重要。在闻名的世界古文明、古文化中，有的已经早已销声匿迹了，有的遭到了摧残和破坏，有的因种种原因而出现大断层，失去了昔日曾经拥有过的耀眼光泽。只有中华文化虽几经起伏跌宕，却始终相继不绝，延绵不断，其中重要原因之一就是始终保持了自己的中华文化特性，维护了自己的文化个性和独立性，始终在世界文化多样性发展过程中发挥自己的作用。普林斯顿大学的余英时教授就曾经说过："每一民族都有它自己的独特文化，各民族的文化并非出于一源，尤不能以欧洲文化为衡量其他文化的普遍准则。"① 由此可见，保持民族文化的多样性是文化生存和发展的重要保障。在这样的客观历史条件下，中华文化要生存、要发展，必须要根据新的形势和要求，对自己的文化进行新的整合，大力挖掘和弘扬中华民族优秀的文化传统，大力弘扬中国共产党在长期的革命与建设实践中形成的优秀文化传统，使我们的文化保持丰富的多样性、独立性，从而提高民族文化的竞争力和抵抗力。另外，又要大胆借鉴和吸收人类文化的一切先进成果，整合其他国家、其他民族的优秀文化，充实、发展、壮大中华民族文化的力量。这样，才能把全球化真正变成为我们的发展机遇，真正为我所用，而不至于在全球化浪潮中丢失了自我。由此可见，一种既能保持中华民族文化的优秀传统，拥有自己的民族特性、独立性，又能吸收其他民族优秀文化的中国先进文化的产生已经成为历史发展

① 余英时：《从价值系统看中国文化的现代意义》，《文化：中国与世界》（第一辑），北京：生活·读书·新知三联书店，1987 年，第 40 页。

的客观要求。

## 二、改革开放和建设小康社会的伟大实践

1978 年召开的中国共产党十一届三中全会，是我们党和国家发展史上一个伟大的转折，是我国进入改革开放新实践的标志。

时代需要与中国实际相符合的具有中国特色的社会主义文化建设理论出现，需要它来为社会主义改革保驾护航，需要它为社会主义改革提供正确的思想路线、方针、政策，提供精神支柱、智力支持等。正如邓小平所说："思想路线不是小问题，这是确定政治路线的基础。正确的政治路线能不能贯彻执行，关键是思想路线对头不对头。"① 由此可见，在中国特色社会主义建设道路面临探索的时代大背景下，中国特色社会主义文化建设理论的形成已经成为社会发展的历史必然。

20 世纪后期，进入改革开放新时期，面对着与世界发达国家相比，落后一大截的贫穷中国，面对往后走无退路，往前走没有现成经验，经典著作里没有现成答案等种种困境，中国共产党人没有退缩，凭着对人民负责的强烈责任心，对马克思主义的坚定信心，对世界发展趋势、中国现实的准确把握，果断地定位了当时及其以后相当长一段时间，中国将处于社会主义初级阶段，并提出了分"三步走"的发展战略。其以实事求是的态度承认，由于我们的底子薄，我们建设现代化不能一下子达到发达国家的程度。在此正确认识的基础上，于 20 世纪 70 年代末开始提出小康社会建设，并随后确定了从 20 世纪 80 年代起，到 20 世纪末，用 20 年的时间，把中国建设成为一个小康社会，从而使我国的改革开放新实践有了一个符合中国实际情况、符合历史发展规律的科学战略目标，并写进了党的十二大报告中，由此引导全中国人民开始了建设小康社会的伟大实践。

小康社会是我们党依据中国的实际情况而提出的社会主义现代化建设

① 中共中央文献编辑委员会：《邓小平文选》（第 2 卷），北京：人民出版社，1994 年，第 114 页。

战略，包含有丰富的内涵及各方面的具体要求，主要表现在如下几个方面。

第一，小康社会是社会主义现代化发展过程中的重要阶段。在整个小康社会建设的过程中，必须坚持社会主义性质，也就是要始终坚持以社会主义公有制为基础、坚持人民群众共同富裕的理念。在这个阶段，我们的人均收入不可能太高，从绝对数字而言，人民的生活水平还不可能很高，但只要我们坚持社会主义性质，不断实现社会主义的本质，使尽管不高的国民收入能使所有人都得益，尽最大的努力使人民群众的日子普遍好过，从而体现社会主义制度的优越性。为此，邓小平特别强调：不坚持社会主义，中国的小康社会就不能实现。

第二，小康社会是社会生产力发展、国家综合国力，尤其是其中的经济实力显著增长的发展阶段。人均国民生产总值要逐步提高：从 1980 年的 250 美元到 1990 年的 500 美元，再到 2000 年的 1000 美元。通过这样的提高过程，使我国的经济总量一步一步地走向世界的前列。

第三，小康社会的建设过程是一个以经济体制改革为主、其他各种体制不断完善的过程。这个过程将是一个全新的挑战，人们对经济体制、管理方法等许多固有的旧认识都要改变。

第四，小康社会是国内外市场逐步扩大、逐步实行宏观管理的过程。这同样是一个要打破原有思维模式的全新任务。长达几十年的计划经济体制，使人们已经习惯了指令性的计划管理，也习惯了商品生产、商品交换不发达、市场不完善的状况。因此，要在小康社会的建设过程中，使国内外市场逐步扩大、逐步实行宏观管理，这将会遇到来自许多方面的新情况、新困难、新疑惑等。

第五，小康社会是一个精神文明建设有大变化的发展阶段。如邓小平认为，随着小康社会的建设，人的精神面貌就不同了。这是因为小康社会的建设，既包括物质经济方面的建设，使人们的物质生活水平提高，也注重精神文明建设，提高人们的文化水平，使人们的精神面貌有大的变化，使社会风气和社会治安问题从根本上得到解决，等等。

第六，小康社会是一个注重科学和教育发展的社会发展阶段。与以前的社会发展阶段相比，小康社会将会把更多的经费投入到教育、科学、文化以及其他公共福利事业上，从而促进我国文化事业的新发展。

第七，小康社会的建设要加大对外开放的力度，大力扩大中国的国际影响，与其他国家的经济、政治、文化等各方面的联系将会更加密切，等等。

从上述对小康社会主要内涵和要求的概述中，我们可以清楚地看到，小康社会的建设过程实际上就是我国经济、政治、文化建设全面推进的过程，对于刚刚从封闭状态走出来的中国而言，这是一个全新的、任务十分艰巨的过程。要完成这样的艰巨任务，除了经济等硬件的条件保障，一种符合社会发展要求、符合中国实际需要的新的文化建设也是必不可少的条件保障。在上述所列的七个方面的建设中，后三个方面直接就是文化建设的新任务，而前面的四个方面所涉及的新情况，如对社会主义本质的正确理解，有关经济体制等旧观念的改变，原有思维模式的更新，市场经济建设中的新情况、新困难、新疑惑等，都急需得到理论上的科学论证，思想、路线方针的科学指导，以及文化、理念上的有力支持。很显然，建设小康社会的伟大实践，呼唤着与之相适应的文化建设理论的出现，因此，中国特色社会主义文化建设理论的形成已经是中国社会发展的客观必然。

## 第二节　中国特色社会主义文化建设理论形成的理论基础

### 一、马克思列宁主义文化理论是根本理论来源

中国特色社会主义文化建设理论作为中国特色社会主义理论体系中的重要部分，是马克思列宁主义同中国当代文化建设实践相结合的产物。它一方面是对中国共产党领导中国人民进行社会主义文化建设实践经验的理论总结、提升，另一方面也是对马克思列宁主义文化理论的继承、丰富和

发展。因此，马克思列宁主义文化理论是中国特色社会主义文化建设理论的根本理论来源。

（一）马克思、恩格斯关于文化的理论

马克思、恩格斯在创立、发展唯物历史主义的过程中，提出并不断丰富和发展自己的文化建设理论。早在19世纪中叶，马克思、恩格斯在他们的《德意志意识形态》《家庭、私有制和国家的起源》《资本论》等一系列论著中，就已经对文化的含义界定、产生原因、主要内容、社会作用等有了一定程度的论述，标志着马克思主义文化理论的萌发。

马克思、恩格斯如同其他学者一样，对文化内涵的界定在不同时期、不同层面、不同语境下，有不同的表述，可概括为下面两类：一是人类文化与人类文明一致的含义，早在《1844年经济学哲学手稿》中，马克思便多次把“文化”等同于“文明”加以理解，如提到了“对整个文化和文明的世界的抽象否定”① 等。接下来，在《资本论》里说到历史问题时，马克思有时也是把“文化”等同于“文明”来表述的。具体表现如在考察劳动力价值时，马克思就是在笼统的物质生活水平和道德精神生活水平的意义上来表述文化的，他指出：“工人必须有时间满足精神的和社会的需要，这种需要范围和数量由一般的文化状况决定。”② 这里的“文化状况”，显然又包含了物质和精神的社会文明状态。另一类文化表述是指文化即是人类创造出来的新工艺、新技术、新装备等，正是这种文化的推进，人类才不断地脱离开动物世界，逐步地迈向自由。正如恩格斯所说的那样：“文化上的每一个进步，都是迈向自由的一步。”③ 在《1844年经济学哲学手稿》中，马克思更是频频说到这种创造性的文化：人类在创造世界的行动中创造了自己；人类通过实践创造对象世界，改造无机世界，

① 中共中央编译局.《马克思恩格斯全集》（第3卷），北京：人民出版社，2002年，第296页。

② 中共中央编译局.《马克思恩格斯全集》（第44卷），北京：人民出版社，2001年，第269页。

③ 中共中央编译局.《马克思恩格斯选集》（第3卷），北京：人民出版社，1972年，第154页。

人证明自己是有意识的存在物。在这种语境下，马克思认为关于由人类劳动创造的、相对于天然自然界的“人的文化世界”就是文化，它是人类区别于动物的本质特征。

总之，马克思、恩格斯是从唯物历史观来考察文化内涵的，从广义而言，文化意义包括了人类在实践基础上所创造的一切物质产品和精神产品；而考察则包括了物质层面、精神层面及制度层面。

在考察了文化含义的基础上，马克思、恩格斯从历史唯物主义出发，进一步论述了人类文化产生的源泉和基础。马克思、恩格斯认为，物质资料的生产即是人类生存和发展的基本条件，也是文化产生、发展的基本条件。马克思说得很明白：“宗教、家庭、国家、法律、道德、科学、艺术等，都不过是生产的一些特殊方式，并且受生产的普遍规律的支配。”① 这里的生产，就是指物质资料的生产，文化在物质资料生产的基础上产生，并受其支配。这表明了马克思从唯物历史观出发，科学地说明了文化产生、发展的基础，与从前的历史唯心主义划清了界限，明确认为为文化绝不是像唯心历史观所主张的那样，产生于抽象的绝对观念、神意或者抽象的人性、理性，相反它是根植于现实的物质资料生产基础，产生于人类处理其与自然界关系的活动中，并在人类处理人与自然、人与人关系的社会实践活动中得到实现。事实上，马克思在阐述唯物史观的重要文本《德意志意识形态》中，对这个观点已论述得非常具体、明了。马克思明确指出，艺术家必然“受到他以前的艺术所达到的技术成就、社会组织、当地的分工以及当地有交往的世界各国的分工等条件的制约”②。上述论证说明，在马克思主义文化理论看来，文化的产生和发展都是由客观现实的经济状况决定的，文化也必然随着经济发展的变化而变化，一定时期的文化发展状况必定会反映出其所处社会历史时代物质资料生产发展的状况。对

① 中共中央编译局.《马克思恩格斯全集》（第42卷），北京：人民出版社，1979年，第121页。

② 中共中央编译局.《马克思恩格斯全集》（第3卷），北京：人民出版社，1960年，第459页。

于这一点，恩格斯也有过明确的论述：“直接的物质的生产资料的生产，从而一个民族或者时代的一定的经济发展阶段，并构成基础，人们的国家设施、法的观点、艺术以至宗教观念，都是在这个基础上发展起来的。”① 后来在《反杜林论》中，他从历史的维度再次阐述了物质资料生产方式对于文化发展的决定作用：“只有奴隶制才使农业和工业之间的更大规模的分工成为可能，从而使古代世界繁荣，使希腊文化成为可能。”②

从唯物辩证法立场出发，马克思、恩格斯在阐明了文化对物质资料生产、经济发展的依赖之后，同时也论述了文化的相对独立以及文化对经济发展的反作用。一方面，马克思、恩格斯一致认为，在经济决定文化的同时，文化也具有相对的独立性，认为文化的发展状况与经济发展状况之间具有不平衡性，两者并非完全同步，马克思明确指出：“关于艺术，大家都知道，它的一定的繁荣时期绝不是同社会的一般发展成比例的，因而也绝不是同仿佛是社会组织的骨骼的物质基础的一般发展成比例的。”③ 在当时的现实生活中，常有类似的不平衡的发展历史，如“经济上落后的国家在哲学上仍然能够演奏第一提琴，18 世纪的法国对英国（英国哲学是法国人引以为依据的）来说是如此，后来的德国对英法两国来说也是如此”④。马克思认为，这种不平衡性可以得到理解，那是因为文化艺术除了受经济支配、决定以外，还有其自身的发展规律。另一方面，马克思、恩格斯认为，文化对经济基础具有反作用。他们说得很明确：“政治、法、哲学、宗教、文学、艺术等的发展是以经济发展为基础的。但是它们又相互影响并对经济基础发生作用。并非只有经济状况才是原因，才是积极

① 中共中央编译局.《马克思恩格斯全集》（第 3 卷），北京：人民出版社，1995 年，第 776 页。

② 中共中央编译局.《马克思恩格斯全集》（第 4 卷），北京：人民出版社，1995 年，第 524 页。

③ 中共中央编译局.《马克思恩格斯全集》（第 30 卷），北京：人民出版社，1995 年，第 51 页。

④ 中共中央编译局.《马克思恩格斯全集》（第 4 卷），北京：人民出版社，1995 年，第 773 页。

的，其余一切都不过是消极的结果。”① 这表明，马克思、恩格斯是充分肯定文化对经济基础的反作用的，而且这种反作用也分为推动经济发展的积极反作用与阻碍经济发展的消极反作用，为此，马克思、恩格斯强调先进阶级发动的社会革命不仅要推翻旧的经济基础、所有制，而且要推翻旧的思想文化的统治，在此基础上，吸收人类历史上一切优秀的文化及其成果，创造出新的文化，从而让其促进自己的经济基础顺利发展。在谈到无产阶级政党时，马克思、恩格斯就特别指出了先进文化对无产阶级政党领导社会发展的重要作用，强调无产阶级政党必须以科学的思想作为自己的理论基础：“我们党有一个很大的优点，就是有一个新的科学的观念作为理论基础。”② 这即表明了马克思主义科学理论对党领导社会发展具有重要的积极作用。

马克思、恩格斯进一步概括了文化的核心内容。文化的核心内容是培育人的思想素质和知识素养。马克思、恩格斯从唯物史观立场出发，从社会关系的整体思考，揭示了文化的社会意义、社会目的：文化就是“培养社会的人的一切属性，并且把他作为具有尽可能丰富的属性和联系的人，因而具有尽可能被广泛需要的人生产出来——把他作为尽可能完整的和全面的社会产品生产出来……”③ 很显然，在马克思和恩格斯看来，文化的目的就是经过教化、培育等熏陶之后，使人尽可能地具备丰富的社会属性，建立尽可能多的各种社会联系，从而成为尽可能完整和全面的社会成员，即通过文化培育使人成为全面发展的人。要达成这样的文化目的，文化的内容，尤其是文化的核心内容就变得十分重要了。马克思主义文化理论从文化的实质性意义和目的出发，内在地规定了文化必然会有两方面的核心内容：一方面文化包含有思想素质的培育，另一方面文化包含有知识

① 中共中央编译局.《马克思恩格斯全集》(第4卷)，北京：人民出版社，1995年，第372页。

② 中共中央编译局.《马克思恩格斯全集》(第2卷)，北京：人民出版社，1995年，第9-40页。

③ 中共中央编译局.《马克思恩格斯全集》(第46卷，上册)，北京：人民出版社，1979年，第47页。

素养的培养，两方面融合形成了人的综合文化素质，只有同时具备了这两方面的核心文化内容，才能达到马克思关于文化的目的，实现文化的意义，才能在真正的意义上使人与动物区别开来，使人类社会与自然界区别开来。只有人的思想素质、知识素养都提高了，人的社会属性、社会联系才能尽可能地丰富，人的社会生存技能才能得到提高，人与人的对立、冲突才能有效化解，社会危机才能有效消解，人与自然的对立才能合理消除，人与自然的危机也才能逐渐缓解，从而达到马克思和恩格斯所揭示的和谐的理想社会状态。

（二）列宁关于文化建设的理论

列宁在继承马克思、恩格斯文化理论的基础上，立足于苏联的社会实践，进一步丰富和发展了马克思、恩格斯的文化理论。列宁的文化理论主要集中在他对马克思主义文化观的理解，对社会主义文化建设意义的把握，以及对社会主义文化建设具体方法的明确等方面。列宁对马克思主义文化观的理解，可以从 1920 年的《关于无产阶级文化》一书中得到说明。在该书中，列宁十分明确地认为，社会主义文化最核心的部分是马克思主义，只有在它的指导下，无产阶级革命才能成功，只有按照这个方向前进，才能认为是发展真正的无产阶级文化。他指出："现代历史的全部经验，特别是《共产党宣言》发表后半个多世纪以来，世界各国无产阶级的革命斗争，都无可争辩地证明，只有马克思主义的世界观才正确地反映了革命无产阶级的利益、观点和文化。"①

列宁对社会主义文化建设意义的把握非常到位。首先，列宁十分明确地认识到了文化建设与现实共产主义社会之间的内在联系，他早就严肃地告诫全党："在一个文盲的国家里是不能建成共产主义社会的。"② 要求全党要把大力发展国民教育事业作为重要的任务来抓，要切实提高广大劳动人民的文化水平。其次，列宁认为，文化建设是社会主义国家政权建设的

① 中共中央编译局.《列宁选集》（第 4 卷），北京：人民出版社，1995 年，第 299 页。
② 中共中央编译局.《列宁全集》（第 39 卷），北京：人民出版社，1986 年，第 301－302 页。

重要基础。列宁秉承马克思、恩格斯关于社会存在与社会意识之间辩证关系的基本原理，深刻地认识到在新生的人民政权里，作为国家主人的广大劳动人民，如果思想素质、科学文化水平太低，缺乏最基本的国家管理知识、管理技能等，将会很难有效地实施对国家政权的管理，从而危及社会主义国家政权的建设，因此把文化建设提高到了社会主义国家政权建设的重要基础之高度，充分体现了文化建设在社会主义建设中的重要作用。再次，列宁强调文化建设是进行社会主义经济建设、发展生产力的必要条件。列宁认为，文化建设与社会主义经济建设、发展生产力紧密相关。1918 年春天，列宁就指出：提高居民群众的文化教育水平是提高劳动生产率的条件之一。1920 年年初，列宁又一次提出：要学会管理，掌握现代科学技术，这是我们无论如何都应当具备的条件。最后，列宁认识到了文化建设与社会主义、共产主义思想教育之间的内在联系。列宁认为，文化建设是进行社会主义、共产主义思想教育不可缺少的条件。他强调了对广大人民群众进行思想政治教育，尤其是社会主义、共产主义的教育，是必不可少的，但是对人民大众进行思想政治教育的必要条件，是提高人民群众的科学文化水平，如果人民群众不具备最基本的科学文化知识，政治宣传、教育就无从进行。所以，他强调："只有用人类创造的一切财富的知识来丰富自己的头脑，才能成为共产主义者。"①

与马克思、恩格斯时代不同，列宁在十月革命胜利后，领导俄国人民进入到了现实的社会主义建设时期。因此，他在实践的基础上，对社会主义文化建设的一些具体方法已经有了明晰的认识。首先，他强调新政权成立之后，要优先保证教育经费。为了突出文化建设对新政权巩固、发展的重要性，即使在十月革命胜利后，国家经济十分困难的情况下，他依然坚持增加国家预算中的教育经费，一度曾达到 10.9%。后因国家经济实在太困难，教育经费有所缩减，列宁知道后要求停止对教育经费的缩减，十分明确地指出：首先应当缩减的不是教育人民委员部的经费，而是其他部门

---

① 中共中央编译局.《列宁全集》(第 4 卷)，北京：人民出版社，1984 年，第 347 页。

的经费，以便把削减下来的款项转用于教育人民委员部。其次，提高人民教师的地位，充分发挥教师在社会主义文化建设中的作用，促进教育事业的发展。他要求党和国家要从政治思想、业务和物质上关心和帮助教师，把教师的地位提高以前社会制度下没有也不可能有的高度。再次，坚持用理论联系实际的方法，进行有效的共产主义理论教育。列宁批判了那种认为只需要背共产主义口号、记共产主义结论、学共产主义著作、读小册子就能成为共产主义者的错误认识。要求青年人要学习全人类优秀的文化知识，并且要学以致用。他十分赞赏既学习共产主义理论，又能到实践中去进行实际行动的“星期六义务劳动”。最后，团结资产阶级知识分子。十月革命胜利后，如何对待从旧的社会制度下培养、成长起来的资产阶级知识分子、专家，存在着不同的态度，如无政府主义者阿·格耶就主张要用枪杆子来强迫每一个“专家”工作；“左派共产主义者”布哈弗则主张枪毙收入4000卢布的专家。① 列宁坚决反驳了这样的观点，提出要尊重这些知识分子，要充分发挥这些专家、知识分子的作用。对一切真诚工作、敬业爱岗的专家，都要像爱护眼珠那样爱护他们。因为列宁认为：我们正需要这样的人。列宁认为，这些精通业务的科学和技术专家，尽管是资产阶级出身，但要比狂妄自大的共产党员宝贵十倍。列宁这些保护专家、知识分子的主张，显然是符合十月革命胜利后经济文化落后的俄国实际情况的，也反映了经济文化落后的国家进行社会主义文化建设的一般规律。

总之，马克思、恩格斯在坚持辩证唯物历史观的基础上，揭示了作为上层建筑的文化必然决定于经济基础、受制于社会物质资料生产，同时又强调了文化对社会物质资料生产的反作用，在此语境下科学地论述了文化的实质内涵、核心内容及其反作用。列宁则在社会主义实践的基础上，进一步明晰了社会主义文化建设的重大现实意义及具体可行的方法。上述这些理论、观点、方法无疑为中国特色社会主义文化建设理论的形成，提供

---

① 张瑞才，范建华：《中国特色社会主义文化建设的理论与实践》．北京：社会科学文献出版社，2012年，第18页。

了根本性的理论来源。

## 二、毛泽东文化建设思想是直接理论来源

毛泽东一生都崇尚文化、敬重文化人，在他的革命和建设思想里，文化建设思想占据了非常重要的部分。他十分强调用科学的、先进的文化来指导革命的行动。早在革命战争时期，毛泽东就明确我党的指导思想是马克思主义，即“共产主义的宇宙观和社会革命论”。他认为中国产党人多年以来做所有事情的目的，就是建设一个新的社会和国家，在其中既有新的政治和新的经济，也有新的文化。为此就要解决什么是这个新社会和国家的新文化以及如何建设这种新文化的问题。有学者认为，毛泽东的新民主主义文化论纲与他提出的“百花齐放，百家争鸣”方针，是解决这两个问题最有价值的成果。[①] 围绕建设什么样的新文化及如何建设这种新文化等，毛泽东阐述了其丰富的文化建设思想。

（一）毛泽东从理论的高度阐述了文化的属性

他秉承马克思、恩格斯的唯物历史观立场，认为文化是受制于社会存在的社会意识，是对社会存在的反映。他非常明确地指出：“一定的文化是一定社会的政治和经济在观念上的反映。”[②] 基于对文化属性的唯物史观认识，以及当时中国社会的现实主流状况，他十分强调在阶级社会里，作为对社会现实反映的文化具有阶级性，一定的阶级有反映其利益并为其服务的文化。他认为，在半殖民地半封建的旧中国，有帝国主义及其买办阶级的文化，有封建主义文化，有反映新政治、新经济并为其服务的新文化等。在这里，实际上毛泽东已经有了非常明确的关于落后文化与先进文化的概念。此外，他还认为反映帝国主义及其买办阶级、封建统治阶级利益的旧文化，“所有这些都是坏东西，都是应该彻底破坏的”，而反映新的

① 陈胜云：《中国特色社会主义文化实践论》，上海：上海三联书店，2009 年，第 38 页。

② 中共中央文献编辑委员会：《毛泽东选集》（第 2 卷），北京：人民出版社，1991 年，第 694 页。

政治力量、新的经济力量的新文化，则是“革命的力量”①。由此可见，毛泽东实际上已经意识到了文化既受制于社会存在，反映社会存在，同时又具有对社会存在的反作用：旧的文化之所以“都是应该彻底破坏的”，是因为它们对社会的发展具有阻碍作用；而新文化是“革命的力量”，表明它们是促进社会进步和发展的力量。

（二）毛泽东精辟地概述了新民主主义文化的内容与特点

如何科学地定位中华民族的新文化，不是一件容易的事情。在新民主主义革命时期，一方面有帝国主义及其买办阶级、封建统治阶级的旧文化，另一方面有十月革命后传入中国的马克思主义。此外，还有一种特殊情况是，当时中国人在文化理念上存在着一种形而上学的偏颇：“中国文化是落后的旧文化，西方文化是先进的文化，旧的绝对坏，新的绝对好”；而在共产党内部又有对马克思主义的教条主义理解和不顾实际情况强行推行的倾向。在这种情况下，毛泽东科学地分析了当时的社会大背景，坚持支持人民大众文化，反对帝国主义、封建主义旧文化的立场；批评对“洋八股”“新教条”的崇拜，认为这种态度“对于外国事物，没有历史唯物主义的批判精神”，主张将马克思主义与中国革命的实践结合起来，实现马克思主义先进文化的本土化。经过多年的努力之后，毛泽东对新民主主义文化内涵的认识越来越明晰，到 1940 年，他在《新民主主义论》里提出了著名的新民主主义文化论纲，其中对中华民族的新文化——新民主主义文化的内容与特点做了明晰的界定：“所谓新民主主义的文化，一句话，就是无产阶级领导的人民大众的反帝反封建的文化。”② 而对于新民主主义文化的特点，毛泽东则从民族的、科学的、大众的三个方面进行了阐述。其一，毛泽东把新民主主义文化的民族性特点排在了第一位，他强调得很到位：这种新民主主义的文化带有我们民族的特性。接着，毛泽东表

① 中共中央文献编辑委员会：《毛泽东选集》（第 2 卷），北京：人民出版社，1991，第 695－696 页。

② 中共中央文献编辑委员会：《毛泽东选集》（第 2 卷），北京：人民出版社，1991 年，第 698 页。

现出了他的思维的辩证性，即他在坚持文化的民族性的同时，强调这种民族性的坚持并不排除与外部文化的兼容，对外来文化的吸纳。他十分明确地认为，在同一切别的民族的优秀文化相联合、相互吸收和相互发展的基础上，共同形成世界的新文化；但他又指出：决不能和任何反动的文化相联合，因为我们的文化是革命的民族文化。后面一句话的转折，则表现出了毛泽东在文化问题上辩证思维的全面性，即认为民族文化应该和外来文化联合，但是不是和所有的外部文化联合，而是只与一切别的民族的优秀文化相联合。他坚决反对毫无批判的教条主义式吸收，他说："所谓全盘西化的主张，乃是一种错误的观点。"① 其二，毛泽东强调了新民主主义文化的科学特点。毛泽东赞赏"五四运动"的科学精神，并把它融入到了新民主主义文化之中。在新民主主义文化的特点中，毛泽东明确强调了科学性，他认为这种新民主主义的文化是科学的，因为它是反对一切封建思想，主张实事求是，主张客观真理，主张理论和实践一致的。显然，在这里毛泽东把坚持新民主主义文化的科学性与反对封建思想统一起来了，坚持科学性，就必须反对封建迷信、教条、崇拜，坚持实事求是，坚持理论与实践相结合，追求客观真理。在这一点上，毛泽东非常坚持，他把马克思主义作为新民主主义文化的重要内容，这已经从根本上保证了新民主主义文化的科学性，但他同时还坚持把这种科学精神运用到对待马克思主义的态度上，主张我们在运用马克思主义科学原理的时候，也要采取科学的态度。要求在运用马克思主义的时候，必须将马克思主义的普遍真理与中国的具体实践科学地统一起来。由上可见，当时的毛泽东对于新民主主义文化科学性的坚持是坚定的、不可动摇的。其三，毛泽东坚持新民主主义文化的大众化特点。他认为这种新文化是大众的，是民主的，应为全民族中 90% 以上的工农民众服务。在这里还看得出，在毛泽东的语境里，已经含有了马克思主义大众化的意识，因为在他看来，马克思主义是新民主主

① 中共中央文献编辑委员会：《毛泽东选集》（第 2 卷），北京：人民出版社，1991 年，第 706 – 708 页。

义文化的重要组成部分，新民主主义文化要实现大众化，那么，马克思主义的大众化就是十分重要的了。由此看来，毛泽东关于新民主主义文化大众化特点的理论，本身就是马克思主义中国化、大众化的一个积极成果，同时还是新民主主义时期在文化上对民主问题的新探索。毛泽东关于马克思主义中国化、大众化的努力，国外学者也注意到了，阿里夫·德里克就谈到了毛泽东的这一做法，他认为，毛泽东的“这种马克思主义‘中国化’并不是指在中国的文化空间里掌握马克思主义，而是指在面对并改变马克思主义实践的同时改变中国的文化空间”①。

（三）毛泽东从中国实际出发提出了建设社会主义文化的民主方针

新中国成立后，中国共产党在执政的基础上，在比革命时期大得多的空间维度里，实践社会主义先进文化建设的理念，在新中国成立最初的几年里，从全国范围的文化扫盲运动到对国外优秀文化的引进；从对传统文化艺术遗产的保护、整理及重新推出到文学艺术等创新作品的蓬勃发展；从高等院校、科研机构的恢复、筹建到各类夜校、业余学校的兴起等，表明新中国的文化建设可谓蒸蒸日上。但不容忽视的一个事实是，在当时我们的文化领域也与其他领域一样，在政策上实行“一边倒”，基本上搬用当时苏联的文化建设模式：政治对文化的简单干预。随着这种模式在实施过程中出现的问题的增加，尤其是1956年发生的苏联斯大林危机（去世后的斯大林遭到批判、否定，长时间建立起来的个人崇拜、个人神话崩溃），在国际上引发了社会主义阵营的危机，教条主义地搬用苏联模式的做法遭到了质疑：苏联社会主义建设模式还能不能照搬？此时的毛泽东已经有了自己的见解，在1956年4月25日发表的《论十大关系》讲话中，他明确地指出：“我们的方针是，一切民族、一切国家的长处都要学，政治、经济、科学、技术、文学、艺术的一切真正好的东西都要学。但是，必须有分析有批判地学，不能盲目地学，不能一切照抄，机械搬运。他们的短处、缺点，当然不要学。对于苏联和其他社会主义国家的经验，也应

---

① 谢少波，王逢振：《文化访谈录》. 北京：中国社会科学出版社，2003年，第17页。

当采取这样的态度。”在这样的大背景下，文化建设中原来苏联的文化建设模式（政治对文化的简单干预，包括对从文化体制到具体文化行为的干预）显然要改变，改变的思路符合逻辑的就是：走向文化建设的民主性。事实上，在1956年4月28日中央政治局扩大会议上，毛泽东就指出：“‘百花齐放，百家争鸣’，我看这应该成为我们的方针。艺术上的问题百花齐放，学术问题上百家争鸣。”① 到了1957年在毛泽东的重要著作《关于正确处理人民内部矛盾的问题》中，他正式系统地阐述了这一方针：“百花齐放、百家争鸣的方针，是促进艺术发展和科学进步的方针，是促进我国的社会主义文化繁荣的方针。艺术上不同的形式和风格可以自由发展，科学上不同的学派可以自由争论。利用行政力量，强制推行一种风格，一种学派，禁止另一种风格，另一种学派，我们认为会有害于艺术和科学的发展。”② 随后不久，毛泽东又对这一方针进行了更进一步的说明：“百花齐放、百家争鸣，这是一个基本性的同时也是长期性的方针，不是一个暂时性的方针。”“百花齐放、百家争鸣，这个方针不但是使科学和文艺发展的好方法，而且推而广之，也是我们进行一切工作的好方法。”③在这里，毛泽东不仅肯定了“双百”方针在社会主义文化建设中的积极作用，而且已经有了把它推广到其他社会管理领域的倾向。显然，经过几年（尤其是1956—1957年）的实践和思考，此时毛泽东已经成功地把社会主义文化建设的方针建立在民主的基调上，并加以了充分的肯定。另外，为了保证“双百”方针能得到真正的贯彻和执行，他还强调要注意区分处理思想文化上纷争的方法与处理其他方面纷争的方法，对思想文化上的纷争不能采取粗暴的强制性方法，只能用细致的讲理的方法、讨论的方法去解决，如果用简单粗暴的强制性方法去处理，会产生非常有害的结果，会导

① 宋贵仑：《毛泽东与中国文艺》，北京：人民文学出版社，1993年，第192—193页。

② 中共中央文献编辑委员会：《毛泽东选集》（第5卷），北京：人民出版社，1977年，第388页。

③ 中共中央文献编辑委员会：《毛泽东选集》（第5卷），北京：人民出版社，1977年，第414—415页。

致正确的意见得不到确立，错误的意见也不能消除。因此，只有采取民主的方法，通过讨论、说理以及批评等方法，使正确的意见得到真正发展，错误的意见被有效克服，从而使问题得到真正的解决。① 很显然，毛泽东是想通过民主的社会主义文化建设的方针来推动社会主义文化的发展，进而推动整个社会主义社会、社会主义国家以及我们党的建设等的整体发展，他期望能充分发挥文化的积极反作用，他曾预言：中国人被人认为不文明的时代已经过去了，我们将以一个具有高度文化的民族出现于世界。②可以说，毛泽东这个继承了“五四运动”的民主与科学精神的“双百”方针，体现了最广泛的社会主义民主政治的要求，体现了文化的现代化要求，符合现代世界文明发展的客观规律。

（四）毛泽东明确提出了新文化的服务方向及文化建设的一系列具体方法

毛泽东的文化理论与马克思、恩格斯、列宁的思想一脉相承，认为具有民族、科学、大众化特点的新文化，其服务方向必须坚持为人民大众服务。首先是为工农兵服务的方向。他指出，这个问题实际上列宁早在1905年的时候就已经着重指出，他认为我们的文艺应当为“千千万万劳动人民服务”。所以，我们的文化服务方向是为人民服务，这应该是没有任何疑义的。可是他发现，在现实中很多人还没有明确服务方向的问题，在他们的文化作品、艺术作品中，在他们的情绪中乃至他们的行动中，都还有与人民的需要不一致的情形。为此他强调：我们要继承全世界优秀的文化传统，但是继承的目的始终是为了人民大众。③ 而当时的人民大众就是指占人口90%以上的工人、农民、士兵和城市小资产阶级，所以毛泽东说：“我们的文学艺术都是为人民大众的，首先是为工农兵的，为工农兵而创

---

① 中共中央文献编辑委员会：《毛泽东选集》（第7卷），北京：人民出版社，1999年，第232页。

② 中共中央文献编辑委员会：《毛泽东著作选读》（下册），北京：人民出版社，1986年，第692页。

③ 中共中央文献编辑委员会：《毛泽东选集》（第3卷），北京：人民出版社，1991年，第855页。

作，为工农兵所利用的。”① 如何才能创作出符合人民大众需要、符合实际需要的文化作品，这涉及一系列的方式方法，毛泽东提出了“吸收和消化”“继承和创新”等通俗易懂又富含哲理的具体方法，如他提出我们吸收一切外国的东西，“如同我们对于食物一样，必须经过自己的口腔咀嚼和胃肠运动，送进唾液胃液肠液，把它分解为精华和糟粕两部分，然后排泄其糟粕，吸收其精华，才能对我们的身体有益，决不能生吞活剥地毫无批判地吸收”②。对于中国传统文化，毛泽东同样主张批判地继承。他认为中国古代社会创造了灿烂的文化，但在整理这些古代文化之时，一定要剔除其糟粕的成分，吸收其优秀的、精华的部分，并在继承的基础上实现创新，而在“继承与创新’中，他更看重创新。他强调文化工作者一定要深入社会实际，深入社会生活，深入人民大众之中。他认为人民群众的实际生活才是文化获取原始材料最广大、最丰富的源泉，然后在这些丰富的材料上进行加工、进行创新，从而创造出新的文化作品。我们既需要继承也需要借鉴，但是继承和借鉴决不可以替代自己的创造。他很看不起毫无批判地硬搬和模仿古人及国外的文化，认为那是最没有出息的、最害人的教条主义。他鼓励中国革命的、有出息的文学艺术家，一定要到群众中去，到火热的现实生活中去，观察、研究各方面的实际问题，在此基础上实现文学艺术的创新和发展。

综上所述，毛泽东的文化建设思想是对马克思主义文化理论的继承和发展，既广博又深刻，既思辨又具体生动，是把马克思主义文化理论与中国社会实践相结合的典范，是中国特色社会主义文化建设理论的直接理论来源。

---

① 中共中央文献编辑委员会：《毛泽东选集》（第3卷），北京：人民出版社，1991年，第848页。

② 中共中央文献编辑委员会：《毛泽东选集》（第2卷），北京：人民出版社，1991年，第707页。

## 第三节　中国特色社会主义文化建设理论形成的文化历史渊源

### 一、深厚的中华优秀文化传统底蕴

在五千年的中华文明历史发展长河中，中华民族积累了深厚的民族优秀文化，这些令人骄傲的灿烂文化便是当今中国特色社会主义文化建设理论最源远流长的文化历史根基，如“民为邦本”中的民本思想，“忧国忧民”中的政治忧患意识，“天下兴亡，匹夫有责”中的爱国主义精神等。中国共产党作为中华民族的先进代表，非常鲜明地继承了优秀的中华文化传统，从而使中国特色社会主义文化打上了深深的“中国特色”烙印。

“民为邦本”这种以民为本的国家观，早在我国西周时期就已经产生了，表现在当时的“敬德保民”的治国思想中；而到春秋末期的儒家则表现在“德治”“仁政”等治国主张中；在道家学派中则反映在它的“顺应自然天道和社会人道，因势利导，不能肆意妄为”等道学理念之中；墨家的“民惟邦本”则融入于其给天下人以利，以便实现“兼爱天下”的治国目标中。① 中国共产党在新民主主义革命时期继承了几千年传承下来的民族优秀文化，与此同时，中国共产党又站在高于传统文化的高度，发扬光大了这些传统文化。在中国共产党看来，继承“民为邦本”，坚持“以人为本”绝不仅仅是为了执政过程的顺利或者是为了暂时性地博得民心等战术性、技术性的执政行为。事实上，与历史上执政者有本质区别的是，在中国共产党看来，人民群众是历史的创造者，是推动历史前进的根本力量，共产党是为了人民利益而奋斗的政党，从来就没有自己的特殊利益，共产党必须代表广大人民群众的利益，体察人民群众的愿望，了解人民群

① 刘克利，栾永玉：《中国文化体制改革与建设研究》，北京：中国人民大学出版社，2009 年，第 10 页。

众的要求，并尽自己的努力去实现。

“忧国忧民”的政治忧患意识，一方面表现了对国家、民族的前途、命运的深度理性思考，另一方面也表现了对国民大众的深重责任意识。从历史渊源而言，产生于“小邦代大国”的西周时期的政治环境，后经中华民族历代文化的演绎，逐渐成为中国传统文化的重要组成部分。这种传统文化在新民主主义革命时期得到中国共产党人及其广大忧国忧民仁人志士的传承并超越，因为他们所“忧”的“国”不再是古代意义上的“小国”“小邦”、诸侯列国，而是泱泱大国，五十六个民族的中华大国；所“忧”的民也不只是执政阶层、特殊地位的“寡民”，而是四万万劳苦大众，为他们的苦难而忧，为他们的命运而忧，为他们所在的灾难深重、倍受外邦欺凌的中华民族而忧。这样的政治忧患意识成为中国共产党十分突出的文化意识，也成为党号召广大人民群众团结一致、顽强抗争的重要文化力量，这样的文化显然就是来自传统文化又超越了传统文化的中国特色社会主义文化萌芽的特征。

“天下兴亡，匹夫有责”的爱国主义精神是在对民族、国家具有了认同感、归属感的基础上，强烈关注国家的利益和前途，并由此产生了对国家美好未来的执着追求和为国家利益而勇于献身的精神，以及对国家优秀文化、大好河山的热爱和自豪情感等。“天下兴亡，匹夫有责”的爱国主义精神贯穿中华民族五千年的文化历史长河。从古代为了爱国宁可域外牧羊的西汉大臣苏武到抗金报国的民族英雄岳飞；从高歌“人生自古谁无死，留取丹心照汗青”的南宋民族英雄文天祥到近代历史上为抗击帝国主义列强而英勇献身的千千万万革命先烈，他们的爱国主义英雄壮举演绎成了强大的爱国主义精神传统，成为新民主主义革命时期爱国主义精神的深厚历史根基。在此基础上，中国共产党人把爱国主义升华为为了促进人类进步，实现全人类共产主义事业而奋斗，即更广意义上的“天下兴亡，匹夫有责”的伟大爱国主义精神，这即是不同于以往传统文化内含的中国特色社会主义文化萌芽的另一表现。

## 二、新民主主义时期革命文化的积淀和发扬

如果说自1840年之后到新中国成立之前，中国社会处于与帝国主义、封建主义抗争的时期，那么与这个时期主要特征相适应的文化主流特征，便是百年积淀下来的极强大的革命文化，其中的瑰宝部分便是中国共产党领导的新民主主义时期的革命文化。在新民主主义革命时期，中国共产党在政治、经济、军队和文化建设等方面积累了宝贵的历史经验。从文化建设而言，其与当时占统治地位的国民党所进行的文化活动有着本质的区别。从新民主主义革命时期中国共产党进行的文化建设所具有的明显特征中，我们可以看到，新民主主义革命的文化孕育着一种与以往中国文化有联系但更有本质区别的崭新文化性质，是真正代表中国社会发展方向，代表中国最广大人民利益，符合社会发展规律的中国特色社会主义文化的萌芽，具有如下几个方面的明显特征。

（一）坚定的信念，崇高的理想

邓小平同志曾说过："过去我们党无论怎样的弱小，无论遇到什么困难，一直有强大的战斗力，因为我们有马克思主义和共产主义的信念。有了共同的理想，也就有了铁的纪律。无论过去、现在和将来，这都是我们的真正优势。"① 中国共产党所具有的共同的远大的崇高理想就是在马克思主义的指导下，在中国实现社会主义、共产主义；坚定信念就是使被帝国主义、官僚资本主义、封建主义压迫的全中国人民获得彻底的解放。这种崇高的理想和坚定的信念，在当时强大的国民党白色恐怖的统治下，显得十分弱小，无论是从影响广度还是从影响深度看，它们都只是当时中国广袤大地上的点点"星火"，并且统治者时刻都在以强大的军事武装力量、经济、文化封锁等手段把这些点点"星火"扑灭。抗争残酷无比，每天都要付出牺牲。尽管现实如此残酷，但中国共产党中的中坚力量即大无畏的

① 中共中央文献编辑委员会：《邓小平文选》（第3卷），北京：人民出版社，1993年，第144页。

共产主义战士，在崇高理想的指导下，在坚定信念的支持下，以革命乐观主义精神消除了种种疑虑，告诉人民大众“星星之火，可以燎原!”正是他们不动摇地坚持建立全中国，实现社会主义、共产主义的坚定信念和远大理想，才使得我们党从弱到强，从小到大，从井冈山到延安，从延安到北京，直至全中国获得解放的。因此，新民主主义革命时期，我们党中的优秀分子、中坚力量所坚持的实现全中国人民的彻底解放的坚定信念以及在中国实现社会主义、共产主义的崇高理想，无疑是中国特色社会主义文化核心部分的萌芽。

（二）民主的选举，平等的精神

民主这个现代生活中的主要文化元素，早在20世纪初期，就已经是中国先进知识分子用来批判封建旧文化的思想武器以及其苦苦追求的人生目标。到了新民主主义革命时期，民主已不再是口号或停留在书本上的纯理论，它已成为中国共产党所建立的国家政权形式即“中华苏维埃共和国”所建立的工农民主专政。在这里民主已被作为制度来执行，一切管理活动，都建立在工农民主的基础上，劳动民众获得了有史以来最广泛的民主，即如毛泽东所指出的那样：苏维埃实现了世界上最完满的民主制度，它是由广大民众直接参加的，它给予广大民众一切民主的权利，它对于民众绝对不使用也绝对不需要使用任何强力。① 新民主主义革命时期的民主主要集中表现在两个方面：一是民主选举；二是民主监督。

新民主主义革命时期，中国共产党十分重视民主选举制度，从1931年11月到1934年1月，先后进行了三次选举。在这些民主选举活动中，非常突出的特点是始终坚持党对选举工作的领导，注重做好基层民主选举工作。在“中华苏维埃共和国”选举之前，坚持由党组织委派专人专管或分管，用民主方法成立选举委员会和选举工作领导小组，对民主选举活动实行统一安排部署，严格按照规定的程序进行选举。为了保证民主选举活

① 江西省档案馆：《中央革命根据地史料选编》（下册），南昌：江西人民出版社，1982年，第310页。

动的有效进行，我们党特别注重做好农村里的村庄，城市里的街道，矿场等基层的民主选举，让广大选民登记，选出代表候选人名单，召开选举大会，直到把真正来自基层的代表选举出来，由他们代表基层民众的意愿，议政、参政。由此可见，新民主主义革命时期，我们党十分注重直接吸收广大工农群众参与基层政权，真正实行了基层政权的民主化，从而充分体现了新民主主义革命时期工农民主的性质。

平等和民主是紧密相连的，事实上，新民主主义革命时期，平等的价值观理念得到了广泛的培植。

首先，主张经济上的起点公平，发动新民主主义革命彻底摧毁了不平等的旧的生产关系，建立"节制资本""耕者有其田"和"平均地权"的新生产关系，实现经济起点上的平等。其次，维护分配公平：新民主主义革命时期十分注重调节分配，合理控制收入差距，努力维护民众的收入分配公平、合理。最后，在军队中实行民主平等制度，实行官兵平等，严格规定长官不准打骂士兵，在连以上建立士兵委员会，士兵有开会和谈话的自由。

综上所述，中国新民主主义革命沉淀、积累下来的主要优秀文化元素来之不易，是经过30年的革命历程洗礼、凝练而成的文化瑰宝，因而是中国特色社会主义文化建设理论形成的历史源头，也是如今我们进行中国特色社会主义文化建设实践必须加以继承和发扬光大的革命传统。

## 三、社会主义建设时期文化建设的新发展

从1949年新中国成立之日开始，中国历史翻开了新的篇章。全中国人民在以毛泽东同志为首的中国共产党的领导下，开始了社会主义改造和社会主义建设的伟大事业。全国人民在进行全面范围的执政实践及大规模的经济建设的同时，也进行了大规模的文化基础建设。

### （一）坚持和普及马列主义、毛泽东思想

新中国成立之后，党强调我们的指导思想是马列主义、毛泽东思想。为了有效地坚持马列主义、毛泽东思想，使其真正为成为人民群众行为的

指导，鉴于新中国成立之初，广大劳动群众平均文化程度不高，理解水平有限，对马克思主义基本原理的理解有一定困难等现实状态，我党果断地进行了在全社会范围内，进行马列主义、毛泽东思想科学理论的普及活动，这一活动一方面推进了人民大众学文化、学知识、学理论、用理论的热情，另一方面也客观地推动了我国的原著翻译、解读、出版社、著作、文章编写、报纸杂志、电影、广播等文化行业的蓬勃发展，出现了欣欣向荣的景象。

（二）实施社会主义道德法制建设

新中国成立后，中国共产党着手用共产主义的远大理想去影响人民大众，培养社会主义道德观念，进行社会主义道德建设。当时已经非常明确地把新中国的教育方针，定位为要大力培养“有社会主义觉悟，有文化的劳动者”。在党和全国人民的共同努力下，新中国国民的道德素质有了很大的提高，广大民众诚实守信、友好相处、互相帮助、团结友爱、尊老爱幼、热情仗义、善良勤劳、厚道友善等优良的道德品质成为新中国社会的主流。反之，坑蒙拐骗、盗窃等不道德的现象日渐减少，因此广大民众在普遍没有防盗网、防盗门等条件下也能安然平稳地生活，夜不闭户成为现实，路不拾遗成为风气等。这些从侧面反映出了社会主义革命和建设时期，我们的道德建设取得了较为突出的成绩。

（三）改造旧文化，培育社会主义新文化

在中国几千年的封建社会制度，百年半封建半殖民地、官僚资本主义统治的社会历史里，历代各朝遗留下来了封建的、殖民主义的、资产阶级的旧文化、旧思想、旧观念。新中国要灌输新思想，培育社会主义新文化，则必须在发扬“五四运动”精神的基础上，着力消解和清除封建主义、殖民主义、资本主义等社会形态下的落后及反动腐朽的消极文化，从而破除它们的阻力。与此同时，破中有立，在破除旧文化、旧思想束缚的同时，更强调新文化、新观念、新思想的培育，为了有效地培育新文化，灌输新思想、新理念，我们党进行了一项十分庞大的工程，即在全民范围内开展文化知识的普及和教育。为了达到普及和教育的良好效果，当时在全国各个阶层、各个领域都强调文化学习，学习的形式多种多样，比较普遍、影响力大的形式如识字班、扫盲班、农民夜校以及职工夜校等，在较短时间内就在全国形成了学习文化知识的热潮，尤其是在旧中国长期被剥夺了受教育权利的劳苦大众，对文化知识的学习表现出了高度的热情，在新中国成立不到一年的时间里，就有近千万人参加了各种各样的文化知识学习班。他们在学习中逐步消解旧文化、旧观念、旧思想，理解、接纳新文化、新观念、新思想，他们的努力为新中国社会主义建设做好了人才的培养和知识的储备，也为中国特色社会主义文化建设打下了坚实的基础。

## 四、中国特色社会主义文化建设理论形成和发展的历史进程概述

如上所述，文化作为社会意识受制于社会存在，因而中国特色社会主义文化也不可能是孤立前行的，在中国特色社会主义建设道路的探索、确立的客观大背景下，中国特色社会主义文化建设理论才得以形成，并随之发展，两者在历史发展方向、进程上都是一致的，因此有论者倾向于把中国特色社会主义文化建设理论发展过程大致区分为如下三大历史发展时期：艰难探索时期（1978—1992 年）、逐步形成时期（1992—2002 年）、新的发展时期（2002 年至今）。

### （一）艰难探索时期（1978—1992 年）

如前所述，1978 年召开的中国共产党十一届三中全会是我们党和国家发展史上一个伟大的转折，是我国进入改革开放新实践的标志，开创了中国特色社会主义发展的新道路。四年之后党的十二大正式明确地把这条新道路概括为“走自己的路，建设有中国特色的社会主义”①。从这一崭新的历史时期开始，我们党且行且思，既在实践中摸索，也在理论上探索，逐步提出社会主义发展阶段理论、社会主义初级阶段党的基本路线、经济体制改革的理论以及社会主义本质理论等，在这些系列理论的基础上，中

① 中共中央文献编辑委员会：《邓小平文选》（第 3 卷），北京：人民出版社，1993 年，第 3 页。

国特色社会主义文化建设理论逐步开始形成，并明确提出了一些最基本的观点。

1. 旗帜鲜明地肯定马克思主义的指导思想地位，坚定不移地走社会主义道路

时代新了，相应的各项改革开放的工作新了，但我们党的指导思想没变，即坚持“四项基本原则”不动摇。就在党的十一届三中全会召开后的第二年即1979年3月30日，在中央召开的理论工作务虚会上，邓小平作了题为“坚持四项基本原则”的讲话，他在讲话中科学地把我们党一贯所坚持的思想政治原则概括为“四项基本原则”：坚持社会主义道路，坚持人民民主专政，坚持共产党的领导，坚持马列主义、毛泽东思想，同时强调“这是实现四个现代化的根本前提”。1987年10月，党的十三大把“四项基本原则”作为重要内容，写进了党在社会主义初级阶段的基本路线中。显然，此时的这一努力已经形成了中国特色社会主义文化建设理论核心部分中的重要内容，即中国特色社会主义核心价值体系中的重要内容。

2. 明确了社会主义精神文明的重要地位是社会主义的重要特征、社会主义制度优越性的重要表现

马克思、恩格斯从基本理论的高度，阐述了文化的社会意识属性，论述了作为社会意识的文化受制于社会存在，并反作用于社会存在，但他们对文化的具体作用还没有进行详细的论述。到了毛泽东那里，其秉承一贯注重理论与实际相结合的作风，在具体的层面论述了文化对新民主主义革命、对社会主义建设的重要作用。但由于客观原因，他没有也不可能对新时期的文化作用进行具体的论述，这个任务由后继的中国共产党人来完成。在1982年党的十二大上，我们党明确指出：社会主义还必须有一个必不可少的特征——以共产主义思想为核心的社会主义精神文明。大会接着对如何建设高度的社会主义精神文明做了全面的部署，把社会主义精神文明建设分为文化建设与思想建设两个大方面，并将它们作为全党、全国的任务。到了1986年9月，中央对社会主义精神文明建设已有了一定的经

验积累，便在此基础上做了更为翔实、系统的部署，做出了十分明确的《关于社会主义精神文明建设指导方针的决议》。邓小平把它概括为“物质文明”“精神文明”“两个文明一起抓”的指导方针。他认为如果光靠物质条件，我们的革命和建设都不可能胜利。因此，在许多场合，他都强调“两手抓”工作，两个文明不仅要一起抓，而且一手硬一手软也不行，必须坚持“两手都要硬”，社会主义物质文明和精神文明同步协调发展，才是有中国特色的社会主义。

上述我们党关于“两个文明”一起抓的观点，实质上是对马克思、恩格斯、毛泽东关于作为社会意识的文化受制于社会存在，并反作用于社会存在的辩证唯物历史观创新性的继承和发展：社会形态是由一定经济、政治以及思想文化构成的统一整体（即由毛泽东开始的具有创新性的社会三分法），经济无疑是基础，政治则是经济的集中表现及根本保证，思想文化就是经济政治的反映，同时又反过来对经济、政治产生很大的影响。作为完整社会形态的社会主义社会同样如此：社会主义社会是由社会主义物质文明与精神文明构成的统一整体，两个文明的建设互为条件、互相作用，物质文明搞不好，精神文明从根本上说就不可能搞好，反过来，精神文明搞不好，物质文明也同样会受到制约、受到影响，整个社会的文明建设就无法搞上去。因此，“两手抓”“两手都要硬”，是中国特色社会主义全面发展的客观要求，是由中国特色社会主义的本质特征所决定的。

3. 形成了建设社会主义精神文明的第一个纲领性文件

中国特色社会主义建设到20世纪80年代中期，一个很明显的现象出现了。就社会整体而言，较之物质文明建设，精神文明建设已经明显处于一种落后甚至被动的局面，人们不愿意看到的“一手硬一手软”的现象还是出现了，主要表现为一些人的社会主义思想观念淡薄、一些人的道德水准下降、一些社会丑恶现象死灰复燃、落后的封建迷信活动也开始盛行等。对于这些现象，邓小平很忧虑，在1985年9月党的全国代表会议讲话中，他就十分尖锐地指出：“这几年生产是上去了，但是资本主义和封建主义的流毒还没有减少到可能的最低限度，甚至解放后绝迹已久的一些坏事也在复活。我们再不下大的决心迅速改变这种情况，社会主义的优越性怎么能全面地发挥出来？我们又怎么能充分有效地教育我们的人民和后代?"① 上述状况显然已经引起了中央的注意，1986 年 9 月党的十二届六中全会就通过了《中共中央关于社会主义精神文明建设指导方针的决议》，这是我国社会主义精神文明建设的第一个纲领性文件，对社会主义精神文明建设的基本方针和任务做出了明确的规定。

4. 强调了发展科学、教育等，发展了"科学是生产力"的观点

马克思、恩格斯对科学技术在社会发展中的作用一直都有深刻的认识，他们认为，生产力中也包括科学。毛泽东也不例外，早在 1963 年的时候他就说过，科学技术这一仗一定要打，而且必须打好，不搞科学技术，生产力就无法提高。从战争年代过来的他，深知战争在近现代中国社会中的重要作用，而他把发展科学提高到了他心目中战争的高度去"打"，因此可以说他在当时对科学技术的重要作用是有相当高度的认识的。到了邓小平，他继承了马克思、恩格斯以及毛泽东重视科学技术的思想，并在新的实践中发展了这一思想。1977 年 8 月，他在《关于科学和教育工作的几点意见》中就指出："我们国家要赶上世界先进水平，从何着手呢？我想，要从科学和教育着手。科学当然包括社会科学。"② 在这里他的思维比较细致，特别强调了科学包括社会科学，他从中国当时的实际情况出发，明确地看到了科学对社会发展的重大作用。到了 1988 年，他就更直接地指出"科学技术是生产力，而且是第一生产力"③。比较起前面的革命理论家来，他的创新之处显然不是他看到了科学技术是生产力，而是在于他从中国当时的客观情况出发，强调了科学技术是第一生产力，进而主张从大力发展科学、教育入手，发展社会经济，促进社会生产力发展，达

① 中共中央文献编辑委员会：《邓小平文选》（第 3 卷），北京：人民出版社，1993 年，第 143 - 144 页。

② 中共中央文献编辑委员会：《邓小平文选》（第 2 卷），北京：人民出版社，1994 年，第 48 页。

③ 中共中央文献编辑委员会：《邓小平文选》（第 3 卷）．北京：人民出版社，1993 年，第 275 页。

到世界先进水平。

5. 坚持了“双为”方向、“双百”方针，提倡批评与自我批评及“洋为中用”等方法

这个时期的中国特色社会主义文化理论与列宁、毛泽东的文化思想一脉相承，坚持中国特色社会主义文化服务方向是为人民大众服务、为社会主义服务。当时，邓小平在《在中国文学艺术工作者第四次代表大会上的祝词》中，就主张坚持毛泽东的文艺路线，他很形象地说，人民是文艺工作者的母亲，一切进步文艺工作者的生命就在于他们同人民之间的血肉联系……力求把最好的精神食粮贡献给人民。到了1980年7月26日，《人民日报》则发表了题为《文艺为人民服务，为社会主义服务》的社论，由此，为人民服务、为社会主义服务的“二为”便成为中国特色社会主义文化建设的响亮的新口号。此时期的“双百”方针得到坚持，并有创新和发展，即既强调坚持“双百”方针，同时又强调了坚持批评与自我批评。这是我们中国特色社会主义文化建设史上一个思维上的新方向、行动上的新变化，从而显示出我们的文化建设理论正在逐步走向成熟。到了1978年第五届全国人民代表大会则把“双百”方针写进了宪法，使我们中国特色社会主义文化建设得到了更稳定的、法律上的保障，这是我们的文化建设理论逐步走向成熟的又一标志。在这个时期，由于客观情况的影响，在文化“古为今用，洋为中用”方面，我们更常提到的是“洋为中用”。在1983年的《党在组织战线和思想战线上的迫切任务》讲话中，邓小平就很尖锐地指出：闭关自守、故步自封是愚蠢的。要求我们要向西方发达国家学习先进科学技术、经营管理方法等有益文化元素。这个时期我们走向了向世界学习，学习全人类的优秀文化，包括向与社会主义性质不同甚至国家性质对立的资本主义国家学习经验，这显然已经是超出了传统的思维，进入到了文化向外学习的一个新时期。邓小平十分鼓励这样的学习，他说：“总之，社会主义要赢得与资本主义相比较的优势，就必须大胆吸收和借鉴人类社会创造的一切文明成果，吸收和借鉴当今世界各国包括资

本主义发达国家的一切反映现代社会化生产规律的先进经营方式、管理方法。"① 在这里有两点我们是不能忽略的：一是邓小平强调的向各国学习的目的是，为了让社会主义赢得与资本主义相比较的优势，而不是为了跟在其他国家的后面走。二是向各国学习的内容是人类社会创造的一切文明成果、一切反映现代社会化生产规律的先进经营方式、管理方法，也就是真正优秀、先进的一切文化。这无疑也是我们中国特色社会主义文化建设理论逐步走向成熟的又一表现。

（二）逐步形成时期（1992—2002 年）

这是中国特色社会主义文化建设理论发展的重要时期，这与本时期中国特色社会主义建设过程中发生的多个重要事件相关，如 1992 年我们党的十四大召开，全面论述了中国特色社会主义理论的主要内容；1997 年我们党的十五大召开，提出了邓小平理论，确定了党在社会主义初级阶段的基本纲领；2002 年党的十六大召开，确立了"三个代表"重要思想为党的指导思想，明确了社会主义先进文化的建设任务等，整个时期的历史发展脉络非常明显地内含了中国特色社会主义文化建设理论的发展，可概括为以下几个基本的要点。

1. 形成了建设社会主义精神文明的跨世纪行动纲领

进入 20 世纪 90 年代，我国继续贯彻中央《关于社会主义精神文明建设指导方针的决议》的精神，社会主义精神文明建设取得了较大的成绩。但由于进入新的时代，世界发展、变化迅猛，出现了许多新情况、新问题，社会主义精神文明建设遇到了更多的新挑战。面对新情况、新挑战，中共中央不断总结经验、吸取教训，采取相关措施，认真解决不断出现的现实问题，努力开创中国特色社会主义文化建设的新局面。1996 年 10 月，党的十四届六中全会通过了《中共中央关于加强社会主义精神文明建设若干重要问题的决议》，这是中国特色社会主义文化建设史上跨世纪的行动

---

① 中共中央文献编辑委员会：《邓小平文选》（第 3 卷），北京：人民出版社，1993 年，第 373 页。

纲领，这是因为：《中共中央关于加强社会主义精神文明建设若干重要问题的决议》非常重视思想道德和文化建设的问题，明确了邓小平建设有中国特色社会主义理论在社会主义精神文明建设中的指导地位；从宏观上要求全党全民要把社会主义精神文明建设放在建设中国特色社会主义事业的整个大局中、放在整个世界的大局中来考察，正确认识社会主义精神文明建设的重要性与紧迫性、长期性与复杂性以及艰巨性，真正把社会主义精神文明建设提到更加突出的地位；从微观上对存在的问题进行了透彻而精辟的分析，并提出了解决的思路、对策、办法等，同时也认真对改革开放18年来的社会主义精神文明建设经验做了全面、深刻的总结。总之，《中共中央关于加强社会主义精神文明建设若干重要问题的决议》站在宏观理论的高度，从微观基础工作入手，兼顾长远目标，结合近期要求，既有高度的思想性，又有可操作的现实性，因此成为社会主义精神文明建设的跨世纪行动纲领。

2. 明确了中国特色社会主义文化是社会主义初级阶段的基本纲领不可分割的重要组成部分

早在1991年7月庆祝建党70周年大会的讲话中，江泽民就已经提到“有中国特色社会主义的经济、政治、文化，是有机统一”①。1997年9月党的十五大报告中，则更明确地把建设有中国特色社会主义的文化提高到了社会主义初级阶段的基本纲领不可分割组成部分的地位。报告指出：“建设有中国特色社会主义的经济、政治、文化的基本目标和基本政策，有机统一，不可分割，构成党在社会主义初级阶段的基本纲领。这个纲领，是邓小平理论的重要内容，是党的基本路线在经济、政治、文化等方面的展开，是这些年来最主要经验的总结。”②

3. 系统论述了中国特色社会主义文化的主要内容、重要地位、基本要

① 中共中央文献编辑委员会：《江泽民文选》（第1卷），北京：人民出版社，2006年，第161页。

② 中共中央文献编辑委员会：《江泽民文选》（第2卷），北京：人民出版社，2006年，第17－18页。

求、重要作用等

党的十五大报告在中国特色社会主义文化建设史上具有非常重要的意义，因为它第一次系统论述了中国特色社会主义文化的一系列基本问题。一是确定了建设有中国特色社会主义文化的主要内容：以马克思主义为指导，以培育“四有”公民为目的，发展面向现代化、面向世界、面向未来的民族的科学的大众的社会主义文化。二是界定了中国特色社会主义文化建设的重要地位，即与有中国特色社会主义的经济、政治一起成为社会主义初级阶段的基本纲领不可分割的有机统一的重要组成部分。三是明确了中国特色社会主义文化建设的基本要求，即坚持用邓小平理论武装全党，教育人民；努力提高全民族的思想道德素质和教育科学文化水平；坚持为人民服务、为社会主义服务的方向和百花齐放、百家争鸣的方针，繁荣学术和文艺；建设立足中国现实、继承历史文化优秀传统、吸收外国文化有益成果的社会主义精神文明。四是概括了中国特色社会主义文化建设的重要作用，即有中国特色社会主义的文化是凝聚和激励全国各族人民的重要力量，是综合国力的重要标志。这两个表述是我们党历史上一种新的、更具深度的认识，是从中国特色社会主义文化实质的高度对其作用的深度概括。“凝聚和激励全国各族人民的重要力量”，无疑是表明在当代世界，一个国家尤其是多民族的国家，需要一种文化去凝聚国民的力量，去振奋国民的精神，从而最大限度地激发民众建设国家的热情、智慧，这个国家才能获得发展的最大源泉。中国特色社会主义文化的本质内容从根本上决定了它有这种最大限度地激发民众建设国家的热情、智慧的力量；“综合国力的重要标志”表明，在当代社会，国力不再是仅指经济、政治、军事等方面的指标，而是指包括了经济力、政治力、军事力以及文化力等构成的综合国力，其中文化力是不可或缺的重要组成部分，没有中国特色社会主义文化力量，我们的综合国力就是不完整的。因此，这两方面的表述是对中国特色社会主义文化重要性高度准确的概括。

4. 提出了始终代表中国先进文化前进方向的观点

2000 年 2 月，江泽民提出了著名的“三个代表”重要思想，他指出：

“我们党所以赢得人民的拥护，是因为我们党在革命、建设、改革的各个历史时期，总是代表着中国先进生产力的发展要求，代表着中国先进文化的前进方向，代表着中国最广大人民的根本利益，并通过制定正确的路线方针政策，为实现国家和人民的根本利益而不懈奋斗。”① 2001 年，江泽民在建党 80 周年庆祝大会讲话中，对党与中国特色社会主义文化之间的密切关系阐述得更加直接、更加明确：“坚持什么样的文化方向，推动建设什么样的文化，是一个政党在思想上精神上的一面旗帜。”② 作为带领中国人民进行中国特色社会主义建设的中国共产党，其思想和精神上的旗帜当然就是先进文化，即与中国特色社会主义建设相适应的中国特色社会主义文化，所以他要求：“我们党要始终代表中国先进文化的前进方向，就是党的理论、路线、纲领、方针、政策和各项工作，必须努力体现发展面向现代化、面向世界、面向未来的，民族的科学的大众的社会主义文化的要求，促进全民族思想道德素质和科学文化素质的不断提高，为我国经济发展和社会进步提供精神动力和智力支持。”③ 在这里我们可以看到，江泽民在新的历史发展时期对文化的理论认识已经到达一个相当的高度：在文化中特别强调先进文化，把先进文化的作用与党的思想旗帜紧密联系在一起，与国家的经济发展、社会进步紧密联系在一起，等等，从这样的高度来认识中国特色社会主义文化的重要性，显然是我们中国特色社会主义文化建设理论发展史上的一大进步。

（二）新的发展时期（2002 年至今）

自 2002 年党的十六大召开以来，党中央领导中国特色社会主义文化事业持续、快速、健康发展。十六届六中全会提出了构建社会主义核心价值体系、建设社会主义和谐文化的重要战略任务；十七大突出强调了加强文化建设、提高文化软实力的极端重要性，全面部署了兴起社会主义文化建设的新高潮、推动社会主义文化大繁荣大发展的战略，迎来了中国特色

① 江泽民：《论“三个代表”》，北京：中央文献出版社，2001 年，第 2 页。
② 江泽民：《论“三个代表”》，北京：中央文献出版社，2001 年，第 158 页。
③ 江泽民：《论“三个代表”》，北京：中央文献出版社，2001 年，第 157 页。

社会主义文化建设的大好时期，提出了一系列关于中国特色社会主义文化建设的新思想、新观点、新论断等，极大地促进了中国特色社会主义文化建设理论的全面发展。

1. 强调了马克思主义的指导地位与文化的突出作用

党的十六大以来，我们面临着世界更复杂的多极变化以及中国改革的深刻变化，在复杂多变的新形势下，我们党进一步强调了作为思想灵魂和旗帜的马克思主义在意识形态领域中的指导地位，并将这一方针贯彻到文化建设的各个领域。

这个时期我们的文化建设理论走向成熟的一个重要表现就是，在我们强调在意识形态中加强马克思主义指导的同时，并没有以此来削弱文化建设的重要性，相反更突出了文化建设的重要性，克服了认为两者不相容的片面思维，坚持弘扬主旋律，提倡多样性，目的就是要真正使中国特色社会主义文化大繁荣、大发展。事实上，同样是在十七大上，我们党就以战略目标的形式提出了推动社会主义文化的大繁荣、大发展，突出强调“当今时代，文化越来越成为民族凝聚力和创造力的重要源泉、越来越成为综合国力竞争的重要因素，丰富精神文化生活越来越成为我国人民的热切愿望”①。其中，还对文化建设的四个重点进行了详细的阐述：一是建设社会主义核心价值体系，增强社会主义意识形态的吸引力和凝聚力；二是建设和谐文化，培育文明风尚；三是弘扬中华文化，建设中华民族共有精神家园；四是推进文化创新，增强文化发展活力。在党的重大会议上如此详细地阐述文化建设的具体问题，很显然，文化建设的重要作用得到了前所未有的突出。

2. 提出了文化生产力与文化软实力的概念

在这个时期，我们党第一次以正式文件的形式提出了“文化生产力”的概念。党的十六届四中全会上就强调了要“深化文化体制改革，解放和

---

① 胡锦涛：《高举中国特色社会主义伟大旗帜　为夺取全面建设小康社会新胜利而奋斗》，《人民日报》，2007年10月25日。

发展文化生产力”，党的十七大再次提出：“在时代的高起点上推动文化内容形式、体制机制、传播手段创新，解放和发展文化生产力。”① 这些表述表明，我们党逐步在深化对中国特色社会主义文化理论的认识。实际上，我们党此时不仅提出了“文化生产力”的新概念，而且更进一步地认识到了文化这种生产力的特殊性，即我们党与此同时还提出了“文化软实力”的概念，也就是说，已经认识到，相对于物质形态的硬性生产力而言，文化这种生产力是软性的力量，具有软实力的特征。正如胡锦涛同志在2006年11月10日《在中国文联第八次全国代表大会、中国作协第七次全国代表大会上的讲话》中所指出的那样，“面对当今世界各种思想文化相互激荡的大潮，面对国家发展和人民生活改善对文化发展的要求，面对社会文化生活多样活跃的态势，如何找准我国文化发展的方位，创造民族文化的新辉煌，增强我国文化的国际竞争力，提升国家软实力，是摆在我们面前的一个重大现实课题”。在党的十七大报告中他再一次提到，要坚持社会主义先进文化前进方向，兴起社会主义文化建设新高潮，激发全民族文化创造活力，提高国家的文化软实力。

3. 强调了文化创新与文化权益

与历史上其他发展时期相比，党的十六大以来，我们党更强调文化的创新，包括文化内容创新、文化形式创新、文化生产手段创新、文化管理体制创新以及文化工作机制创新等，为了实现切实的文化创新，还提出了要深化文化体制改革；要完善、扶持公益性文化事业；要出台鼓励文化创新的政策；要营造有利于产生新文化作品、精品、优秀文化人才以及高效益的良好环境；在当代高新技术的助推之下，创新文化生产方式，促进新的文化业态产生，加快构建现代化的文化传播体系等，表明我们党此时对文化创新的认识已经达到历史上的一个新高度。与此同时，我们党的文化建设理论还表现出了全面性，即如此强调文化创新，但我们并没有忘记文

① 胡锦涛：《高举中国特色社会主义伟大旗帜　为夺取全面建设小康社会新胜利而奋斗》，《人民日报》，2007年10月25日。

化创新的最终目的，也就是说，在强调文化创新的同时，党还强调了另一个新概念：文化权益。在整个中国特色社会主义文化建设的新发展时期，我们可以发现，此时期对“为人民服务、为社会主义服务”这一“双为”方向的新发展，就集中在特别强调要保障人民文化权益。党中央非常清晰地认识到：发展先进生产力、先进文化是实现最广大人民根本利益的基础和前提，实现最广大人民根本利益就是发展先进生产力、先进文化的根本目的和归宿。因此，特别强调要切实保障人民群众的各种权益，创造新的文化生产力，目的就是更好地实现人民的文化权益，即通过发展社会主义先进文化来不断保障人民群众的文化权益，使人民群众的文化权益得到切实的实现。

4. 提出了发展文化产业、进行文化体制改革等新观念

此时期中国特色社会主义文化建设理论获得新发展的另一个重要表现是，党的十六大报告中第一次在党的全国代表大会上把文化区分为文化产业与文化事业，并对发展文化产业的意义、作用、目的及相关要求进行了详细的阐述，这是中国特色社会主义文化建设理论与时俱进、勇于创新、善于与国际接轨、不断地向广度与深度拓展的具体表现。从下面一系列历史事件，我们可以清晰地看到关于文化产业的新观念，一经提出，就不断得到强调，胡锦涛在不同场合多次提到了“文化产业”。2003 年 12 月 5 日在全国宣传思想工作会议上要求：“坚持把积极发展文化事业和文化产业作为宣传文化部门的重要任务。”2005 年 10 月 11 日，在《中共中央关于制定国民经济和社会发展第十一个五年规划的建议》中，又提到了“丰富人民群众精神文化生活。积极发展文化事业和文化产业”。2007 年 10 月，党的十七大报告中则进一步指出：“大力发展文化产业，实施重大文化业项目带动战略……繁荣文化市场，增强国际竞争力。”① 与此同时，在这个时期我们逐步明确了与文化产业相关的理论：发展文化产业的意义与作

① 胡锦涛：《高举中国特色社会主义伟大旗帜　为夺取全面建设小康社会新胜利而奋斗》，《人民日报》，2007 年 10 月 25 日。

用，是促进文化的繁荣发展，满足人民群众精神文化的需求。发展文化产业的手段与途径是通过不断完善文化产业的政策，吸引更多资金投入文化建设，促进各种文化产业共同发展等。

随着发展文化产业意识的觉醒与增强，另一个概念被及时提了出来，即“文化体制改革”。文化产业被从原来的“文化”概念中区分出来，同时强调要大力发展文化产业，那么就涉及原有“文化”观念下所形成的文化体制与新的发展形势是否相适应的问题，由此，关于文化体制改革的理论随着文化体制改革实践的深入而产生、发展、丰富，文化体制改革的目的得到确定：解放和发展文化生产力，增强文化发展活力，推动文化创新；文化体制改革的目标得到明确：逐步建立在党和政府的领导、管理下，实行行业自律、依法运营的文化管理体制，逐步建立有利于调动文化工作者积极性的现代企业运行机制；文化体制改革的重点得到突出：文化体制机制创新、重塑国有文化市场主体；文化体制改革的具体措施也受到关注：重视文化投资、融资的改革等。

5. 提出了和谐文化与文化安全等文化新理念

伴随着社会主义和谐社会的建设过程，随着新时期文化建设的不断深入，“和谐文化”理念被提出来并得到践行：2006 年 5 月，胡锦涛在云南考察工作时提出“促进和谐文化建设，为构建社会主义和谐社会提供强大的思想道德力量”①。到了 2006 年 10 月党的十六届六中全会，就明确提出了建设和谐文化的重大任务，在此次大会通过的《中共中央关于建构社会主义和谐社会若干重大历史问题的决议》中，明确了建设和谐文化的一系列理论要点：建设和谐文化的地位，它是构建社会主义和谐社会的重要任务；建设和谐文化的根本，是社会主义核心价值体系，坚持马克思主义的指导地位；建设和谐文化的方向，即坚持社会主义先进文化的前进方向；建设和谐文化的目标，即进一步形成全社会的理想信念和道德规范；建设和谐文化的具体方法，即吸收人类优秀文化成果，积极倡导和谐理念，有

① 新华社电，《胡锦涛总书记在云南考察工作时的讲话》，2006 年 5 月 15 日。

效培育和谐精神等。这是一个符合时代发展要求、符合中国多民族大国的客观情况的科学文化建设理念，是中国特色社会主义文化建设理论的新发展和新的成果。此时期表现我们文化建设理论更进一步的发展并与和谐文化理念相对应的是，我们有了“文化安全”的自觉。也就是说，在建设和谐文化的同时，为了使和谐文化、和谐社会更健康地发展，我们强调了要加强文化安全意识及措施，这两者不矛盾，而是统一、相辅相成的。这是中国特色社会主义文化建设理论不断成熟和发展的又一个重要表现。此时期的我们面临着复杂多变的国际形势及国内社会深刻变革的局面，在西方敌对势力对我国实行“分化”“西化”意图日益明显，国内民众的思想观念日趋多元、多变，思想活动多变性日益增强等客观背景下，维护国家文化安全就成了一个重大的现实课题。这是一个在新的环境下必须解决的新问题，我们党迎接了这个挑战，并给予了科学的回答：建设和谐社会、和谐文化的同时，加强国家文化安全；改革开放继续向深度、广度发展，中国特色社会主义伟大旗帜同样高扬；在文化“引进来”与“走出去”的同时，加大文化阵地和文化市场管理力度，建立文化安全预警机制和设立文化安全阀，建立文化安全保障体制机制，等等。

上述对中国特色社会主义文化建设理论形成、发展历史的简要概述，显示出了这个理论从探索、形成进而成熟、发展是一个长时间的艰难历程，同时也显现出了其强大的生命力以及其不断发展不断完善的开放、发展特性，伴随着中国特色社会主义建设事业的发展，其将继续丰富、发展和完善。

# 第二章

# 中国特色社会主义文化的主要特征及战略地位

如前文所述，由于文化自身的复杂性及研究者的角度不同，使得对文化的界定成为十分复杂的问题，一般而言，有广义的文化与狭义的文化之分。广义的文化包括人类在社会历史发展过程中所创造的物质财富和精神财富的总和。狭义的文化指人类的精神生产能力和精神产品，包括一切社会意识形态。因此，对文化的研究可以从不同的角度展开，也可以在不同的学科中进行，但不管从什么角度、什么学科视野研究文化，都应当明确是在什么意义上使用文化概念，在这一点上，毛泽东可谓楷模，他就曾明确指出："一定的文化（当作观念形态的文化）是一定社会的政治和经济的反映，又给予伟大影响和作用于一定社会的政治和经济；而经济是基础，政治则是经济的集中的表现。这是我们对于文化和政治、经济的关系及政治和经济的关系的基本观点。"① 显然，他是明确站在马克思主义的立场，从辩证唯物主义历史观出发来研究文化的，这是他自始至终的一贯立场，与马克思、恩格斯的文化观一脉相承，坚持这样的马克思主义文化观来考察文化，有助于我们正确把握文化的内容、特征、意义、作用等一系列相关问题。因此，马克思主义辩证唯物历史观同样是我们今天研究中国特色社会主义文化的立场、出发点。

辩证唯物历史观认为，任何文化的存在都与其特定的存在环境相关，

---

① 中共中央文献编辑委员会：《毛泽东选集》（第2卷），北京：人民出版社，1991年，第663－664页。

都会与一定的社会经济、政治结构相联系。中国文化就有自己的特殊存在环境，有与世界其他民族文化不同的内在特质和发展路径，这些都是由中国特殊的经济、政治结构以及中国文化自身的特殊性所决定的。到了中国特色社会主义文化时期也一样：中国特色社会主义文化不仅有一般的属性，而且具有鲜明的时代特征和民族风格，是带有中华民族特色的社会主义新文化，我们只有把中国特色社会主义文化置于与中国现阶段的经济、政治的现实相互关系中，才能正确解读中国特色社会主义文化的规定性、特征及战略地位等相关问题。因此，从这样的研究立场、研究视野出发，我们不难看出，中国特色社会主义文化具有如下三方面的内在规定性：其一，它具有文化的一般属性，如受物质存在的制约与反作用于客观存在的性质、社会历史继承性等。其二，它具有社会主义文化的本质特征，如坚持马克思主义在意识形态中的指导地位，坚持为社会主义服务的先进文化前进方向，坚持与时俱进的科学性以及为人民服务的大众性等。其三，具有中华民族的风格和特点，如具有中国的文化传统特质、中华民族的气派等。概括起来，就其本质而言，中国特色社会主义文化就是指在当代中国社会主义实践的基础上产生的具有马克思主义指导，反映社会主义本质要求和发展新趋势，符合中国国情的新文化。

## 第一节　中国特色社会主义文化的主要特征

中国特色社会主义文化作为当前世界特有的文化类别，既具有与其他时期、其他国家、民族的文化共通之处，同时又具有区别于它们的特殊点，具有明显的特征。

### 一、坚持中国特色社会主义理论指导，具有意识形态的特征

有学者指出，意识形态（ideology）自从被拿破仑时代的思家德斯杜

特·德·特拉西作为“观念学”创立以来，经历了诸多的意义变更。① 但从马克思主义基本立场出发，从社会存在和社会意识及其关系的维度去界定社会意识形态的基本含义，一直是我国理论界的主流：与社会心理不同，社会意识形态是一种高级的社会意识，是从社会生活中提炼出来的对于社会存在比较系统、完整、自觉的反映形式。② 凡是直接或间接反映社会的经济基础，为保持或改变某一经济基础服务的社会意识形态，都属于社会意识形态的范畴。它们是一定社会经济形态的精神标志，是一定社会经济形态的上层建筑的组成部分。社会意识形态包括政治、哲学、艺术等社会意识形态③，是关于各种社会现象的观念总和。

近年来，国内或显或隐有一种“去意识形态化”的倾向。有论者认为“去意识形态化”的主张在中国特色社会主义文化领域不可行也不可能。其一，中国特色社会主义文化从属性上决定了自己的意识形态特征。文化本身就是受制于社会存在的社会意识，具有社会意识的属性，这是马克思、恩格斯、列宁、毛泽东等思想家、理论家早已论述过的符合实际的科学观点。事实上，文化中的思想道德、文学、艺术、哲学、宗教等直接就是各个历史时期社会意识形态中的重要组成部分，而科学等研究活动本身与意识形态无明显的直接联系，但围绕科学研究活动的政策、策略、科学价值，实现的方向、途径、方法、手段等就与社会意识形态密不可分了，要在文化领域“去意识形态化”是不符合客观实际的。其二，中国特色社会主义文化明确主张坚持中国特色社会主义理论指导。用什么样的思想作为指导，从根本上决定了文化的性质。中国特色社会主义理论是马克思主义与中国社会主义建设实际相结合的科学理论，坚持中国特色社会主义理论作为指导，就从本质上决定了它的性质是中国特色社会主义的性质。事实上，这从中国特色社会主义文化的核心内容可以得到说明：中国特色社会主义文化的主要内容之一是思想道德，而我们的思想道德中占核心地位

① 卢永欣：《语言维度下的意识形态分析》，《思想战线》，2010 年第 3 期。

② 杨焕章：《简明哲学原理》，上海：上海人民出版社，1998 年，第 358 页。

③ 红旗出版社编辑部：《哲学》，北京：红旗出版社，1983 年，第 459 页。

的是中国特色社会主义核心价值体系，其中明确规定我们的指导思想是马克思主义，我们的共同理想是中国特色社会主义。所以，中国特色社会主义文化从核心内容上决定了自己的意识形态的特性。其三，中国特色社会主义文化从服务方向上决定了自己的意识形态特性。中国特色社会主义文化秉承社会主义文化服务方向的一贯定位，即“为人民服务、为社会主义服务”。这是发展我国社会主义科学文化事业的根本方向，是社会主义科学文化事业的出发点和归宿。这就从服务方向上决定了社会主义意识形态的特征：中国特色社会主义文化必须是为社会主义、为人民服务的。与社会主义建设目标相抵触，不利于社会主义建设伟大事业，甚至有害于社会主义建设的文化，就不是中国特色社会主义文化。为此，我们党在提倡文化多样化的同时，旗帜鲜明地要求弘扬社会主义文化主旋律；在大力发展社会主义先进文化的同时，着力改造落后文化，坚决反对、抵制落后、腐朽的文化。

## 二、坚持弘扬中华文化，具有鲜明的中华民族特征

在人类发展的历史长河中，一定时期的文化总是建立在一定文化传统基础之上的。中国特色社会主义文化同样是建立在深厚的、几千年的民族文化基础之上的，因而带有深厚的民族特性。毛泽东早在新民主主义时期论述新民主主义文化的特点时就指出：新文化“是民族的”，“必须带有民族的特性”。文化的民族特性是指一个民族在改造、认识自然和社会的活动中，秉承自己的民族传统文化和思想观念，在此基础上形成的有别于其他民族文化的鲜明风格、特点。民族特性具有历史继承性、发展性，以及地域性等。中华文化的民族特性主要表现在以下几个方面：其一，中华文化博大，具有包容性。中华民族从封建社会时期（明代中期以后，我国人口已经达到2亿）开始就已经是世界上少见的人口众多、地域辽阔、民族种类及民族文化种类多样的庞大民族。这种特殊的国情，逐步培育了中华民族文化拥有了博大的气概及其突出的文化包容特性，使得几千年来，不仅作为较大民族的汉族文化得以保存、发展，其他众多的少数民族文化同

样得到保存和发展。其二，中华文化具有团结、和谐性。人口众多、地域辽阔、民族种类及民族文化种类多，在通常情况下，是一个国家、民族的优势，但如果处理不好，亦容易产生冲突乃至矛盾，世界历史上这样的历史事件不计其数。中华民族秉承着热情、友善、好客、宽容、和睦、团结、协作等优良传统，培育了团结、和谐性的文化特征，正是这种团结统一、和谐、协作的文化特征，凝聚了全民族的精神和力量，从而使我们的国家、民族虽历经艰难磨难、饱经沧桑，但依然屹立在世界的东方，成为为世界文明做出重要贡献、对世界发展产生巨大影响的伟大民族。其三，中华文化具有开放性与独立性并重的特征。中华文化具有很突出的开放性特征。从古代国内各个诸侯地方政权互派使者了解对方政治、军事、经济等到郑和下西洋，直接前往别国学习；从“五四运动”主动吸纳西方发达国家先进的科学、民主理念以及相关的教育、科学研究方法等到毛泽东的“洋为中用”，再到邓小平的“改革开放”等，无不昭示着中华文化是一种有着开放传统、开放气度、开放胸襟的民族文化。同时，中国人民的聪颖、勤劳、勇敢、刻苦、勤奋、进取等优良品质又培育了中华民族文化独立性的特征。这种独立性的特征如此强大，以至于在被帝国主义欺辱、被各国列强侵略的百年沧桑中，我们依然顽强地保留住了中华民族文化，由此可见，独立性是中华民族文化的显著特征。

### 三、坚持“三个面向”，具有与时俱进的特征

“三个面向”是指面向现代化、面向世界、面向未来，最早是在 1983 年 10 月，邓小平为景山学校题词时提出来的。它既是对我国教育提出的要求，更是对整个社会主义文化提出的要求，是指导社会主义文化建设的战略方针。

“面向现代化”是指中国特色社会主义文化要为中国特色社会主义现代化建设服务。人类发展的历史显示，人类社会现代化是社会由低级阶段向高级阶段发展的必然趋势，它是指当今以科学技术革命为先导和动力所引发的现代生产力大发展，以及由此产生的生产方式、社会制度、生活方

式、价值观念等社会各方面的全面发展过程。中国要改变贫穷落后的状况，必须走现代化之路，中国社会主义建设的根本任务和目标就是解放和发展生产力，建设富强、民主、文明、和谐的社会主义现代化强国，也就是说，现代化是我们要实现的任务和目标。文化建设，其本身就是中国社会主义现代化的一个重要组成部分，同时它还要为经济现代化、政治现代化、社会现代化服务，因而文化“面向现代化”就意味着中国特色社会主义文化建设要为整个中国特色社会主义现代化建设服务，中国特色社会主义现代化建设向前发展了，文化建设也要随之发展，甚至先进文化还要发挥其积极的作用，运用它的相对独立性，探索社会各方面的发展走向、趋势甚至发展规律等，从而为社会主义现代化建设实践提供理论依据、方针政策的备选方案、发展前景的预测以及应对可能出现困难的预案等，所有这些功能的发挥都需要文化建设必须与时俱进，否则便无法达到“面向现代化”的要求。

“面向世界”是指中国特色社会主义文化要关注世界发展的趋势，要在立足中国现实的基础上，用全球化的视野分析世界文化发展趋势、走向、规律、价值取向、实现路径等对中国现代化建设的影响。如给我们带来的机遇、挑战；我们的优势及与其他国家存在的差距；我们的应对措施、方针、方法、策略；加强与世界文化的互动，博采世界各国文化中的先进因素，吸取他国先进科学技术，先进文化管理体制机制，先进文化观念、理念，以加快中国文化建设的步伐，缩短与世界先进科学文化发展水平的差距。与此同时，也要加快文化的对外开放步伐，及时向世界展示我国先进文化建设所取得的成就，尽快提升我国文化在世界文化中的影响力、大国文化地位，等等。所有这些“面向世界”的措施，都培育了中国特色社会主义文化建设与时俱进的特征，从而迎来了当前我国文化建设繁荣发展的局面。

“面向未来”是指中国特色社会主义文化以战略的眼光、前瞻性的思维来推动自身的建设。与现实相比，“未来”具有许多不确定的、有些甚至是难以捉摸的因素，对未来的把握是一个很大的挑战。中国特色社会主义文化作为先进文化必须要应对这一挑战，否则就难以真正发挥自己的先导作用，难以引导现实社会向高级阶段前进。“面向未来”的基本要求有如下几个方面：其一，具有发展的观点。在正确认识当前事物发展规律的基础上，努力准确地把握事物未来的发展趋势。运用“发展观点”要求思维要向前看，要吸取历史教训，但又不纠缠于历史问题。以踏实研究现实问题为基础，努力站在时代潮流前沿，进而把握世界发展的大趋势。其二，具有前瞻意识。即在善于总结历史经验的基础上，力图准确把握世界科学文化发展方向，做出有科学预测性的发展方案、规划。其三，具有未雨绸缪的远虑。即在充分研究现实情况的基础上，尽量合理考虑到未来发展道路上可能出现的各种问题、困难，并做好相应的对应措施。在以上这些“面向未来”的基本要求中，每一条都需要与时俱进，需要充分了解国家及世界发展的客观真实状况，把握发展趋势，探索发展规律，正是在这种不断实现“面向未来”的文化要求中，中国特色社会主义文化逐步具有了明显的与时俱进的特征，这可以从中国特色社会主义文化发展的脉络中得到说明。党的十二大时，我们把社会主义精神文明建设简要概括为文化建设与思想建设两个方面；党的十三大时则开始把社会主义精神文明建设的内容表述为思想道德建设和教育科学文化建设；党的十四大增加了理论建设和文化体制改革等内容；党的十五大则进一步把中国特色社会主义文化内容增加并具体化为几个部分：一是提出了中国特色社会主义文化的根本——思想道德建设，二是文化建设的基础工程——教育与科学，三是文化建设的重要内容——文学艺术、新闻出版、广播影视等；党的十六大则突出强调了先进文化方向、思想道德体系、弘扬民族文化、发展文化事业与文化产业、继续深化文化体制改革等，内容明显增多；党的十七大发展到了社会主义核心价值体系、人民文化权益、社会主义文化大发展、大繁荣等，中国特色社会主义文化发展的历史事实，充分说明了它的与时俱进特征。

## 四、坚持从实践出发，具有科学性、大众化的特征

实践是马克思主义理论中的重要概念，在马克思主义哲学看来，实践

是指人类所进行的社会性的客观物质活动，是在人类有目的地进行的能动地探索和改造现实世界的过程中实现的。① 马克思、恩格斯十分强调实践的作用，把实践作为自己的理论与以往理论相区别的重要特点，甚至为了表明自己的唯物主义与以往的唯物主义有本质的不同，马克思称自己的唯物主义理论为实践唯物主义。列宁、毛泽东同样强调实践的重要作用，并都在自己的国家根据各自的实际情况，直接实践社会主义理论。到了邓小平所在的时期，人类历史发展到了一个全新的阶段，许多问题找不到现成的答案，中国特色社会主义文化建设同样如此，在这种情况下，他尤其注重在实践中研究新情况、解决新问题。他思考文化问题都是从中国现代化实践的现实需要出发，从如何解决那些关乎国家命运的实际问题入手，坚持立足中国现实、从实践出发，结合中国的实际，解决中国问题。正如有的学者所说的那样："邓小平并不刻意去构建自己的文化理论体系，而注重的是实践，凭借他一贯的实践品格在实践中为我们创立了一个全新的基本构架，成为我们去构建社会主义初级阶段新文化体系的理论的根本依凭。"② 中国特色社会主义文化正是秉承着这样的理论品质，始终坚持从实践出发，主张实事求是，主张理论与实践相一致；坚持以马克思主义真理为基础，正确反映客观物质世界、人类社会及人类思维发展的客观规律；坚持反对迷信、伪科学以及其他落后、腐朽的文化，在此基础上逐步形成自己的科学特征，成为一种能够与人类现代科学发展的历史进程相契合的科学的先进的文化。

同时，由于中国特色社会主义文化的实践性、科学性特征，以及中国社会主义制度的切实保障，使得文化与作为实践主体的人民大众天然地、符合逻辑地并现实地结合在一起，从而使大众性成为中国特色社会主义文化的显著特征。文化的大众性是与文化的专制性相对而言的，其实质是文化的支配权问题，它的深层次根源与经济制度、政治制度直接相关。当一

① 陶德麟，石云霞：《马克思主义基本原理概论》，武汉：武汉大学出版社，湖北人民出版社，2006 年，第 51 页。

② 王建辉：《邓小平文化思想探论》，《江汉论坛》，1998 年第 4 期。

个国家的经济权力、政治权力掌握在少数剥削阶级手中时，文化的支配权也必然掌握在那部分少数人的手中。反之亦然，当一个国家的经济权力、政治权力掌握在占人口多数的劳动者手中时，文化的支配权也必然掌握在这部分大多数人的手中。中国特色社会主义文化能够实现大众化，主要取决于下面几个主要因素：其一，社会主义革命的成功。社会主义革命实现经济、政治权力的变革，人民大众获得了治理国家的权利，文化的支配权利也掌握在了人民的手中。所以，中国特色社会主义文化必然是面向大众、属于大众的。其二，指导思想的科学性。新中国的指导思想是马克思主义，马克思主义的唯物历史观强调：物质资料生产是社会存在和发展的基础，生产力是推动社会发展的决定性力量，因而作为生产力重要因素的广大劳动者，是社会发展的决定性力量。因此，执政后的中国共产党坚信人民群众既创造了物质财富，同时也创造了精神财富。一方面，人民群众的物质生产实践为创造精神财富提供了必要的物质前提及丰富的精神产品生产素材，另一方面，广大人民群众直接参与精神财富的创造，所以广大人民群众的生产实践是中国特色社会主义文化得以产生并不断发展的源泉，离开了这一源泉，文化将会“枯竭”。因此，这就从根本上决定了中国特色社会主义文化必然是由广大人民在实践中创造，并为大众自己服务的大众化文化。其三，党的根本宗旨。中国共产党的根本宗旨在党章的总纲中有明确规定，即党坚持全心全意为人民服务。因此，共产党没有自己特殊的利益，党只有为工人阶级和最广大人民群众利益服务的责任和义务。要求共产党无论何时都必须把群众的利益放在第一位，任何党员都不能脱离群众，任何共产党员都不能凌驾于群众之上。同样，在文化建设方面，党也始终坚持自己的宗旨，主张文化为人民服务的方向始终不动摇。毛泽东在新民主主义时期就指出：我们的文化是人民大众的文化，是革命的文化，是为人民服务的。进入改革开放时期，邓小平多次强调，文化工作要坚持为人民服务、为社会主义服务的方向。党的第三代领导集体要求中国特色社会主义文化做到努力了解人民群众对文化的意愿，体现人民大众的利益要求，不断满足全国各族人民不同层次的、不同方面的健康精神文化需要。[1] 事实上，为真切、全方位地实现文化的大众化，我们党和政府始终如一地做了大量的工作。从新民主主义时期在革命根据地普及文化、走大众文艺路线，到新中国成立时期全民学文化、教育方针的制定、教育体制的确立，再到中国特色社会主义建设时期培养全体公民成为“四有”新人的教育目标，教育、科学、文化体制的不断改革、完善等，所有文化建设措施都是为了实现真正意义上的文化大众化。经过几十年的不懈努力，使大众化成为中国特色社会主义文化的主要特征。

## 第二节　中国特色社会主义文化的战略地位

### 一、中国特色社会主义文化在中国特色社会主义建设事业中具有战略地位

我们知道，从广义上解读文化，它是指物质财富和精神财富的总和，由此可以说人类的文明发展史是根植于文化发展史之上的，离开了文化发展，人类文明便无从谈起。从狭义的文化而言，它包括人类的精神生产能力和精神产品。所以，同样与人类的发展密不可分，由此我们可以说文化在整个人类发展过程中占据着重要的、不可忽略的地位。对于这一点，马克思、恩格斯早已有其独到的认识，如对待资本主义社会，有不少人看到了它的黑暗、腐朽并加以无情批判。马克思、恩格斯对资本主义制度进行了比其他人更深刻的、更科学的剖析、批判，这是众所周知的事实，但即使如此，马克思对资本主义的文化生产及传播却进行了辩证的肯定。首先，认为资本主义创造了新的文化艺术奇迹，并认为这个奇迹是与埃及金字塔、罗马水道、哥特式教堂根本不同的艺术奇迹。其次，肯定了资本主义生产促成了文化及其生产的全球性交流。“各个民族的精神活动的成果

---

① 中共中央文献研究室：《十三大以来重要文献选编》（下），北京：人民出版社，1993年，第1645页。

已经成为共同享受的东西。"① 恩格斯在论及封建制度的瓦解和民族国家的产生时，就肯定了文化的历史作用，他认为文化是促成封建社会瓦解和民族国家产生的重要因素，古代文化研究的复兴，以及从近代以来的整个文化运动，所有这一切都对反对封建制度的斗争带来了好处。② 在这里恩格斯对文化作用的肯定是非常客观的，即便文化的作用没有完全达到行为者的预期，恩格斯依然给予充分的肯定。在《反杜林论》中，恩格斯对文化在人类发展史上的作用所做的肯定就更直接了——"没有希腊文化……也就没有现代的欧洲"③。

我们党秉承马克思、恩格斯的文化理论观点，在早年革命时期条件极为艰苦的状态下，仍然十分重视文化的重要作用，最突出的表现是在统治者进行极为严酷的文化"围剿"、文化封锁的时代，我们依然坚持不懈地宣传马克思主义思想理论，在根据地进行文化教育、先进思想道德教育、远大社会理想培育等。到了新中国成立，我们党充分利用执政机会，最大限度地把文化权利交给广大人民群众，用最大努力创造条件让人民群众真正行使文化权利，这正是我们党对文化自觉的真实表现，即已经充分认识到了要在百废待兴的国家建成社会主义，必须使作为社会主义建设主体的广大人民群众有文化，在一个广大劳动者没有文化的国度里，是不能建成社会主义的。到了中国特色社会主义建设时期，这种认识上升到了一个新的高度。在党的十一届三中全会之后，我们党开始有了对社会主义建设进行总体布局的意识，随着这种总体布局意识的逐步明朗、不断完善，我们党对文化在社会主义建设中的作用的认识越来越清晰，中国特色社会主义文化在中国特色社会主义战略总布局中的地位也越来越得到凸显。

1979 年 10 月 30 日，邓小平指出，我们国家已经进入社会主义现代化

① 中共中央编译局.《马克思恩格斯选集》(第 1 卷)，北京：人民出版社，1995 年，第 276 页。

② 中共中央编译局.《马克思恩格斯全集》(第 21 卷)，北京：人民出版社，1965 年，第 448 - 458 页。

③ 中共中央编译局.《马克思恩格斯选集》(第 3 卷)，北京：人民出版社，1995 年，第 524 页。

建设新时期。在这个新的时期里，我们在建设高度物质文明的同时，还要进行高度的社会主义精神文明建设，努力提高全国广大人民群众的科学文化知识水平，发展丰富多样的先进文化生活。① 此时“社会主义精神文明建设”已然出现在国家的建设目标里了。经过随后三年的探索，1982 年 9 月，在党的十二大开幕词中，邓小平首次提出了“建设有中国特色的社会主义”的命题，在这次大会上确定了建设有中国特色社会主义的奋斗目标是：建设两个高度（高度文明、高度民主）及大力推进“两个文明”（物质文明、精神文明）建设。虽然此时还未出现中国特色社会主义的总体战略部署，但社会主义精神文明建设同样出现在“中国特色社会主义”的奋斗目标里。随着中国特色社会主义建设的向前推进，1986 年党的十二届六中全通过的《中共中央关于社会主义精神文明建设指导方针的决议》，首次提出了中国特色社会主义建设的“总体布局”：在坚持以经济建设为中心的前提下，提出了互相配合、互相促进的三个坚定不移，包括坚定不移地进行经济体制改革、坚定不移地进行政治体制改革以及坚定不移地加强精神文明建设。② 显而易见，这时的中国特色社会主义文化已经以“精神文明”的表述明确出现在中国特色社会主义建设的总体布局中，与经济体制改革、政治体制改革互相配合、互相促进，构成了三位一体的建设总布局，有中国特色的社会主义文化位居国家建设的总体布局中，其战略地位得到明确凸显。进入 21 世纪，国际、国内形势发生了巨大的变化，为了适应新形势发展的要求，我党及时把“三位一体”的建设总体布局演进为“四位一体”的新提法：社会主义的经济建设、政治建设、文化建设、社会建设“四位一体”。③ 社会主义文化建设已经成为中国特色社会主义建设总体部署中的一部分，日渐凸显其重要的战略地位。到了党的十七大，

---

① 中共中央文献编辑委员会：《邓小平文选》（第 2 卷），北京：人民出版社，1994 年，第 208 页。

② 中共中央文献研究室：《十二大以来重要文献选编》（下），北京：人民出版社，1988 年，第 1173 – 1174 页。

③ 胡锦涛：《在省部级主要领导干部提高构建社会主义和谐社会能力专题研讨班上的讲话》，《人民日报》，2005 年 6 月 27 日。

明确提出了“中国特色社会主义”事业的总体布局，“四位一体”依然没有变，并进一步强调了各个环节、各个方面要相互协调、相互促进。上述论证用历史事实表明，文化一直在我国社会主义建设事业中占有重要地位，随着中国特色社会主义建设事业的推进，文化的重要战略地位日渐明晰。历史发展到今天，文化在社会发展中的重要作用越来越突出。正如党的十七届六中全会《中共中央关于深化文化体制改革　推动社会主义文化大发展大繁荣若干重大问题的决定》所指出的：“物质贫乏不是社会主义，精神空虚也不是社会主义。没有社会主义文化繁荣发展，就没有社会主义现代化。”显然，在这里我们党对文化对社会发展的重要性的认识已经非常到位，直接把文化与我国的社会主义现代化事业联系在一起：没有繁荣的社会主义文化发展，就没有社会主义现代化，充分体现了我党的文化自觉与文化自信。

## 二、中国特色社会主义文化在党的执政建设中具有重要地位

如上所述，我们党一贯重视文化在社会发展中的重要作用，无论在艰难困苦的年代，还是在蓬勃发展时期，对文化的重视都坚定不移，从不动摇。也正是基于这样的坚定，90 多年来，无论是在革命时期、建设时期还是改革时期，党都结合实际，努力提出正确的文化纲领、目标、政策，带领全国各族人民推进文化建设，取得了辉煌的成就，并因此而不断提高自己的执政能力，巩固自己的执政地位。但我们必须认识到，曾经的成就并不一定能保障我们的执政能力、执政水平永远不变。事实上，笔者认为执政是一个动态的工程，根据该工程发展不同时期的客观需要，对执政能力的要求也会不同。

在当今时代，我们党的执政事业遇到了新的挑战。其一，党执政的思想基础巩固、普及遇到了挑战。我们党执政的思想基础是马克思主义，在革命时期、社会主义建设时期、改革开放时期都得到了不同程度的普及和不断的巩固。但在当前新的国际国内形势下，受到了新的挑战：国际敌对势力利用全球化的发展，新的科学技术手段、方法等，以更多的渠道，用

或公开或隐蔽的方式方法加紧对我们的“西化”；国内随着改革向深度发展，以及开放的不断进行，民众的思想意识更趋多样性、多变性，一些传统的思想灌输方法已经难见成效，这些都不同程度地表明党的指导思想在普及、巩固方面遇到了新的挑战。其二，党执政的理想信念共同化遇到了挑战。在世界实现共产主义，是全世界马克思主义者、无产阶级的伟大理想、信念，在中国实现社会主义进而实现共产主义，是中国共产党和人民的伟大理想、信念，在当代，建设中国特色社会主义是全党和全国各族人民的共同理想和信念，这是我们党几十年一脉相承的坚定信念和理想。然而，我们也必须面对当今的社会现实：在坚持作为主流的理想信念的同时，一些干部群众甚至一些领导干部没有远大的人生目标、正确的人生追求，也拒绝中国特色社会主义理想的共同化。还有一种不能否认的社会现象是，一部分人在口头上坚持中国特色社会主义共同理想，但在行动中却做着与这一共同理想相反的行为，等等。这些现象表明，中国特色社会主义理想的共同化过程遇到了明显的新挑战。其三，党执政的现代化技术手段遇到了挑战。随着科学技术的不断发展、普及，以及对人类社会生活各方面渗透速度的不断加快，要求执政方法和手段电子化、信息化等已成为客观现实的要求。国外学者对此已早有所认识：“当今组织所面临的最大问题，不再是部门化问题和操作单位的协调问题，而是对信息储存和信息处理进行组织的问题”①，传统执政方式方法已经受到不同程度的挑战。

挑战是一种客观存在，回避不可能解决问题，也不应该是共产党人的态度。应对不断出现的挑战是历史赋予执政党的责任，而要应对好这些挑战，除了要有责任心，还必须要有能力。文化的发展就是我们党提高应对执政新挑战不可或缺的重要因素。其一，强化文化中的意识形态功能，普及党的指导思想，巩固党的思想基础。在我们的文化结构中，政治思想素质是重要的构成部分，社会主义核心价值体系是核心部分，马克思主义是

① （美）赫伯特·西蒙著，詹正茂译：《管理行为》．北京：机械工业出版社，2004 年，第 214 页。

核心部分中的灵魂。我们要把这部分文化建设好，就意味着关键的环节是要使作为灵魂的马克思主义指导地位得到巩固、马克思主义得到普及。马克思主义是我们党选择的指导思想，是被长期的大面积实践证实的人类至今为止最全面、最系统、最具成长力的科学理论体系，是人民正确认识世界、改造世界的科学思想武器。因此，如果我们把这部分文化建设好，使马克思主义从文件走进现实、从党的领导干部的报告变成行动，从而夯实、巩固马克思主义的指导地位；从书本走进人们的生活，使文字变成人们的行为，从而达到灌输有实效、说理有人听，进而真正成为人们生活中的科学理念、科学指导思想，届时我们党的执政能力将在一个新的高度获得新的提高，党的执政地位将获得更高意义上的巩固。其二，充分发挥文化的培育功能，努力培育全党、全民的共同理想和信念。我们文化结构的核心部分中有共同理想部分，把这部分文化建设好，就意味着使建设中国特色社会主义真正成为全国人民的共同理想，而不仅仅是部分人的理想。因此，我们必须通过文化建设，用中国特色社会主义这一主题使民众自觉地把个人的幸福、快乐与国家的全局发展、民族的整体振兴紧密联系起来，把个人愿望与阶层和群体的共同愿望合理地结合起来，有效地凝聚全国人民的精神力量，广泛地激发人民群众的建设活力、创造力量，从而真正使全国各族人民以坚定的信念为中国特色社会主义共同理想而奋斗。只有达到这样的状态，我们党执政能力的提高才能得到充分的显现。其三，切实加强科学技术文化学习，提高现代执政能力。在我们的文化结构中，教育科学文化是另一个重要组成部分，现代世界科学技术的高速发展，把这部分文化内容提到了不可忽略的重要地位。把这部分文化建设好，意味着要把全民的科学文化水平提高。随着现代科学技术的高速发展，信息技术、网络技术等现代高科技将会快速渗透到执政领域，不加强科学技术的学习，党的执政能力将会受到严重的制约；反之，加强文化建设，努力提高全党、全民的科学文化水平，将会促进我们党的现代执政能力快速提高，有效巩固党的执政地位。

上述论述表明，在现代科学技术高速发展的时代背景下，无论是从我们文化结构中的哪一部分而言，都关乎我们党的执政能力、关乎我们党的执政地位，因而，中国特色社会主义文化在党的执政建设中具有重要的不可忽略、不可替代的地位，放弃这个领域，无异于放弃了党的执政地位，在此我们更能理解党的十七届六中全会《中共中央关于深化文化体制改革推动社会主义文化大发展大繁荣若干重大问题的决定》中所指出的“没有社会主义文化繁荣发展，就没有社会主义现代化”。而没有了社会主义现代化，也就没有了党的执政事业。所以，我们必须遵循党的十七届六中全会《中共中央关于深化文化体制改革　推动社会主义文化大发展大繁荣若干重大问题的决定》的精神，自觉把繁荣、发展中国特色社会主义文化作为党执政兴邦的重要任务，切实发展社会主义先进文化：加强和巩固马克思主义的指导地位，推进马克思主义大众化，有效做好马克思主义的普及工作；努力推进中国特色社会主义理想的共同化；扎实培育高尚的社会主义道德情操；切实加强科学技术文化的学习提高，从而不断发展马克思主义政党的先进性。只有这样，我们党才能在新时代背景下真正发挥作为中国工人阶级的、作为全中国人民的以及整个中华民族的先锋队之作用，从而有效实现以强大的现代实力巩固党的执政地位。

### 三、中国特色社会主义文化在转变经济发展方式中具有重要地位

改革开放30多年来，我国以保持多年的高速增长速度创造了世界经济历史上的辉煌奇迹，从一个贫穷落后的农业大国发展成为现在的世界第二大经济实体，取得的经济成就世界有目共睹。但是我们也必须清醒地认识到，在一段时期内，我们的经济发展将处在一种“经济增长导向型发展观”之下，这种情况引起了党中央的高度重视，逐步提出要转变经济增长方式，如1996年通过的“九五”计划中，就明确提出了转变经济增长方式，强调要把我国的经济增长方式由原有的粗放型经济增长方式转变为新型的经济增长方式，即集约型经济增长方式，并把这项转变工作规定为“九五”计划的一项基本工作任务。而首次提出“转变经济发展方式”，是2007年6月25日胡锦涛同志在省部级主要领导干部深入贯彻落实科学

发展观加快经济发展方式转变专题研讨班上发表的重要讲话中提出来的。他把转变经济发展方式提高到了重要方针和重大战略的地位，并认为这是在探索和把握我国经济发展规律的基础上，同时结合了当前我国经济发展的实际而提出来的。与完善社会主义市场经济体制一样，转变经济发展方式也成了实现我国国民经济又好又快发展的关键。以“转变经济发展方式”替代传统的“转变经济增长方式”，从字面看来，只有“发展”与“增长”的区别，然而，其内涵却发生了重大的变化：传统的经济“增长”方式关注的是经济在数量上的增长，对于经济增长的效率、经济增长付出的代价、经济增长造成的长远利益的损害等，在一定程度上被忽略了。而“经济发展方式”，将重点放在“发展”上，这种“发展”是一种全面的、整体的、科学的发展，不仅注重经济发展的数量，而且强调经济发展的质量；不仅强调经济效益的提高，而且强调经济结构的合理、优化；不仅重视经济自身的发展，而且强调保持与自然、社会、环境的和谐发展，等等。要实现这样的发展，必须加快经济发展方式的转变：用依靠消费、投资、出口等协调拉动经济发展方式取代原来主要依靠投资、出口的经济发展方式；用依靠第一、第二、第三产业共同协调带动取代原来只靠单一产业的方式；用依靠科学技术进步、国民科学技术水平、文化素质的提高、管理方式方法创新等推动经济发展的方式取代原来仅依靠增加物质资源消耗来推动经济的发展方式，从而使我国经济发展逐步走向具有强大内生增长力和创新驱动力的科学发展轨道。很明显，要实现这种经济发展方式的转变，涉及多种因素的综合作用，其中文化占据了不可忽略的地位。与传统经济增长中科学技术含量低不同，在经济发展方式里，产业的科学技术含量和产品的科技附加值要提高，文化产业将成为新的经济增长点。也就是说，科学技术发展、科学技术文化的创新、管理方面的创新等，将成为经济增长的主要源泉。

放眼当今国际社会，我们会发现，在一些发达国家，支持其经济大厦的重要支柱已然是科学技术文化及其相关产业，前文提到的数据就很醒目：近年来，发达国家文化产业占整个 GDP 的比例越来越大，如美国已达到25%，音像产品的国际份额中40%以上已被美国占据，电影出口世界市场份额中，美国更是占了80%之多。日本文化产业也紧随美国之后，把它的文化产业在GDP中的比例提高到了20%。在国际金融危机袭来之时，许多产业陷入困境，但文化产业却逆势上扬：网络、动漫产业，数字电影、音乐产业，网络视频、公共视听载体产业，数字出版及网络、手机出版产业，移动多媒体广播、电视等新兴文化产业和创意产业迅速崛起，文化产业日益成为新的经济增长点。文化与经济、文化与科学技术结合所产生的优势，正在展现出强大的竞争力，文化也已经成为世界各国竞争的重要领域。同时，还可以预测，随着信息技术、网络技术等现代科学技术的迅速发展、快速并广泛应用，文化将不仅更加深刻地改变当今社会的生产方式和人们的生活方式，而且将会极大地改变社会产业业态及文化产品生产、传播、消费的方式，从而极大地影响未来人类社会发展。因而能否抓住这个机遇，影响的将不仅是一个国家的当前经济发展，更会影响这个国家的未来经济以及整个社会的发展。

随着我国政治、经济现代化过程的推进，我们的文化建设事业也取得了辉煌的成就。但是我们也必须对我国文化建设的历史和现状进行冷静的分析。由于历史及现实等各种原因，我们的文化在我国经济总体中所占的比例与发达国家相比，差距还很大，我国目前文化产业只约占GDP的2.6%，只有前面提到的发达国家10%的比例，对外文化贸易的渠道也过于单一、狭窄，有待于进一步拓宽。因此，要尽快转变这种状况，清醒地认识当前我国的文化建设现状，努力提升我国文化实力就显得尤为重要了。正如党的十七届六中全会《中共中央关于深化文化体制改革　推动社会主义文化大发展大繁荣若干重大问题的决定》所指出的那样，我们的思想道德建设任务还很繁重，一些人对此认识还不到位；网络建设和管理亟待加强、改进；文化产业还须加大；公共文化服务体系远未健全；文化产业不仅规模不大，而且结构不合理；文化体制机制尚未健全；文化人才队伍建设还需加强；城乡、区域文化建设的差距必须缩小；文化开放实力有待加强；中华民族文化的国际影响力还需提升，所有这些文化建设的缺位或不足都将严重影响我国经济发展方式的转变，进而影响整个社会主义现代化建设的进程。因此，加强社会主义文化建设，对转变我国经济发展方式、促进经济发展具有不可忽略的重要地位。

# 第三章

# 中国特色社会主义文化建设的重要意义和基本任务

## 第一节　中国特色社会主义文化建设的重要意义

### 一、中国特色社会主义文化为中国特色社会主义建设提供了科学的思想指导

我们知道，中国特色社会主义建设的重要目标就是要把我国建设成为社会主义现代化强国。我们更清楚在中国进行社会主义现代化建设是一项十分艰巨的事业。有论者认为其艰巨程度远远超过发达国家进行现代化建设的难度。这有多方面历史和现实的原因，其中这里要讨论的一点区别就是：发达国家进行现代化建设是一个社会自然行进的过程，而中国进行现代化建设一开始就处于追赶并求超越的状态。这种差别就形成了两种不同的心境：前者是从容、自在，且行且改，并充分利用其人口少、底子厚等有利条件，在其人民群众的共同努力下，在社会规律尤其是经济规律的推动下，逐步进行其现代化建设的自然演进过程。当然，其现代化的结果未必是完美的现代社会状况，但也是人们认可的一种现代化社会形态。当我们以新中国的独立姿态站起来的时候，发达国家已经在现代化的进程中往前走了很长一段路了。因此，我们的建设过程一开始就要追赶，力求在最短的时间赶上并超过发达国家的先进水平。这无形中就使我们的现代化过程一开始就处于一种非常的状态，要完成一个发达国家所没有面对过的艰

巨任务。所以说我们的现代化任务要比发达国家艰巨，这是历史证明了的、有目共睹的事实。艰巨的任务、非常的目标就需要有非常的保障，其中指导思想的保障就显得尤为重要，因为它的正确与否会直接影响到我们追赶的方向、影响到我们所走的道路和速度及相应的结果。作为我们社会主义文化结构中核心部分的马克思主义理论，正是为我们的现代化建设提供了这样的正确指导思想。它以自己的完备性、科学性以及在实际中指导中国革命的胜利与指导中国社会主义建设时期取得的伟大成就，证明了自己是指导中国特色社会主义现代化建设的正确指导思想。

马克思主义是一个人类迄今为止最具完备性与科学性的严密理论体系。它的内容极其全面，包括自然、社会和人类思维各个领域，所涉及的内容十分广泛，如哲学、经济、政治、文化、历史、科技、军事等各个方面，其中最主要的三大构成部分是哲学、政治经济学、科学社会主义，并由这相互联系、相互渗透的三大部分形成了一个完备的、科学的理论体系。在人类发展历史长河中，不乏某一个领域会出现十分拔尖、对人类发展有巨大贡献的杰出人物，但像马克思这样从各个领域、多个方面为人类发展提供科学的理论指导的则未曾有过，正因为如此，马克思被评为千年思想家，是当之无愧的。马克思主义哲学以科学的实践观为核心，在广泛、深刻研究人类发展历史，正确总结科学发展成果及社会实践经验的基础上，把唯物主义与辩证法科学地统一起来，并创造性地、科学地把它应用于对人类社会历史的研究，实现了把唯物辩证法的自然观与社会历史观科学融合的历史性超越，创立了前人无法达到的辩证唯物主义和历史唯物主义的科学世界观，从而为全世界无产阶级及其政党认识世界和改造世界提供了科学的世界观和方法论。[①] 中国共产党人及中国人民是其中的受益者，90 多年前，中国共产党人基于对马克思主义正确认识的基础上，为中国人民选择了马克思主义作为中国革命事业的指导思想，正确运用马克思

---

① 陶德麟，石云霞：《马克思主义基本原理概论》，武汉：武汉大学出版社，湖北人民出版社，2006 年，第 14 – 15 页。

主义理论分析当时中国的社会性质、阶级状况、革命对象、革命力量、革命领导阶级、领导核心等；运用马克思主义正确确定中国革命的方向、目标、道路，制定正确的纲领、战略、策略、路线、方针、政策，领导中国革命从小到大、从弱到强，最后实现了中华民族的独立，用20多年完成了上百年来中国人民想完成而未能完成的事业，在长达百年被帝国主义列强奴役的东方大国实现了完整意义上的独立，创造了一个世界奇迹。很显然，马克思主义的正确指导，在这个历史发展提速的奇迹中产生了重要的指导作用。马克思主义政治经济学是马克思主义创始人运用其科学的世界观、方法论，吸收前人的积极成果，科学分析了复杂、庞大的资本主义社会，发现了资本剥削的秘密，正确揭示了资本主义制度的产生、发展和最终走向灭亡的客观规律，从而为全世界无产阶级革命实践提供了科学的理论指导。中国共产党人运用这一理论武器，正确确定了中国革命的领导阶级、革命胜利后的社会主义道路以及正确运用马克思主义政治经济学的一系列基本原理进行社会主义改革等，用60多年的时间把中国从一个贫穷落后的大国变成了如今的世界第二大经济实体，创造了又一个世界奇迹，使中国在现代化的道路上又获得一次提速。这一奇迹中同样不能否认马克思主义的重要指导作用。科学社会主义是以马克思主义科学的基本原理、立场、观点和方法为指导，研究无产阶级解放运动规律的科学，它科学地指出了无产阶级解放运动的性质、条件、目的，从而科学地指导世界无产阶级谋求解放，是马克思主义哲学、政治经济学的理论归属。① 中国共产党人把这一科学理论正确运用于中国革命和建设的实践之中，把在中国实现社会主义作为坚定不移的信念、把中国特色社会主义作为全国人民的共同理想，如今使中国成为世界上人口最多的社会主义国家，成为当今世界社会主义的一面旗帜，为世界社会主义国家提供了经验和信心，也最大限度地为中国人民减少了世界金融危机的消极影响，从而为中国现代化建设

① 陶德麟，石云霞：《马克思主义基本原理概论》，武汉：武汉大学出版社，湖北人民出版社，2006年，第15页。

的稳健发展提供了重要的理论保障。

上述论证表明，无论是从理论本身的科学性还是从实践证明了的客观事实出发，马克思主义理论可以为中国特色社会主义建设提供正确的思想指导。中国特色社会主义现代化建设必须用这一正确的思想作为指导思想，尤其是在当代社会，我们面临着意识形态领域更为复杂的局面：从国内而言，随着改革开放向深度推进，各种思想观念互相激荡，人们的思想意识更加多样化，更具选择性、多变性，对主流意识形态更具审视性、挑剔性；从国际而言，西方敌对势力加紧对中国实施“西化”“遏制”等政策，以期达到“不战而胜”的目的越来越明显。因此，我们必须始终坚持用马克思主义思想作为指导，正确认识不断发展的社会现实，正确把握社会发展的客观规律，从而制定符合中国国情的正确路线、方针和政策，踏踏实实地走有中国特色的社会主义现代化道路，扎扎实实地建设有中国特色的社会主义现代化强国。

### 二、中国特色社会主义文化为中国特色社会主义建设提供了强大的精神动力

作为中国特色社会主义文化核心部分的社会主义核心价值体系，其含有中国特色社会主义共同理想和信念，这是中华民族自立于世界民族之林、实现社会主义现代化强国的强大精神动力。

理想、信念是一个国家凝聚力的核心成分，也就是我们常说的中流砥柱。一个国家没有理想、信念，就会成为一盘散沙，一个先进的执政党不用远大的理想、科学的信念去引领人民大众，就会失去感召力、凝聚力。国内外历史上发生的正反经验与教训，有力地证明了这一点。曾经在世界上艰难地建立起第一个社会主义国家的苏联，把贫穷落后的国家建设成了世界上能与美国比肩的强国，其军队可以与美国抗衡，其国防、工业、科技、教育等均堪称世界一流。为此，丘吉尔曾经中肯地评说过斯大林，

“他从沙皇手里接过的是木犁，撒手人寰时留下的是原子弹”[1]。然而所有这些都阻止不了曾经强盛的苏联走向解体，它是一个不打自败的典型。一个世界超级大国的解体，其原因自然是纷繁复杂的，有外部原因、有内部原因；有历史原因、有现实原因；有经济、政治原因，也有思想文化的上原因。在此，我们聚焦于苏联解体的思想文化原因。有论者认为，苏联解体的根本原因之一是它从领导层开始放弃了社会主义、共产主义的理想信念。如戈尔巴乔夫打着“改革”的旗号，提出走“人道的民主的社会主义”道路，在这样的道路下，提倡所谓的“民主化”“公开化”“多党制”直至全盘私有化，甚至凡是与社会主义公有制相关的体制、机制都要“改革”掉，也就是彻底放弃了社会主义道路，丢弃了建设社会主义的理想信念，背离了马克思主义的社会主义旗帜，最后，自己一手摧毁了原有的社会主义制度，走向了亡党亡国之路。苏联的解体，对劳动人民是一个巨大的灾难，除了对经济、国防、科技的影响，就是对劳动人民的理想信念的摧毁。正如我国学者访问俄罗斯伏尔加格勒时问及的，“为什么以前你们三年可以建一座新城，而现在 12 年却建不了一座新桥?”当地州长回答：“主要是人的精神不一样。那时，人们有信仰，有干劲，饿着肚皮也干。现在很迷惘：我们过去错了，将来要往哪里走？我们一无所知!”[2] 苏联解体的历史事实证明，对社会主义旗帜的丢弃，对社会主义理想、信念的放弃，是苏联亡党亡国的深层次思想文化原因。我们党则用另外的历史事实证明了人民坚定的理想信念对实现社会主义现代化的极其重要的作用。在艰难的革命斗争时期，我们党坚定不移地用在中国实现社会主义的伟大理想、信念去武装人民，使他们充分鼓舞革命斗志、激发斗争热情、凝聚全民族力量，终于创造了世界奇迹，实现了中华民族的独立。我们党坚定不移地坚持了社会主义道路，响亮地提出了“四项基本”原则不动摇的口

① 张全景：《对苏联亡党亡国的现实思考》，《高校思想政治理论课参考资料》，2011 年第 96 期（原载《光明日报》2011 年 4 月 1 日）。

② 李慎明：《苏联解体是俄罗斯的极大灾难》，《高校思想政治理论课参考资料》，2011 年第 96 期（原载《环球时报》2011 年 8 月 8 日）。

号，并同时在马克思主义理论的指导下，开始了改革开放，走上了一条有中国特色的社会主义建设道路，把一个贫穷落后的农业大国建设成了如今的世界第二大经济实体，在世界金融危机的时代背景下创造了另一个世界奇迹。这一切用事实证明了在中国实现社会主义，走有中国特色社会主义的道路，是中华民族全体人民的共同理想、信念，坚持这个经受过历史考验的理想、信念有利于民族团结，有利于凝聚民心，有利于形成全社会的共同价值取向，有利于帮助人民不断提高对国家的认同感，从而增强人民的积极性、主动性、创造性、自觉性，激励人民把不同的生产、生活的活动共同指向中国特色社会主义这个统一的方向，共同指向建设富强、民主、文明、和谐的中国特色社会主义强国的宏伟目标，共同为实现中国社会主义现代化强国而努力奋斗。

### 三、中国特色社会主义文化为中国特色社会主义建设提供了坚实的智力支持

在当代社会里，要建设中国特色社会主义，需要现代化的引擎力、驱动力，即科学文化的智力支持。作为中国特色社会主义文化结构中的重要组成部分，科学技术文化则为中国特色社会主义建设提供了坚实的智力支持。

从对社会现代化含义的阐释中，我们可以看到，人类社会的现代化与科学技术文化有着天然的联系。前文我们提到，西方的现代性理论认为，现代化是对一种与技术导向的经济增长密切相关的社会政治、经济、文化发展方式的概括。显然，在西方学者的观念中，科学技术是引领社会现代化的引擎、动力，没有了现代科技文化，也就没有了真正意义上的社会现代化。中国特色社会主义建设，从本质上来说就是在中国共产党的领导下，实现有中国特色社会主义的现代化强国，除了“有中国特色社会主义”具有我们所说的特殊性以外，其中的现代化特征与一般意义上的现代化是一致的，科学技术文化同样是中国特色社会主义现代化的引擎、内在驱动力。这一点马克思早就看到了，他从唯物历史观出发，特别强调社会

生产力对社会发展的决定作用，认为在这个对社会发展起决定作用的生产力中就包含了科学，因此十分重视科学技术对人类社会发展的作用。

事实上，从人类社会发展历史角度看，科学技术对社会现代化的推动作用是十分明显的。科学技术发展的历史分为古代、近代和现代三个比较明显的发展时期。16 世纪以前是古代科学技术时期，此时期古代中国科学技术的发展对世界人类社会文明的推进作用巨大，其中的四大发明大大加速了近代欧洲文明的兴起，所以被马克思称为“资产阶级发展的必要前提”①。16—19 世纪为近代科学发展时期，此时的科学技术已经超出古代时期的经验形态，达到理论综合水平，显示出对社会生产技术和社会经济发展的推动作用。19 世纪末至 20 世纪以来，是现代科学技术发展时期，此时期无论是在宏观还是微观领域都取得了辉煌的成就，并且转化为一系列尖端技术和新兴工业，对社会的推动作用已经十分明显。科学技术对人类现代化进程的巨大推动作用，从三次科学技术革命的角度来看，更为具体。以蒸汽机带动的第一次技术革命，引起了人类工业革命，把人类从农业社会推向了工业社会，使人类社会发生了时代性的变化。由电磁理论的产生及由此带来的电力技术的大发展、与电力相关的产业应运而生，在此基础上产生的第二次科学技术革命，则极大地改变了 19 世纪以来人类社会的生产、生活方式，推动着人类文明进入了又一个新的时代——“电力时代”。以电子计算机等为主要标志的第三次科学技术革命则把人类文明推进了一个更新的时代——“电子信息时代”。由此可见，科学技术在人类社会的发展中起着重要的推动作用，尤其是近现代以来，科学技术这个助推器一直紧密伴随着人类的现代化进程。进入当代社会之后，这个助推器的作用越来越凸显。

第三次科学技术革命发展到当代，进入到了新技术革命阶段，即当代高新技术时期。这个时期的科学技术不仅与社会发展的关系越来越密切

---

① 钱俊生：《最新科学技术全书》（第二册）. 北京：人民日报出版社，2001 年，第 20 页。

了，而且它对社会发展各个方面的渗透更广、辐射更强。主要表现在以下几个方面：其一，当代每一个大的科学技术成就都能开拓出一大批产业，表现出科学对人类社会各方面的交叉覆盖，并且范围宽广、辐射力强的特征。如就当代电子计算机技术和微电子技术而言，受其辐射与渗透，一批又一批的产业应运而生：设计各种硬件电路和编制各种软件的产业、各种功能芯片的制作业、各种功能计算机的组装业、各种功能机器人的制造业等，已经或者正在改变各国的产业结构和就业结构。其二，基于高新技术产生的产业，具有技术转让快、移植快、适应性强等特点，从而使新生的社会生产力迅速国际化。例如，日本对高科技移植的积极性就很高，其把许多高新技术从其他国家如美国等移植过来，加以改造，提高质量、改善功能、降低成本后推向国际市场，占领国际市场，逐步使自己成为高新技术国家，促进了国家的现代化进程。其三，高新科技不断向传统产业渗透并使其改造、升级的步伐加快。与高新科技产业相比，传统产业最为突出的劣势是其生产过程中信息传送慢、信息处理慢并且不够准确，从而影响了生产的速度与效率。高新技术即以其信息传送快、处理快并高度准确等优势渗透到传统产业之中，如计算机技术渗透到传统工业，生物技术、计算机技术渗透到传统农业等，就是一种很强势的渗透，促进了传统产业改造和升级，从而推进社会的现代化进程。

在现代高新科技这种快速发展、迅猛渗透的背景下，发展中国特色社会主义文化显然能够为中国特色社会主义现代化建设提供坚实的智力支持。其一，有利于有效发挥科学技术的认识功能。科学所崇尚的求实、求真的实事求是精神，可以有效地使人们远离迷信、伪科学，科学地认识自然、社会；努力把握客观事物的发展规律；遵循客观规律、培养创新精神；把科学研究活动中求真务实的科学态度和科学精神融入社会各方面的建设中，进而推进整个社会的现代化进程。其二，有利于充分发挥科学技术的生产功能。加强中国特色社会主义文化建设，促进我国科学技术快速发展，提高全民族的科学文化水平，将会使科学技术的生产功能得到充分的发挥。科学技术作为人类社会历史发展的有力杠杆，在当代已经表现得非常突出，但要使这种生产力量、杠杆力量成为现实，则必须满足生产力各主要要素对学科技术含量的要求：由于在当代社会高科技产业中基本上离不开微电子技术和电子计算机技术来进行信息的处理和加工，因此它们要求生产劳动者要具有很高的知识和智能水平；由于当今高科技产业不是建立在大量消耗自然资源的基础之上，而是通过处理分子、核子、电子、光子、基因等精微的技术来合成材料或者作为能源技术的基础，所以它的劳动对象越来越含有高科技的成分，越来越成为科学技术的物化；而高新技术产业的生产工具则更是科学技术的物化，因为高新科技产品不再崇尚过去的标准化的大批量产出，而是崇尚物质和能量消耗少、无污染、款式多样而功能齐全或短小轻薄的产品，因此，生产过程中使用的工具必然是高新科技的物化。由此可见，要促进现代生产力发展，只有加强中国特色社会主义文化建设，大力发展科学技术，广泛提高人民大众的科学技术文化水平，才能满足现代科学技术对生产力诸要素科技含量的要求，从而真正推动我国现代化生产的不断发展。其三，有利于更好地发挥科学技术的经济功能。如前文所述，由于高新科技的高度渗透和广泛辐射，一批又一批的产业应运而生，各国的产业结构、就业结构以及劳动力结构都在发生变化，越来越趋向于以较少的人力、物力、能源等投入而获得更高经济效益的产业结构发展。但要实现这种高经济效益，同样要依赖于我们的科学技术高度发展。因而加强中特色社会主义文化建设，提高全民族的科学文化水平，将有利于尽快促进我国产业结构优化，促进我们的经济发展方式尽快转变，降低能源消耗，减少环境污染，提高产品的科技含量，提高科技贡献率，从而更好地发挥科学技术的经济功能。

## 四、中国特色社会主义文化为中国特色社会主义建设提供了牢固的文化安全保障

由于文化概念本身的宽泛性，因而文化安全的定义亦是较为宽泛的，有论者认为一般意义而言，是指一个民族、国家的民族文化之独立性、自主性特征。国家文化安全的核心内容就是意识形态选择、文化立法、文化

管理的独立权以及文化传承、传播、交流等独立自主性。维护国家文化安全的基本任务，一是抵御、遏制危及主流文化健康发展的各种不利因素，有效防止自身文化传统及文化价值体系遭受内外消极因素的破坏和颠覆；二是自主培育、扶持有益文化健康发展的有益因素，吸收人类优秀文化成果，使文化充满创新活力。用CNKI可以检索到我国开始对文化安全关注的时间，从“文化安全”一词在国内学术文献中出现的时间看是在1999年。时至今日，“文化安全”已经引起我们国家党和政府的重视。事实上，苏联亡党亡国的悲剧已经在用历史事实告诫我们，文化的安全问题不容忽视。

如前文所述，苏联的解体是各种错综复杂原因导致的结果，放弃社会主义理想信念是其中重要的原因之一，而要让一个在世界上第一个建立社会主义国家并在世界上长期占有强国地位的国家自己放弃社会主义理想信念，这绝对不是一件简单的事，也不是一夜之间发生的。苏联曾经对社会主义的坚持，也令曾参与过瓦解苏联的英国前首相撒切尔感叹，“遗憾的是，无论我们如何努力，苏联的政治形势期保持十分稳定……后来我们（主要是美国）出台了一项重要政策，就是建立反导弹防御体系……目的是希望苏联同样建造类似高造价的系统。令我们十分惋惜的是，苏联政府没有采取行动，只是限于发表政治抗议”①。但最终依然让撒切尔等如愿以偿：苏联解体了，而且是它自己一手断送了社会主义事业。论者从文化安全角度分析了其中的主要原因。

其一，社会主义意识形态建设中的安全意识不强。社会主义意识形态是一个社会主义国家用以号召民众的强大精神力量、凝聚民心的重要精神纽带。西方瓦解苏联的势力非常了解社会主义意识形态的重要作用，他们利用了苏联社会主义意识形态建设过程中的片面性、简单化，如长期以来苏联意识形态领域的宣传都是把西方社会说成一片漆黑，没有一样是好

---

① 张树华：《英国前首相撒切尔谈瓦解苏联》，《高校思想政治理论课参考资料》，2010年第57期（原载《世界社会主义研究动态》2010年第22期）。

大民众表现出“平静”地接受苏联的解体，茫然不知苏联的解体会对国家、对民族、对人民自身会造成巨大的灾难。现如今，许多人对此开始反思，但为时已晚。

笔者在此论述文化在苏联解体中的影响，并非要夸大文化在苏联解体中的绝对作用，只是想用事实说明在当代社会，文化安全对国家、对民族安全的重要性，并进而强调加强社会主义文化建设，具有为国家、民族的安全提供牢固的文化安全保障的重要作用。从具体而言，中国特色社会主义文化建设为中国特色社会主义建设提供牢固的文化安全保障，表现为下面几个主要方面。

1. 科学建设以马克思主义为核心的社会主义意识形态，为维护国家安全提供了坚实的文化安全屏障

一定的社会意识形态是对一定的社会存在的反映，这是马克思主义的基本理论。同时，马克思主义的基本原理也告诉我们，受制于社会存在的社会意识具有相对独立性，因此，我们不能简单地认为，只要社会存在进步了，社会意识就会紧随其后自然而然地进步了。事实上，社会意识形态的相对独立性告诉我们，要建立和巩固一种先进的社会意识形态，不仅要有意识地建设，而且要科学地建设。以马克思主义为核心的中国社会主义意识形态，经过了中国共产党及全体中国人民几十年的艰难建设、发展，经历了战争年代的考验、建设时期的曲折，已经得到了广大中国人民的接受、理解、认同，具有了巨大的号召力、凝聚力。如今进入到改革开放的新时期，我们党在强调意识形态建设重要性的同时，更注重意识形态建设的科学性：在开展真理标准大讨论、解放思想、百花齐放、百家争鸣的同时，坚持四项基本原则不动摇；在繁荣发展马克思主义哲学、社会科学、建立社会主义核心价值理论体系的同时，强调马克思主义大众化、中国化、时代化；在国内发展好马克思主义理论的同时，强调放眼世界，吸收其他国家、其他民族的优秀文化成果，等等，努力做到全面、科学，尽量防止片面、极端。由此可见，随着我国社会主义意识形态科学建设的进一步推进，以马克思主义为核心的社会主义意识形态将会越来越具有号召力

和凝聚力，从而为中国特色社会主义建设提供巨大的精神动力和坚实的文化安全屏障。

2. 弘扬优秀民族文化，维护国家文化生态安全

中华优秀民族传统文化，民族认同的基础、维系民族团结的精神纽带，是国民凝聚力之所在，是振奋民族精神的力量源泉，是中华民族延绵不绝、生生不息、不断发展壮大的精神支柱，是中华文化独立自主的根本所在。中国特色社会主义文化建设的主要内容之一，就是要弘扬中华民族优秀的传统文化，维护好中华文化独立自主的根本，从而从根源上确保我们文化的安全。对于这一点，我们党看得十分清楚，在 2011 年 10 月党的十七届六中全会通过的《中共中央关于深化文化体制改革　推动社会主义文化大发展大繁荣若干重大问题的决定》中，站在一个更高的高度明确指出，要“建设优秀文化传承体系”，“体系”比一般意义上的“继承优秀文化传统”更全面、更完备。事实上，我们党对中国特色社会主义文化建设的思路也越来越全面了：既强调了“用”，又强调了“新”；既强调了“普及”，又强调了“弘扬”。这显然是对马克思主义唯物辩证法的科学运用：继承是创新的基础，创新是更好的继承。普及是继承的基本措施，弘扬使继承得到进一步升华。因此，这里的继承传统优秀文化并非只是对传统文化的享用和固守，这样的文化建设思路只会导致民族文化的平庸，而文化平庸在当代是难以确保文化安全的。所以，在中国特色社会主义文化建设中，为了更好地继承中华民族文化，强调了创新。中国特色社会主义文化建设既要从中华民族文化中汲取丰富的养分，更要在此基础上与时俱进：全面推进文化创新体制的建设，着实提高中国文化自我创新发展能力，扩大中国文化产品在国际文化市场的份额等，从而形成既有文化传统，又有文化创新；传统文化助推文化创新、文化创新升华传统文化，循环往复，不断推进中国文化良性发展，使中国文化始终处于良好的文化生态中，抢占文化制高点，牢牢把握对自己民族丰富文化资源意义的阐释权，有效维护中华文化资源的原生态基本含义，坚决抵御外部文化霸权主义对我国文化资源的侵蚀、剥夺、占有，避免因文化资源内容变异引发文

化认同感迷失以及由此带来的民族国家认同和文化身份归属的危机，促进民众对中国文化的自豪感、自信心及认同感，从而确保我国的文化安全，为中国特色社会主义建设提供稳固的文化安全保障。

3. 强化文化法制建设，筑牢文化安全防线

随着世界全球化的推进，以及信息技术、网络技术的广泛应用，当今文化可以跨越国界，直接与个人建立联系，因而文化安全受到更严峻的挑战，如我国网络文化安全即面临着很大的压力。有关机构统计，仅 2010 年我国遭遇到 50 万次黑客攻击，其中接近一半的攻击来自境外，我国是世界上黑客攻击的主要受害国之一。① 面对来自方方面面的文化安全挑战，随着我国文化建设的推进，我们采取了相应的措施和对策，主要表现如下：其一，越来越重视和强调对文化的导向力、渗透力、控制力，维护国家信息主权和文化安全。如加强以马克思主义为指导思想的先进文化建设，充分发挥社会主义核心价值体系对社会思潮的引领作用，最大限度地形成社会主义社会思想共识，主动做好意识形态工作；合理调适多元价值观，科学引导人们的价值选择；既尊重差异，包容多样，又有力抵制各种错误和腐朽思想的影响；扎实掌控国家的信息主权，着力维护国家的文化自主权。其二，随着我国社会主义文化建设的不断发展，越来越重视建立文化安全法律保障体系和管理体系；越来越注重从法制建设、管理体制、管理机制、标准与资质认证、文化系统评估等更宽阔的视野思考构筑国家文化安全体系。这一点可以从党的十七届六中全会《中共中央关于深化文化体制改革　推动社会主义文化大发展大繁荣若干重大问题的决定》中我们党对维护网络文化安全的思考中得到明显体现。《中共中央关于深化文化体制改革　推动社会主义文化大发展大繁荣若干重大问题的决定》中明确强调：加强网络法制建设，加快形成法律规范、行政监管、行业自律、技术保障、公众监督、社会教育相结合的互联网管理体制。《中共中央关

① 本书编写组：《党的十七届六中全会〈决定〉学习辅导百问》，北京：党建读物出版社，学习出版社，2011 年，第 92 页。

于深化文化体制改革　推动社会主义文化大发展大繁荣若干重大问题的决定》把网络法制建设、法律规范放在了网络文化建设和管理的首位，可见党已经把加强网络文化中的法制建设提到了非常重要的地位。

由于网络文化的深入、普及，如何做好网络文化的安全，已经成为我们强化文化法制建设、筑牢文化安全防线的关键环节。网络文化是当代社会基于网络技术与社会文化生活相结合基础上产生的崭新文化形态，是社会进步、高新技术迅猛发展的必然结果。它有着多项超越传统的优势：信息覆盖范围广、信息容量大（包括政治、经济、科技、教育、文化、艺术等）；传播速度快、时效性强；开放性和交互性程度高、共享共用性强等，使它越来越快地深入、渗透到人们的社会生活之中，成为一种广泛的、普遍的文化形态。如何积极利用、大力发展、科学管理网络文化，成了我们面临的一个重大而紧迫的课题。我们党一方面坚持以马克思主义思想为指导，按照发展社会主义先进文化的要求，用先进技术传播先进文化，努力生产出更多由我国自主开发的、具有中国文化元素的网络文化产品，满足我国民众对网络文化产品和服务的需求，从而有效推动网络文化事业的发展。另一方面，积极推进网络文化的法制建设。近年来，我国制定、颁布了一系列的互联网法律法规和管理规章、制度、办法，确立了我国网络法制建设的基础性制度，为我国网络文化安全打下了基础。当然，由于网络文化是一种新的文化形态，无论是表现形式、传播工具、传播技术还是影响范围、影响速率等，都超出了我们对传统文化形态的认知范围，因而我们对它的法制建设还远未完善，与网络法制管理的实际需要还有较长的距离。但随着党的十七届六中全会《中共中央关于深化文化体制改革　推动社会主义文化大发展大繁荣若干重大问题的决定》的执行，随着中国特色社会主义文化建设的推进，我们党将加快网络立法的进程；抓紧制定、完善网络文化管理的相关法律、法规；加强对现有法律、法规的延伸和司法解释工作，以便使其适用于网络管理；壮大执法队伍、强调执法责任、健全网络执法体系；在执法和监督上加大对网络文化市场的整治力度，建立健全适应网络文化市场需要的合理体制及机制，从而有效地提高网络法制管理的效果。总之，通过文化的法制建设，结合行政、市场和经济的等文化安全管理手段，对那些可能危及中国国家文化安全的文化因素和文化力量进行鉴别并采取相应的对策，将那些可能会对中国文化造成威胁的因素和力量，有效控制在可掌控的安全范围之内，从而真正实现为中国特色社会主义现代化建设筑牢文化安全防线。

## 第二节 中国特色社会主义文化建设的基本任务

一定历史时期的社会意识因反映一定的社会存在而产生，并为其服务，相应地，作为社会意识意义上的文化也必然是为社会存在服务的。中国特色社会主义文化基于中国特色社会主义的伟大实践而产生，反映了蓬勃发展的社会主义建设，为社会主义服务、为人民服务是其目的。因此，中国特色社会主义文化建设的基本任务，是紧紧围绕满足中国特色社会主义条件下人民大众的需要而展开的。从总体而言，人民的基本需要包括正确的指导思想、发达的经济水平、民主的政治制度、和谐的社会环境等，为此，中国特色社会主义文化建设必然将不断推进社会主义核心价值体系建设、经济建设、政治民主建设以及和谐社会建设等作为自己的基本任务。

### 一、坚持、维护、发展科学的指导思想

#### （一）中国特色社会主义文化建设必须以坚持科学指导思想为己任

马克思主义以其理论本身的科学性被我国早期的革命志士选择为中国革命的指导思想，在长期的革命斗争和社会主义建设实践中被无数次的事实证明并进一步发展了其科学性，因而成为当今中国特色社会主义建设的科学指导思想，这是中国历史发展的必然，是中国社会主义发展的应然。所以，党的十七届六中全会明确指出：马克思主义深刻揭示了人类社会发展规律，坚定维护和发展最广大人民的根本利益，是指引人民推动社会进

步、创造美好生活的科学理论。[1] 因此，中国特色社会主义文化建设必须以坚持马克思主义指导思想为己任。

其一，自觉抵御资产阶级思想。长时间的封闭之后进行的改革开放所带进来的东西必定会超乎我们的预想，事实也是如此，在我们引进发达国家的先进科学技术、教育文化理念、先进管理方法等之时，资产阶级的消极世界观、人生观、价值观等也不期而至，尤其是西方敌对势力有意识、有目的地企图推行其文化演变战略时，资产阶级思想的影响就变得更为复杂了，中国特色社会主义文化建设责无旁贷地负有抵御资产阶级思想的任务：从理论上，深刻地、科学地论证资产阶级思想的历史局限性、制约性、反社会发展规律性等，及时澄清资产阶级思想对大众的影响，避免人们思想陷入混乱、迷失等状况。由于当代资本主义受惠于当代高科技的高速发展及其局部政策、社会管理措施的调整，以及其他历史、现实等原因，使其在发达国家民众的生活中呈现出富裕、稳定、有序等状态，使得我们要让我国民众理解、接受资产阶级思想的历史局限性、制约性、反社会发展规律性等观点形成了现实与理论的差距，从而使我们的文化建设中坚持马克思主义指导思想的任务更具艰巨性。正是因为如此，我们前文提到的文化建设必须促使其从理论上深刻地、科学地论证资产阶级思想的历史局限性、制约性、反社会发展规律性等，是一项复杂、艰巨但又必须坚持完成的文化建设基本任务。我们遵循实事求是的科学态度，充分肯定资产阶级思想在人类发展历史上曾经发挥过重要的积极推动作用，相对于其对立面的封建主义思想而言，它更符合社会发展规律，更能代表当时先进生产力发展的客观需要，更符合人民大众的需要，因而更具进步性与科学性。事实上，资产阶级的自由、平等、博爱等思想，在当时反对封建统治阶级的斗争中起到了巨大的时代引领作用。但是随着社会生产力的进一步发展、人类社会历史的不断进步，资产阶级思想体系维护私有制、维护少

---

① 本书编写组：《党的十七届六中全会〈决定〉学习辅导百问》，北京：党建读物出版社，学习出版社，2011 年，第 108 页。

数占统治地位剥削者利益的狭隘性质，越来越与生产力社会化大发展不相适应，因而逐步失去它的合理性、科学性，这是不容否认的客观事实。我们知道，资本主义生产方式是以少数人剥削大多数人为其基础，这种生产方式以及建立在这种生产方式之上的思想理论都带有非常明显的非人性特质，由此而产生的生活方式也以牺牲大多数人的利益为代价、牺牲人类长远利益为代价，如为了少数人利益，不惜牺牲其他人、其他民族的资源、环境，就是例证。资本主义的社会理想、价值取向显然是与人类社会发展的方向背道而驰的，是一种过时了的、落后的、走向没落的不科学的思想体系。基于公有制基础上的社会主义社会是扬弃了资本主义之后产生的符合生产力发展客观要求、符合人类历史发展规律的新型、进步、合理的社会制度，它不可能用比它更落后的思想体系作为指导思想，这也不符合我国人民的愿望，因此，坚持马克思主义作为指导思想是必然之举。我们可以批判地继承资本主义思想文化中的合理成分，但绝不能原封不动地把它拿过来，资产阶级思想不能成为我国社会主义建设的指导思想，这是历史的必然，也是我国人民的愿望之所在。

其二，科学对待传统思想。坚持马克思主义作为指导思想这一任务的艰巨性，不仅体现在要自觉抵御资产阶级思想上，同时也表现在必须科学对待传统思想。传统文化是我们的根、是我们的源，但如果借此主张把传统文化全盘搬出来作为当代社会主义现代化建设的指导思想，这就走向了另一个极端，是另一种不科学的表现。我们知道，我国传统文化资源很丰富，但既然是传统文化，就意味着它们是历史传承下来的文化，是反映已经过去了的社会存在，在它们中不可避免地会有一些与当代社会现实不相适应的消极、落后的成分。因此，在社会主义文化建设中，我们不能一概而论地全搬出来，而是要有所选择、有所丢弃、有所保留，把消极的、落后的，尤其是腐败、腐朽甚至反动的旧文化丢弃掉；把真正优秀的积极的传统文化保留、继承下来，这是中国特色社会主义文化建设必须要完成的基本任务。事实上，就是对待优秀的传统文化，我们也要进行合理、科学的吸收工作，不能简单地照搬。如关于儒家文化，近几年来，在境内外都兴起了一股“儒学”热。儒家思想在中华民族历史上曾经长时间发挥凝聚民族的作用，辉煌的中国古代文明有它的积极作用。因此，认真研究儒家传统文化，以便更好地延续中华文明，这是我们所提倡的。但是我们同时也必须要看到，儒家思想毕竟产生于过去的时代，当时的差别等级体制社会秩序是其产生、存在的前提，所以它所提倡的王道、人道、恕道、礼仪等伦理道德观念、原则、要求等相关理论都有其特定的时代内涵，而当代社会中的个体愿望、个性要求、竞争意识、开放诉求、平等要求等现代思想元素它都无法拥有。同时，儒家思想研究成果告诉我们，儒家文化中存在向现代文化转型的巨大潜能。但是，要把这种潜能变为现实的关键却不是儒家文化本身，而是在当代生活的基础上产生的先进文化元素的介入。所以，我们说传统文化不能是当代社会的科学指导思想，它是我们科学指导思想吸收养分的丰富文化源泉，而如何科学地吸收我国传统文化的丰富养分，是中国特色社会主义文化建设的基本任务。

其三，反对僵化思想。科学思想的求真、求实品格使它与僵化思想天然对立。坚持马克思主义指导思想，必然要反对僵化思想。马克思主义科学思想体系具有与时俱进的优秀品格，马克思、恩格斯坚决反对思想僵化、教条主义，他们自己从来不以教条主义对待前人的成果，而是以革命的扬弃的科学态度对待以往的思想文化，从而得以创立超越前人的科学理论体系；同时，他们也从来不认为自己的理论是教条的，反对别人把他们的理论教条化。中国共产党人秉承马克思主义这一优秀的品格，坚持马克思主义与中国革命、中国社会主义建设、中国改革开放的实践相结合，使马克思主义中国化、现代化，形成了毛泽东思想、中国特色社会主义理论。坚持马克思主义指导思想，在当代中国就是要坚持以中国特色社会主义理论作为指导思想。任何僵化的思想、观点都会妨碍对真正科学思想的坚持。革命战争时期，教条主义给革命事业带来了沉重打击；社会主义建设时期，对马克思主义教条主义的理解、对苏联社会主义建设经验的教条化搬用，使社会主义建设事业遭受了曲折。所有这些历史教训都用事实证明：任何对马克思主义的僵化理解，从实质上说都不是真正的马克思主义。

（二）中国特色社会主义文化建设必须以维护科学指导思想为己任

马克思主义作为我们的指导思想，在我国具有崇高的地位，但这不等于说它的地位不需要维护，事实上正好相反，如果我们维护不好科学指导思想的地位，将会带来不堪设想的后果。列宁主义、斯大林思想曾经是苏联社会主义建设的指导思想，指导着苏联社会主义革命和建设长达几十年，但这个指导地位逐步失去了维护。这是一个逐步的过程，刚开始的时候是小心翼翼地怀疑、否定、丑化这一思想的代表人物斯大林，最先还只是一般性争论，如什么是斯大林主义，它怎样背离了列宁主义，是对列宁主义的扭曲、变形等，但当看到没有受到阻挠的时候，这种小心翼翼就被暴风骤雨式的批判所取代，斯大林被说成是“独裁者”“阴谋家”，甚至还把他说成是“杀人犯”，随着这个过程的推进，对领袖人物的批判、攻击就上升为对指导思想列宁主义的批判，此时，苏联指导思想依然没有得到有效的维护，任由反对派围攻、批判。随着指导思想被批判，以它为指导的苏联社会主义建设历史也被否定，曾经教育了几代共产党人的《联共（布）党史简明教程》，被说成是“每个字都充满了谎言”。接着，在这个思想指导下的共产党受到全面的批判。最后，这种对指导思想的批判以及对运用这一指导思想的共产党、社会主义制度的批判，演变成了社会舆论的主流，达到了前所未有的炽热程度，这时，有些人出来维护列宁主义、社会主义制度、共产党，但为时已晚，结果是苏联解体，世界大国、强国地位丧失，给广大民众带来了思想文化、物质生活上的深重灾难。造成这个灾难的原因有多方面，缺乏文化建设对指导思想的维护，是其中一个明显的不可忽略的原因。中国特色社会主义文化建设应该也必须吸取这个沉痛的教训，在我们的文化建设中，要自觉地把维护科学指导思想作为自己的基本任务：在思想道德建设方面，要坚决维护马克思主义科学思想的核心地位不动摇，坚持中国特色社会主义理论的指导地位不动摇；在科学文化教育方面，要坚持马克思主义思想的指导，坚持马克思主义的科学方法论、世界观、人生观、价值观指导不动摇；在舆论传媒方面，要坚决维护马克思主义指导地位不动摇，在包容当代多种言论的同时，要注意保持马克思主义思想、观点、立场的最强音，当有非马克思主义言论对人民产生迷惑时，要予以及时的正确立场的说明、解释及引导，当有反马克思主义的言论时，要勇于反击、论战及必要的限制，切实掌控舆论传媒中的独立性、自主权，确保马克思主义思想在舆论传媒中的主流地位；在文化体制机制改革、文化产品生产等方面，要始终坚持为人民服务、为社会主义服务的方向，大力生产对人民身心健康有益、促进社会主义建设事业发展的文化产品，而对于有害人民身心健康、危害社会主义建设事业的作品、产品要给予必要的限制，等等。总之，在中国特色社会主义文化建设的过程中，必须从文化建设的各方面、各渠道，维护马克思主义科学思想的指导地位。

（三）中国特色社会主义文化建设必须以发展科学指导思想为己任

坚持、维护马克思主义思想的指导地位，是我们始终如一的坚定信念，而随着时代的发展，结合中国的实际，不断推进马克思主义的发展则是对马克思主义科学思想最有效的坚持。这是经过我们长期的实践证明了的有效方法。在革命时期，中国共产党人把马克思主义基本原理与中国革命的实际情况相结合，形成了毛泽东思想，使马克思主义获得了新的形式、新的发展，焕发出更强的生命力，指导中国革命和建设取得了伟大的胜利、重大的成就。改革开放时期，我们把马克思主义基本原理与中国社会主义建设的实际情况相结合，形成了邓小平理论、“三个代表”重要思想、科学发展观等中国特色社会主义理论，指导中国特色社会主义建设取得了举世瞩目的新成就，使马克思主义发展到了又一个新的阶段，从而使马克思主义思想得到了有效的坚持。因此，发展马克思主义思想理论是中国特色社会主义文化建设的基本任务。

一方面，在当前的时代背景下，结合中国特色社会主义建设的实际情况，我们现阶段发展马克思主义思想理论的核心任务，是建设社会主义核心价值体系。一个国家的整个社会系统要实现稳定、和谐、有序、健康的运转，科学的核心价值体系是基本的精神依托。社会主义核心价值体系是我国社会主义制度在价值层面的本质规定，是我国文化软实力的核心内容，是全党和全国各族人民团结奋斗的共同思想基础，是社会主义意识形态的核心组成部分。它明确回答了在中国特色社会主义新的历史条件下，我们党用什么样的精神旗帜团结带领全国各族人民开拓前进，中华民族以什么样的精神状态屹立于世界民族之林等重大问题。对于社会主义核心价值体系而言，坚持马克思主义的指导地位是它的灵魂；中国特色社会主义的共同理想是它的主题；民族精神和时代精神是它的精髓；社会主义荣辱观是它的基础。建设社会主义核心价值体系就是对中国特色社会主义理论体系的丰富和发展，就是在中国特色社会主义建设的新时期对马克思主义科学指导思想的新发展、新贡献。因此，在我们的文化建设中，必须以努力建构社会主义核心价值体系为中心任务，坚定不移地坚持马克思主义的指导地位，最大限度地凝聚社会思想共识，有效抵御各种错误思潮的影响，确保社会主义建设事业在马克思主义的指引下，沿着正确方向不断开拓前进；坚定不移地用中国特色社会主义共同理想凝聚全国的建设力量，使建设中国特色社会主义真正成为我国广大人民群众的共同理想，使人民共同投身于中国特色社会主义伟大建设事业；坚定不移地以爱国主义为核心的，包括团结和谐、勤劳勇敢、自强不息、平和善良等中华民族元素的民族精神去激励中国人民团结一致、勇往直前、发愤图强，不断战胜各种困难和风险，共同建设美好家园；积极主动地培育全中华民族锐意进取、敢为人先、与时俱进、面向世界的创新精神，既要不断增强人民自主、平等、竞争、效益的市场经济时代新观念，又要积极推崇以人为本、公平共享、促进人的全面发展等新时代人文理念，鼓励人民立足国情，面向世界，积极参与国际合作，开阔视野，汲取全人类优秀文明成果，开拓创新，有效推进中国特色社会主义建设的发展进程；坚定不移地以“八荣八耻”为主要内容的社会主义荣辱观引领社会风尚，着力进行社会主义公德建设、法制建设、职业道德建设以及家庭美德、个人品德的强化等，从而为和谐、稳定、文明的社会主义现代化社会提供强大的道德力量。

另一方面，要大力建设具有中国特色、中国风格、中国气派的哲学社会科学。这是中国特色社会主义文化建设要发展马克思主义科学指导思想必须完成的基本任务。我们知道，马克思主义思想的科学理论是建立在探索、分析普遍规律的基础之上，为我们提供基本的原理、世界观、方法论等科学的普遍理论，它并不是针对具体区域、具体时期的特殊原理。因此，要正确运用和发展马克思主义，必须要在深刻领会它的精神实质，正确把握它的立场、观点、方法的基础上，结合中国的具体情况、具体要求，开创我国哲学社会科学发展的新局面。正如党的十七届六中全会《中共中央关于深化文化体制改革　推动社会主义文化大发展大繁荣若干重大问题的决定》所提出的："结合我国实际和时代特点，建设具有中国特色、中国风格、中国气派的哲学社会科学。"① 这是一个巨大的、长期的系统工程，是文化建设中长期的工作任务。

其一，要巩固发展马克思主义理论学科，加强哲学社会科学学科体系建设。学科建设是巩固发展马克思主义科学、繁荣发展哲学社会科学的基础性工作，要把工作做实，把基础打牢。既要加强研究马克思主义基本原理、马克思主义发展史、马克思主义中国化等，深入推进马克思主义理论研究和建设工程；又要在繁荣发展哲学社会科学的工程中，坚持基础研究与应用研究并重，传统学科与新兴科学、交叉学科并重，使传统学科适应时代的新发展，使新兴学科、交叉学科获得积极扶持，在此基础上实现我国哲学社会科学的新发展。

其二，结合时代新要求，实施哲学社会科学创新工程。党的十七届六中全会的《中共中央关于深化文化体制改革　推动社会主义文化大发展大繁荣若干重大问题的决定》指出：要推进学科体系、学术观点、科研方法创新，实施哲学社会科学创新工程。② 随着经济全球化的演进，高科技的飞速发展，社会生产方式、生活方式、社会结构、社会管理体制、机制以

① 本书编写组：《党的十七届六中全会〈决定〉学习辅导百问》，北京：党建读物出版社，学习出版社，2011 年，第 108 页。

② 本书编写组：《党的十七届六中全会〈决定〉学习辅导百问》，北京：党建读物出版社，学习出版社，2011 年，第 111 页。

及社会生活理念、人们的世界观、价值观、人生观、道德观等，都在发生不同的变化。新时代要求哲学社会科学研究要符合时代的精神，走在时代的前列，结合本国实际，吸收人类文明，在实践中进行新的理论创新，实现学科体系、学术观点、科研方法的创新。学科体系创新要求遵循哲学社会科学的学科发展规律，适应客观实际的需要，在传统学科、新兴学科、交叉学科的交互、并接中，发现新的增长点，培育、扶持新学科。学术观点创新则要求遵循客观规律、尊重客观事实，提出有科学依据的、经得起检验的创新性学术观点。科研方法创新就是要充分利用高新科技的先进方法和手段，借鉴、吸收他人先进的研究方法，实现哲学社会科学科研方法的创新。

其三，明确主攻方向，着力推出优秀成果。社会科学研究与自然科学研究因各自研究对象的不同而显现出明显的差别，与自然科学更多地关注自然现象、自然规律不同，社会学科则更多地关注人类社会的政治、经济、文化及社会的整体发展等社会诸多问题，在众多社会问题中，中国特色社会主义文化建设应明确主攻方向，着力推出优秀的成果。如何确立哲学社会科学的主攻方向，我们党在十七届六中全会提出了明确要求：坚持以重大现实问题为主攻方向，加强对全局性、战略性、前瞻性问题的研究。[①] 很明显，我们确立哲学社会科学研究主攻方向的基本原则，应该是立足我国当前的社会现实，关注与我国整体性、关键性、根本性利益相关的重大现实问题，就目前而言，应当既包括国内的经济民生、政治民主、文化文明、社会和谐等问题，也包括与我国根本利益相关的国际重大理论、重大战略、重大事件及热点、焦点等问题。在正确确立主攻方向的基础上，组建研究团队，集结人力、物力、财力，做好研究部署、计划，明确科研分工。在团结协作、共同努力、开拓创新中，不断推进对中国特色社会主义社会发展规律的探索和把握，推进对人类社会发展规律更深刻、

① 本书编写组：《党的十七届六中全会〈决定〉学习辅导百问》，北京：党建读物出版社，学习出版社，2011 年，第 110 页。

更广泛的认识。加强国际交流与合作，在积极引进人类优秀文化成果的同时，努力向世界推荐中华优秀文化成果，让我国优秀文化站在世界的平台上，在各种世界文化的交流、碰撞中，使我们的优秀文化更具世界影响力，也使我们的文化在与世界多种文化的交流中，更具世界视野，从而为我们更好地思考国际问题提供坚实的文化基础。哲学社会科学优秀成果的推出，是国家软实力的重要组成部分，体现了一个国家对人类社会发展规律探索的深度和广度，因此也是中国特色社会主义文化建设的基本任务。因此，我们必须深刻认识我国当代社会的发展规律，努力把握当今世界的趋势，建设好一批有专业优势的思想库，不断推出高质量的优秀研究成果，从而为中国特色社会主义现代化建设提供及时有效的对策、建议、方法。

## 二、为社会主义市场经济体制建设培育道德力量

新中国成立后，我国社会主义经济建设在选择经济体制方面，经历了长时间的艰难探索，在社会历史发展规律的作用下，在社会客观现实条件下，我们放弃运行了几十年的计划经济体制，符合历史客观要求地选择了社会主义市场经济体制。在经过 20 多年的不断摸索、改革与建设之后，20 世纪末，我国已经初步建立了社会主义市场经济体制。在此基础上，进入 21 世纪之后，我们党继续带领全国人民不断地完善这一经济体制。如 2003 年党的十六届三中全会，就根据实践发展的需要，明确提出要进一步完善社会主义市场经济体制，2007 年，党的十七大根据在新的历史时期要实现的经济发展目标，进一步提出了在完善社会主义经济体制方面要取得重大进展的要求等。而伴随着几十年经济体制的改革、完善，我们的经济建设取得了辉煌的成就，用事实证明了我们党确立社会主义市场经济体制的模式，并在实践中不断完善这一体制，正确解决了关系整个中国社会主义现代化建设全局的一个重大问题，是中国人民的正确选择，也将是中国未来社会不断完善、继续运行的经济体制模式。

作为社会主义制度与市场经济相结合的社会主义市场经济体制，有其

自身的特征。一方面，它具有社会主义制度的特征。其一，坚持生产资料公有制为主体，兼有多种所有制形式。在坚持生产资料公有制为主体的前提下，在国有经济的主导下，所有生产企业在市场经济中平等竞争，互相促进、共同推进社会主义国民经济向前发展。其二，坚持按劳分配为主，同时兼容多种分配方式。充分运用包括市场在内的各种调节手段，鼓励多劳多得、合理拉开收入差距，同时要注重社会公平，防止两极分化，实现共同富裕。其三，坚持宏观调控。国家站在始终维护我国最广大人民利益的立场上，科学运用各种经济手段、经济杠杆、经济方法等，将人民的当前利益与长远利益、局部利益与整体利益结合起来，实现人民利益最大化。另一方面，社会主义市场经济体制又具有市场经济的一般性特征，如竞争、效益、追逐利益、价值规律调配资源配置，所以，就一般而论，社会主义市场经济与资本主义市场经济共享一些普遍的市场经济规律、经济管理、经济调控方法等，这是必然的、合理的，也是我们向发达国家学习、借鉴经验、方法的依据。但社会主义市场经济与资本主义市场经济毕竟是两种不同制度条件下的市场经济体系，具有不同的制度特征，坚持生产资料公有制为主体、坚持按劳分配为主体、坚持共同富裕是坚持社会主义道路的本质所在，坚持这种社会主义本质与市场经济相结合，才是我们要坚持的社会主义市场经济体制。所以，很明显，我们现在既不按传统的社会主义计划经济模式走，也绝不是跟在资本主义市场经济体制后面跑，我们是在走一条超越前两者的新的更适合自己情况的中国特色社会主义现代化建设道路。这是我们实现现代化的必由之路。然而，既然是一条新的道路，就免不了有一个摸索的过程，在这个过程中，我们取得了举世瞩目的成就，成为世界第二大经济实体。

一般而论，认为市场经济体制必然带来道德滑坡、道德力量下降的观点，是基于形而上学语境下“义”与“利”的绝对对立之思想基础之上的。也就是说，“义”与“利”是绝对对立的，不具有同一性，要“义”必须舍“利”，取“利”必然忘“义”，二者不可兼得。市场经济体制的核心就是竞争、效益、实现利益最大化。市场经济效益越大，市场经济体制的功能就越能得以体现，因此为实现市场经济体制的最大效益，对一切与它的方向不一致的“义”以及现代意义上的诚实、守信、仁厚、公正等道德规范都可以置之不顾。因此，市场经济体制下的道德滑坡、道德失范是必然的。这是典型的“义”与“利”绝对对立的观点，这种观点在我国传统文化中早有存在，在《吕氏春秋·贵生》中就有把“义”与“利”对立起来的思想。但在我国传统文化中，在义利观问题上长期占主流地位的却是与此相反的观点，即认为“义”与“利”并不是绝对对立的，是可以同时存在的，只是谁轻谁重的问题。在中国古代历史上长期占据思想文化主导地位的儒家学派就主张“重义轻利”“先义后利”“见利思义”，反对“唯利是图”“见利忘义”“重利轻义”等。我国古代思想家孔子就说得很清楚：“君子喻于义，小人喻于利。”① 而在另一位古代思想家荀子那里，对“义”与“利”的同一性就看得更平实，因为他认为“义”和“利”都是人所具有的，就算是强力也无法去除人们的欲念，明君的高超之处就在于引导人们不要让欲念伤害了“义”，即他说的“义与利者，人之所两有也。虽尧舜不能去民之欲利，然而能使其欲利不克其好义也”②。在此基础上，他进一步划分：如果能做得到先“义”而后“利”者，则“荣”，先“利”而后“义”者，则“辱”，两者处在不同的道德层面。总之，在我国传统文化的主流导向中，认可义与利具有同一性，并主张“义”先于“利”，这种“重义”的道德精神作为优秀文化传统在我国流传了几千年。

笔者认为社会主义市场经济体制与高尚的道德思想情操具有一定的对立性，但也具有相对的同一性，没有绝对不相容的特性。对在非社会主义市场经济体制下，优良道德传统能传承的现象、对市场经济体制与高尚的道德思想情操是否具有相对同一性的问题，笔者认为可作历史和现实维度的思考。

---

① 《论语·里仁第四》，载于《十三经注疏》，中华书局，1980 年影印版，第 2471 页。

② 《荀子·大略》，载于《诸子集成》卷二，上海书店，1986 年影印版，第 330 页。

一方面，从历史而言，我国历史上没有经历过完整意义上的市场化、商品化经济时代。小农经济是我国长达几千年的主体经济形式。在小规模的农业经济下，经济自给自足，商品交换只是为了满足生活需要，市场没有被无限扩大，市场规模没有形成，商品经济的特征没有得到真正的释放：效益、竞争、无限制的利益欲望、追逐等都还没有体现。在这样的小农经济形式下，像“义”“信”“善”“勇”“忠”等人类共同向往的美好道德情操不会在客观上被直接推向与“欲”“利”的巨大冲突、对峙中，因而在民族团结、民族认同的推动下，在人们崇尚高尚道德情操的心理维系等多种因素的作用下，以上的“义”“信”“善”“勇”等优秀道德思想文化得以较好地传承、延绵下来，这便是其深层的社会经济原因。另一方面，社会主义市场经济体制是我们从落后的农业国家走向现代化强国的必然选择，也已经是现实的选择。现代市场经济体制，尽管它必然地带有效益、竞争、利益追逐等特征，但随着对市场经济体制的探索、完善，以及借鉴发达国家的经验、教训，我们已经逐步认识到一种成熟的、成功的现代市场经济运行体制，其本身更需要公平、公正、诚实、守信、守法、守德等，如果缺失了社会道德规范、社会法律法规，将会对市场经济体制本身造成巨大的软伤直至表现为巨大的硬伤。在市场经济体制下进行思想道德建设，是市场经济发展的必然的、内在的要求，两者具有明显的同一性。由此，我们说加强道德思想建设、提升道德的力量是社会主义市场经济体制下的客观必然，加强道德思想建设、提升道德的力量是中国特色社会主义文化建设的基本任务。

我们党十分强调在市场经济体制下进行思想道德建设，要求树立社会主义荣辱观。荣辱观是人们对荣誉和耻辱的根本看法和观点，不同的荣辱观会支配人们不同的道德行为，形成不同的社会风气，引领不同的社会风尚。正确的、先进的荣辱观，能帮助人们分清是非、荣辱，辨明善恶美丑，促进整个社会形成良好的道德风尚。我们党所要树立的社会主义荣辱观是正确的、先进的荣辱观，胡锦涛提出的“八荣八耻”社会主义荣辱观概括了社会主义荣辱观的核心内容。在上述通俗易懂的概括中，体现了我们党对社会主义道德思想建设的全面把握：既坚持继承中华民族的优良美德、革命传统，又概括了当代思想道德建设的新经验；既涵盖国家、集体，也包括个人；既体现了社会主义、集体主义、爱国主义，也涉及了人生态度、社会风尚；既体现了法制要求，又包含有德治要求，因此，是对社会主义思想道德建设体系的全面系统的概括。

树立社会主义荣辱观，是中国特色社会主义文化建设的一项长期任务。其一，需要不断扩大宣传渠道。从理论文章、论著到通俗读物、文艺作品等，从现代传播媒体到图书馆、文化馆（站）等，都要加以充分运用，使宣传面不断扩大。其二，需要扩大群众参与面。社会主义荣辱观要成为大众的全民的荣辱观念，必须从学校走向社会、从机关走向基层、从城市走向农村，运用各种有效的形式吸引广大群众参与。其三，需要扩大实践面。树立社会主义荣辱观，形成社会主义的良好风尚，不能只靠少数精英的论述、阐发，必须是理论与实践相结合，实践面要不断地扩大：从领导到群众、从成人到青少年，从个人到家庭、从单位到社会，形成全社会践行社会主义荣辱观的良好局面，从而真正为中国特色社会主义市场经济体制建设提升强大的道德力量。

### 三、为社会主义政治文明强化民主和法治精神

从字面看，文化与政治似乎是两个关联不是很紧密的领域，但是如果与政治文明尤其是与“中国特色社会主义政治文明”联系在一起时，中国特色社会主义政治文明与中国特色社会主义文化建设的关系就密不可分了。

政治文明是整个人类社会文明系统中不可或缺的重要组成部分，马克思在《〈政治经济学批判〉序言》中把整个人类社会文明结构分为三个部分，政治文明即是其中之一。对于政治文明的界定，有学者从静态与动态

角度分析。[①] 从静态角度而言，它是指人类改造社会所创造和积累的政治成果总和。从动态角度而言，它是指人类社会政治发展的具体过程。政治文明在很大程度上反映了一个国家、一个社会的文明水平，它体现了一个国家、社会实现民主、自由、平等以及人的解放的程度。无论从政治文明本身还是它的具体实现过程看，都与人类文化发展、建设密切相关。

从政治文明的结构层面看，分为政治意识、制度以及行为文明三个基本层面。就其中的政治意识的文明层面看，是指人们对政治生活、政治活动的反映，包括了特定时期的政治认识、政治信仰、政治道德、政治态度、政治习惯等。因此，就这一层面看，政治文明本身就是精神文明，属于社会意识范畴，直接与文化部分内容重叠。而从政治制度的文明层面看，政治制度的制定过程的文明程度、政治制度内容的文明程度等也都与人的文化程度、文化结构、文化素养等密切相关。再从政治行为的文明层面看，政治行为是指政治主体在一定的政治意识和政治思想的指导下，按照一定的政治制度规范的要求而从事的政治实践活动。由此界定本身即可明了：政治行为的文明程度直接受制于政治行为者的政治意识和政治思想的文明程度，也就是说，受制于文化的发展程度。由此，我们说从政治的结构层面看，政治文明与文化的发展是密切相关、不可分割的。

从政治文明的具体实现过程看，其与文化发展、建设亦是密不可分。我们知道，衡量政治文明程度的根本尺度是民主，包括民主表达、民主氛围、民主参与、民主作风等，由此可见，政治文明中的民主过程是与文化的发展进步密不可分的。事实上，从人类政治文明的发展动态来看，它就是一部紧伴随着人类文化发展、进步的历史。在人类漫长的原始社会时期，由于生产力的极端落后，与之相适应的文化亦是处于原始状态，在各种原因的制约下，还没有产生真正意义上的政治，如果一定要说社会管理的话，有人把此时期称为“风俗的统治”时期，即没有阶级压迫、统治的

---

① 陶德麟，石云霞：《马克思主义基本原理概论》，武汉：武汉大学出版社，湖北人民出版社，2006 年，第 87 页。

原始状态。以后，随着生产力的发展、阶级分化的出现、文化的逐步开化，社会管理的意识产生以及相应的条件具备，于是出现了奴隶占有制国家。政治文明在人类历史上开始了它的历程，但由于生产力依然十分低下，人类的文化发展也处于十分低的水平，决定了此时期的政治文明程度极低，因为几乎没有政治民主可言，此时的国家是一个奴隶主握有一切权力、管理着所有奴隶的机构。所以，列宁认为，在奴隶占有制时期，国家是一种强制人的特殊机构。在一种“强制”状态下，民主是无法存在的，所以，因缺乏民主，此时期的政治文明程度是十分低下的。随着社会生产力的不断发展，奴隶主强制政治被封建主的专制政治所代替，新产生的封建主专制政治比奴隶主强制政治有了一定的进步：相比奴隶一切被奴隶主强制而言，封建社会制度下的人们，在个体之间出现竞争并因此而出现了私人积累，人们自由的空间相对增多，但因生产力、文化科学发展水平等落后，其政治民主程度还十分低：在以帝王一人为核心的中央集权制度下，帝王个人拥有至高无上的权力并利用中央集权制肆意独裁，君临天下，由君王个人政治意志和经济意志决定民众的政治意志和经济意志。君王作为国家权力的主体和封建政治的核心，独揽一切国家大权，君王的意志和思想就是国家法律，其诏、旨、诰、敕、谕等皆为法律，同时还实施文化专制与思想控制。在欧洲还表现出君王统治与宗教统治相结合的特点，同时从世俗与宗教信仰两方面去禁锢和奴化人们的思想和行为。因而，此时的政治文明依然低下。随着社会生产力的不断推进，文化的快速发展，尤其是文化中的自然科学迅猛发展以及它所带来的思想解放运动，使资产阶级获得经济上强大支持的同时获得了文化思想上的巨大优势，在各种合力的作用下，推翻了封建专制的政治制度，代之而起的是代表资产阶级利益、反映资本主义经济发展要求、符合资产阶级愿望的资产阶级政治制度。与历史上的奴隶主强制政治、封建主专制政治有所不同，资产阶级采取分权政治，它把国家的立法权力掌握在自己手中，通过立法来保证本阶级的利益，并以此限制和制约君主或总统等对行政权力的滥用。这对于调节资本主义社会矛盾、维持社会稳定秩序、促进资本主义的发展等起了积极的作用，是人类文明进步的反映，也是人类政治文明历史上的重大进步。从上述历史发展脉络的论述中不难看出，这个政治文明重大进展的取得，很大程度上得益于人类的思想文化、科学技术的发展和推进，它们是这次政治文明进步不可缺失的推进力。但由于资产阶级本身作为剥削阶级所具有的阶级狭隘性，它的政治民主具有狭隘性、不具真实性及可实现性等，从而限制了其政治文明向更深更广的方向发展，使它的政治文明不具有普世性，由此人类将走向更全面、更真实的政治文明。

社会主义政治文明是人类历史上不曾出现过的新概念，它是我国社会主义现代化建设的重要目标，是人类历史上更深刻、更广泛的政治文明，因为它代表最广大人民的利益、要求，因为它不受狭隘阶级利益的限制；因为它本身就是最广大人民群众的愿望，所以它具有现实性、真实性。人民当家做主就是社会主义政治民主的本质和核心要求，是社会主义政治文明建设的根本出发点和归宿，代表最广大人民利益的中国共产党执政，就是领导、支持、维护人民当家做主，党领导人民努力创造各种有效的形式，就是为了切实保障人民当家做主，从而推动社会主义政治文明的建设进程。然而，我们必须清醒地看到，由于社会主义政治文明是一种新的、与历史上曾经出现过的政治文明不同的政治文明发展阶段，因此，没有现成的经验可以借鉴，需要一个长时期的探索、摸索、建设过程。作为一个庞大的社会建设工程，它涉及社会政治生活的各个方面，同时还涉及人们的各方面利益，只要其中某些方面建设不到位，人们的各方面利益没有得到有效协调，都有可能会造成对社会主义政治文明建设的消极影响。从文化角度而言，民主精神和法治精神的培育对社会主义政治文明的建设十分重要。

要在中国特色社会主义文化建设过程中有效培育社会主义民主精神，我们必须对社会主义民主有深刻的把握。从社会主义民主的基本内容而言，主要包括以下几点：其一，国家的权力属于人民。广大劳动人民是一切国家权力的真正主人。他们通过各种方式、途径管理各种国家事务、社会事务，用各种方法管理自己的政治、经济、文化和社会生活等各方面的事业。其二，人民拥有广泛的民主权利。我国人民拥有所有的国家权力，也拥有这些权力的委托权。人民是国家一切权利的主人，因此，即使他们将权力委托了，但他们依然也必然地拥有相应的各种权利，如选举权与被选举权、罢免权与监督权、言论权、出版权与批评权、申诉权与控告权、检举权等。从社会主义民主的基本形式而言，主要包括两种的形式：民主选举和民主协商。即人民通过代表大会制选举、投票决定国家大事以及在进行充分协商、尽可能取得一致意见之基础上做出重大决策。这两种民主形式是当前我国社会主义民主的重要形式，较好地体现了我国“主权在民”的原则。社会主义民主的内容和形式是有机统一的。与资本主义民主的不彻底性、不切实性不同，在社会主义条件下，社会主义民主的内容必须是广泛而切实的；社会主义民主的形式必须是真实有效的。中国特色社会主义文化建设，通过倡导社会主义民主精神，增强公民对社会主义国家政治体系的认同感，提供建设社会主义政治文明的合法性解释及合理性证明。通过培育民主精神，使公民形成民主的政治文化心理，养成民主的政治习惯，培养民主的政治理念，进而贯彻于广大公民的政治行为中，从而真正实现建设好社会主义政治文明的重要目标。

法治精神是指法律观念、法制意识、法治信仰的综合体，它涵盖了公平、公正精神，人权、民主精神，平等、理性精神等。健全社会主义法制、依法治国、建立社会主义法治国家与发展社会主义民主，都是建设中国特色社会主义的重要目标。中国特色社会主义法治理念，是马克思主义关于国家与法的理论同中国现代化建设实际相结合的产物，是对我国社会主义法治实践经验的总结。我国社会主义法治反映了最广大人民的根本利益和共同意志。依法治国是由我国根本大法确定的治国方略，社会主义依法治国的主体是中国共产党领导下的人民大众，客体是各项国家事务、社会事务及经济文化事业。依法治国实际上就是从法律上为社会主义民主、人民当家做主提供根本保证，从法律上保护人民的民主权利及公民的各项基本权利，对国家经济、政治、文化及社会生活各个方面的民主制度、民主形式、民主程序等加以法律上的确认、规范，并使之规范化、制度化。

很显然，建设社会主义法制与建设社会主义民主一样，都是建设社会主义政治文明不可或缺的重要内容。

然而，与社会主义民主一样，由于社会主义法制建设的本质是为了维护人民当家做主，它与资本主义的法制有本质的区别，是一种新的法制类型，因此，没有现成经验可以借鉴，需要一个长时期的探索、摸索、建设过程。作为一个庞大的社会建设工程，它不可能一蹴而就。目前，我们的社会主义法制建设取得了显著成效，形成了我国社会主义国家法律体系。但我们也必须清醒地看到，我国当前的法律体系还有待于进一步完善和健全。我们要自觉地把倡导和弘扬社会主义法治精神作为中国特色社会主义文化建设的基本任务，在推进社会主义文化建设的进程中，在提高人民科学文化、政治思想水平的同时，将包含了公平、公正精神，人权、民主精神，平等、理性精神以及和谐与秩序等诸多价值要素的法治精神渗入人们的思想；促使人们认真学习法律、法规，自觉遵守法律，严格履行法律义务，维护法律权利；努力使法治精神融入立法、司法、执法、遵法、守法以及法律监督等各个具体的环节，逐步使法治内化为人们的重要生活方式和生活习惯，从而为社会主义政治文明建设提供民主法治精神。

### 四、为建设社会主义和谐社会提倡人本、民本精神

随着对建设社会主义社会客观规律认识的加深，我们党逐步提出了构建社会主义和谐社会的理念，并在党的十六大以后，反复强调了构建社会主义和谐社会是中国社会主义现代化建设的重要任务，完成这项任务是我们党领导人民推进社会主义现代化建设的必然选择，也是社会主义建设的题中之义。这是因为实现社会和谐，建设美好社会，从来都是人类孜孜以求的社会理想，更是包括中国共产党在内的马克思主义政党不懈追求的社会理想。

和谐社会是对人类社会发展理想状态的一种描绘。从静态分析，它是指人与自然、社会，以及人与人之间和谐统一、共同协调发展的状态。从动态发展而言，社会和谐也是一种不断推进人与自然、社会，以及人与人

之间和谐统一、共同协调发展的具体实现过程。它有自己的特定内容：民主法治、公平正义、诚信友爱、充满活力、安定有序、人与自然和谐相处。这些总体内容明确表明，构建社会主义和谐社会是一项艰巨复杂的社会系统工程，涉及整个社会的方方面面、各行各业。而进一步体会社会主义和谐社会的这些总体内容，我们同样不难发现，贯彻于其中的主题思想就是以人为本、以民为本的精神。因此，为建设社会主义和谐社会提倡人本、民本精神，是中国特色社会主义文化建设的基本任务。

从一般意义而言，“以人为本”“以民为本”是指尊重和维护人的尊严、权利和价值。“民本”精神在我国有悠久的文化传承历史，早在我国古代春秋时期已有“民本”精神的萌芽，如在《尚书·五子之歌》中就有很明确的“民本”精神记载：“民可近，不可下，民惟邦本，本固邦宁”①；而在《管子·霸言》中则直接提出：“以人为本，本理则国固，本乱则国危。”② 这些民本精神被后来一些有远见的思想家所传承、充实、发展，也被一些开明的帝王所接受、践行，从而在我国封建发展史上出现了相当有名的几个历史发展时期，如“贞观之治”“康乾盛世”等，呈现出了“政通人和”“睦内和外”的传统和谐社会景象。所以，从一定意义上说，“民本”是中国传统文化的精髓部分，但我们清楚，它产生于封建社会条件下，迎合了封建帝王用于“治民”以到达“安邦”的目的。这时的“民本”思想里没有人民当家做主的内容，封建帝王重“民”仅仅是为了维护封建统治阶级的利益，“民”始终是任封建统治者宰割、统治的群体：“民者，出粟米、麻丝、作器皿、通货财以事其上者也。”“民不出粟米、麻丝、作器皿、通货财以事其上，则诛。”③ 这就很直白地说明了当时人民群众受奴役的地位，可见中国传统的“民本”思想是有局限的。相应地，在西方亦有“人本”“民本”思想文化的传承，比较典型的

① 《尚书·五子之歌》，载于《十三经注疏》，中华书局，1980 年影印版，第 156 页。

② 《管子·霸言》，载于《诸子集成》卷五，上海书店，1986 年影印版，第 144 页。

③ 韩愈：《原道》，引自周大璞，刘禹昌，王启兴编：《古文观止注释》，武汉：湖北人民出版社，1984 年。

是其主张的“人道主义”（humanism），它是欧洲文艺复兴时期的一面旗帜，是新兴资产阶级反对封建专制统治的强大精神武器。为了反对封建君王的专制，它要求“民主”；为了反对封建宗教神学，它提出了“人权”；为了反对封建等级制度、封建割据等对资本主义生产、资本扩张的限制，它提出了“平等、自由、博爱”，力图推翻封建专制统治，争取更多的人权、民主、自由、平等。这些思想在摧毁封建主义统治和建立资本主义制度的过程中起了积极的推动作用。但由于资本主义社会依然是剥削阶级占统治地位的社会，资产阶级依然是一个占人口少数的剥削阶级，因此，资产阶级所主张的“民主”也只是限于资产阶级中的民主；“人权”也只是资产阶级的权利；“自由、平等、博爱”等都是借用了普遍人性的名义，其实质就是为了更好地给资本主义商品生产与交换带来更大的方便，为其剥削广大劳动者、实现利益最大化带来更大的方便。很明显，资产阶级的“人本”“民本”思想同样具有很大的局限性、狭隘性。因此，我们说无论是中国传统的“人本”“民本”思想，还是西方的人本思想，都与我们要坚持的中国社会主义“人本”“民本”思想有本质的区别。当今中国社会主义的“以人为本”“以民为本”是建立在马克思主义的“民主”“民治”原则之上的“人本”“民本”精神。

马克思、恩格斯站在科学的立场，揭示了社会生产力是推动社会发展的决定力量，充分肯定了作为生产者的人民群众创造历史的伟大作用，而他们创立的科学理论体系就是为了给代表先进生产力的世界无产阶级提供理论武器，推翻少数人剥削大多数人的不合理社会，建立一个让人民大众真正获得全面发展的新型社会。在新型社会里，将消灭阶级、城乡以及脑力劳动和体力劳动之间的对立和差别；社会财富极大丰富；人民劳动的积极性极大提高，各尽所能、按需分配；每一个人都得到自由而全面的发展；人与社会、自然之间以及人与人之间的关系和谐。正如他们在《共产党宣言》中所说的那样：“代替那存在着阶级和阶级对立的资产阶级旧社会的，将是这样一个联合体，在那里，每个人的自由发展是一切人的自由发展的条件。"[①] 由此可见，马克思主义所主张的"以人为本、以民为本"是科学立场上的、完全彻底意义上的"人本""民本"精神。我们党一脉相承地继承和发展了这种"人本""民本"精神。从毛泽东所强调的"为人民服务"到科学发展观，无不如此。到了当今时代，马克思主义的"人本""民本"思想得到了进一步的继承和发展，实现了马克思主义"人的全面发展"的科学"人本""民本"思想与中国特色社会主义现代化建设实际的紧密结合，使之更富有现实性。这种科学的"人本""民本"思想在"科学发展观"中得到了高度的体现。作为马克思主义关于发展的世界观和方法论的"科学发展观"，在我们党的十七大中被写进了党章。科学发展观的核心就是以人为本，也就是以作为社会历史发展主体的最广大人民的根本利益为本，把人民群众作为推动社会发展的主体和基本力量，从最广大人民的根本利益出发谋发展、促发展。科学发展观坚持把社会主义物质、精神等各方面的发展与人的全面发展看成相互联系的整体；科学发展观把社会发展看成是人与自然、社会以及人与人之间，甚至人类当代与后代相互联系、相互促进的过程等。从科学发展观对"以人为本"的强调和坚持中，可以看出以下几点：其一，以人为本，就是要合理尊重作为人的正当权利，为了从最完整意义上实现以人为本，还必须对与人有关的自然、资源、环境等纳入人性化的考量与兼顾。其二，把以人为本作为社会发展的基本价值理念和价值目标：在人与物的关系上，必须把人当作主体，既是权利的主体，也是责任的主体；在目的和手段关系上，必须把人作为目的，是一切事情的前提和根据。为此，中国特色社会主义文化建设必须为建设社会主义和谐社会，大力提倡科学发展观的人本、民本精神。一方面，要把以人为本作为基本价值理念和价值目标，为社会主义和谐社会确立正确的价值导向而努力。要在中国特色社会主义文化建设中，通过各种方式、形式、渠道等，确保人民的主体地位、保障人民的权利、重视

① 中共中央编译局：《马克思恩格斯选集》（第 1 卷），北京：人民出版社，1995 年，第 294 页。

人民的利益、关注人民的生活质量等，努力在全社会培育起以人为本的价值理念，引领社会前进的正确价值导向，进而为社会主义和谐社会筑牢思想根基。另一方面，要大力倡导以人为本的和谐价值理想和价值追求。中国特色社会主义文化建设，要充分发挥思想道德、科学教育文化等各个组成部分的功能，努力把社会主义和谐变成全社会的价值理想和价值追求，在全社会培养和谐意识、和谐精神，营造和谐的关系和氛围，使和谐成为人们自觉的内心价值追求，成为全社会的文化价值取向，从而使社会主义社会和谐的价值理想逐步成为现实。

### 五、提升我国文化软实力

随着世界经济全球化的推进、高新科技迅速发展，文化因素在当代经济中所占的比例越来越大，各国都在努力提高自己的文化实力。在我国，也同样面临着在当今国际国内社会发展的大背景下如何提高文化软实力的重大现实课题。

最初提出“软实力”概念的是美国的约瑟夫·S. 奈教授，他在20世纪80年代末即1989年撰写了《注定领导》（*Bound to Lead*）一书，在此书中他开始使用“软实力”一词。约瑟夫·S. 奈教授曾是美国前总统克林顿政府的国家情报委员会主席和助理国防部长，提出“软实力”概念最初主要是基于他对当时国际政治的中心问题集中于战争和使用武力的现实的不满，他认为在国际政治中除了战争和使用武力，还有许多方面不能忽视，如公民、团体与他国政府、非政府组织之间的互动等。到后来美国发生“9·11”事件和伊拉克战争以后，约瑟夫·S. 奈就开始经常用“软实力”概念来告诫人们：不要以为美国凭借其军事实力就可以在世界上为所欲为。美国这种靠战争、靠武力的态度会损害其软实力的基础，大大削弱美国的力量。所以，在他看来，“软实力”是指一个国家通过自身的吸引力来实现目的的能力，是一国综合实力中基于军事与经济硬实力之外的另一组成部分。在约瑟夫·S. 奈看来，一般情况下，一个国家的硬实力与软实力同样重要，但在当今信息时代，软实力的作用正在变得比以往更为突出。这个概念提出来后，引起了国际的关注，许多专家、学者和政治人物都使用此概念来理解当代国际关系及相关国家在当代世界的地位和前景。

一个国家的软实力应该包括若干个方面，国内有学者认为“软实力”应该包多个基本要素如文化影响力、社会意识形态影响力以及与此相关的国家外交事务的能力等。而文化软实力就是其中一个部分，是以文化为基础的国家软实力。从人类社会发展历史看，一个国家、一个民族在经济、科技、军事等方面的“硬实力”终究会反映到文化软实力上，以文明发展成果的形式对世界历史产生影响，这一点，无论是从东方的古代中国文化、古代印度文化还是从西方的古希腊文化、古罗马文化中都能得到有力的证实。因此，在我们建设中国特色社会主义现代化强国、实现中华民族伟大复兴的过程中，提升我国文化软实力具有不可忽略的重要作用。因此，中国特色社会主义文化建设必须把提升我国文化软实力作为自己的基本任务。

（一）全面发展教育事业，提升国民文化知识水平和文明素质

在人类发展历史上，教育始终承载着传承和提升民众文化知识、思想道德素质、科学技术等使命。教育是文化生产与文化传承的有效手段，是文化建设的重要途径，从古至今教育都是文化传递、选择、整合的载体。对于这一点，古今中外的学者都有共识，如我国古代思想家韩愈就明确地认为，教育所起的作用就是传道、授业、解惑。通过教育，使受教育者认识事物发展的规律，掌握基础知识、社会基本规范以及解答受教育者对社会、对人生的疑虑、困惑等。西方学者英国著名哲学家怀特海也认为，通过教育使受教育者既能获得文化，又能获得专业技术知识，成为有文化、有远见、有专业技术的全面人才。① 随着人类社会的发展，教育对文化的影响越来越大，尤其是在当代经济全球化背景下，高新科技飞速发展，信息技术、网络技术被广泛使用，教育对文化的影响就更直接、更广泛。首

① （英）怀特海著，徐汝州译：《教育的目的》. 北京：生活·读书·新知三联书店，2002年，第1页。

先，通过教育可培养大量有文化、道德、理想以及遵纪守法的高素质文化人才。其次，教育为文化的发展输送大量的具有创新能力的人才。最后，教育有助于吸收世界先进文化。当代文化的发展既需要对本民族文化的传承，也需要吸收其他民族的先进文化。通过对教育有意识的选择，可以减少吸收过程中的盲从性，从而有效吸取其他民族文化的精华。所以，要提升全体公民的素质必须要发展教育，这一点温家宝同志讲得很清楚，他在《关于社会主义初级阶段的历史任务和我国对外政策的几个问题》中指出："要全面提高国民素质，就要优先发展教育。"① 因此，在中国特色社会主义文化建设中，必须加强公民的文化教育。一方面，要加强思想道德教育。通过思想道德教育提升全体国民对国家、民族的认同感，培育全体国民的共同社会理想，使我国民众拥有强有力的精神支柱及强大的精神动力，努力实现中华民族的伟大复兴。另一方面，要强化教育改革，全面提升全民族的科学文化水平。

（二）提倡创新精神，提高国民的创新能力

从人类的发展历史看，在不同时期人类的活动重心会发生不同的变化：在重商主义社会，以"贸易"为重心；在工业社会，"生产"便取而代之；而到了信息社会，就由"生产"转向了"创新"。从当今的现实看，随着信息时代的到来，高新科技的不断快速发展，计算机技术、信息技术、网络技术的广泛运用，科学知识成了这个时代最重要的生产要素，科技文化的创新成了国家实力的决定性因素，国家之间的竞争，已经演变成了科技文化创新上的较量、竞赛。发展中国家如果没有科技文化的创新，不能掌握核心技术，结果只能步人后尘，必然受制于人，缩短与发达国家的距离将十分艰难。因此，实现科技文化的创新，同样是我国文化建设面临的重要任务。

创新的概念十分宽泛，理论界对它的界定很多，既有从各自学科出发

① 温家宝：《关于社会主义初级阶段的历史任务和我国对外政策的几个问题》，新华网，2007年2月26日。

的界定，也有只描述侧重点的论述，此外还有综合性的界定等。有较多学者比较倾向于从本质上去界定创新：创新是主体为实现一定目的，控制客体，以产生有社会价值的前所未有的新成果的高智能活动，既包括思维创新活动，亦包括实现新思维的行为创新活动。鉴于我国科学技术发展水平与世界发达国家还有一定的距离，有人就认为我们国家没有创新的传统。笔者认为此种观点并不客观和全面。根据上述关于创新的定义，无论从自然科学还是从社会科学看，我国都有创新的传统。从自然科学而言，我国的四大发明就属于有名的科学技术发明创造，对欧洲进入现代社会起过重要作用，对世界文明进步有过重大贡献。从社会科学而言，源远流长的中华文化就是我国各民族人民创造出来的。毛泽东思想也是中国人民智慧的结晶，并因它的指导而建立了新中国；中国特色社会主义理论是中国人民创造的新成果，在它的指引下，把中国建成了世界第二大经济实体，创造了新的世界奇迹，这些都是中华民族有创新传统的有力证明。因此，提倡创新精神，提高国民的创新能力，是中国特色社会主义文化建设的重要任务。一个国家的整体创新能力是由它的国民创新能力组成的。如果全体国民缺乏创新能力，这个国家的总体创新能力就不会强，因此，必须在全民范围提倡创新精神，强化创新意识。人的素质由多方面构成，但核心是创新能力。人的创新能力表现为多方面，既包括创建新思想、开发新技术、创造新发明的能力，也包括追求创新的精神和意识、善于把握机会的敏锐性、积极调整的应变能力等综合能力和人格特征。由此，国家的教育机制、科技文化扶持政策、奖励机制等应重视上述国民创新意识、创新能力的培养，倡导创新精神、奖励创新行为、重奖创新成果，在全社会形成崇尚创新发明的新风尚，从而促进我国国民创新能力的不断提高，使我国的软实力得到切实的提升，最终使我国成为创新能力强、科学技术先进的世界强国，进而赢得世界其他民族的尊重和支持，实现中华民族的伟大复兴。

（三）发展文化产业，增强国际竞争力

随着高新科技对经济发展的影响越来越大，全球范围内经济结构和产业结构的不断调整，文化产业的发展及其现代化程度已经成为衡量各国对外贸易能力、综合国力以及国际竞争力的重要因素。一些发达国家已经在这方面占领了先机，许多国家正在加大对文化产业的投入，促进文化产业的发展，以期增强其国际竞争力。我国也逐步认识到发展文化产业的重要性，在党的十七大上明确提出了大力发展文化产业，增强国际竞争力的任务："大力发展文化产业，实施重大文化产业项目带动战略，加快文化产业基地和区域性特色文化产业群建设，培育文化产业骨干企业和战略投资者，繁荣文化市场，增强国际竞争力。"①

事实上，随着知识经济的发展，文化知识产品在人们的现实生活中占据了越来越重要的地位，文化知识消费不再是传统意义上的定位，已经成为当今社会重要的消费力，文化产业也随之成为当代世界经济社会发展的重要增长点，所以国际社会已经对文化产业予以了高度重视。2005 年，我国文化部从综合层面对文化产业做出了界定：文化产业是指从事文化生产和提供文化服务的经营性行业。由于当代高科技的深度渗入，当前的文化概念与传统文化概念的内涵已经大不一样，与文化相关的产业也有了与传统观念不一样的特征，它除了有传统的生产精神文化产品、提供文化服务及相关产品特征以外，还具有高技术性和高创意性的特征。由于高科技的发展、应用，如信息技术、宽带技术、多媒体传播技术、数字化技术等的发展和应用，高科技已经成为当代文化产业发展不可或缺的重要支撑。当代文化产品的工业化生产和流通都必须借助高科技才能迅速占领市场，从而获得生存和发展。所以，有学者认为当代科技创新既影响了传统文化产业，又影响了现代文化产业，对传统文化产业而言是推动其演化，对现代文化产业而言则是催生该产业的新业态。② 由此，当代文化产业不可避免地具有明显的高技术特征。此外，当代文化产业还具有十分明显的高创意

---

① 胡锦涛：《高举中国特色社会主义伟大旗帜，为夺取全面建设小康社会新胜利而奋斗》，《人民日报》，2007 年 10 月 25 日。

② 解学芳：《论科技创新主导的文化产业演化规律》，《上海交通大学学报（哲学社会科学版）》，2007 年第 4 期。

性特点。由于文化产业的产品大都属于无形性的精神文化产品，因此，与有形的物质产品相比，它不能依靠简单的复制与生产，它需要大量的创意来实现。所以，我们说以当代高科技发展为支撑的当代文化产业，从客观而言，更需要具有创意性。从现实而言，当代高科技的发展、当代经济的发展也为当代文化产业实现高创意性提供了强有力的经济支撑条件。所以，高创意性是当代文化产业的现实性选择，诸如当代的数字化影视产品、DVD、MTV 等文化产品，如果离开了高创意性，就无法生存和发展。

前文提到一些发达国家已经在发展当代文化产业方面占领了先机，这与这些国家政府的重视和大力扶持密切相关。英国是世界上第一个提出创意产业政策的国家。1997 年新上台的英国布莱尔政府就成立了创意产业特别工作组，1998 年这个工作组在制定文化政策时，直接用“创意产业”代替了“文化产业”，目的是通过激发国民的技能、才华、创造力，来生产精神产品并在此基础上通过开发和利用，创造财富及创造就业机会，从而增强国家经济发展的活力。政府这些支持的结果是让英国如愿以偿，使其文化产业的年产值超过了 500 亿英镑，解决了大量人口就业问题，同时也使文化产业在英国的国民经济中占有了重要地位。日本政府对文化产业的重视也十分突出。我们知道在 20 世纪 70 年代，日本政府的口号还是“贸易立国”，促进了其战后经济的发展，但到了 80 年代，日本政府的口号就改为“技术立国”，使其技术与发达国家水平接轨，90 年代，日本政府的口号则改为“科技创新立国”，使其科技产品在世界市场占有很大的份额。到了 20 世纪末，日本就直接提出了“文化立国”的战略方针。2002 年，日本内阁会议通过了关于振兴日本文化艺术的基本方针，明确了振兴日本文化艺术的主要领域（如民间艺术、文化遗产、媒体、信息通信技术等）。可见日本政府长时间以来对文化建设持明确的支持态度，通过长时期的努力，使日本的文化产业得到很好的发展，使之从一个人口、地理面积的小国变成一个文化大国，在世界文化市场上占有显著地位。

我国文化产业目前已有较大发展，文化体制改革取得积极进展。从

2005年年底提出“运用市场机制”开始，到2007年年底辽宁出版传媒公司成为国内第一家整体上市的文化企业，在仅两年时间里，我们的文化产业领域开始了与资本市场的全面接轨。同时，我国的文化领域也不断开放，文化领域投资主体多元化的局面已形成。另外，我国与文化相关的用品、设备、产品的生产、销售等所创造的增加值已占全部文化产业增加值的40%，等等。所有这些事实都在一定程度上表明，我国的文化建设已经步入新局面，进入了协调、快速发展的良性轨道。但我们也必须要看到，随着世界经济全球化的不断推进，我国社会主义市场经济的发展，改革开放的不断深化，我国的文化建设还不能完全适应时代发展的要求，与发达国家的文化产业发展水平相比，还有较大的差距，主要表现在以下几个方面：其一，我国文化产业中的高新科学技术力量还很薄弱。从20世纪开始，发达国家就已经开始把高科技用于文化产业的生产、销售、传播等各个环节，使其文化产业的增加值倍增。如迪士尼因为把高科技应用于文化产业，就使得它在很短的时间内增加了销售额，以1993—1997年为例，四年时间，其销售额就从85亿美元上升到225亿美元。再如，美国的百老汇音乐剧就是把大量的高科技元素注入其各种设备中、各个环节之中，极大地提高了艺术效果、欣赏效果，更增加了它的经济效果。我国的文化产业，也在逐步增加科技元素，但由于很多设备、技术是从国外引进的，核心技术没有掌握在我们手里，我们文化产业的高新科学技术力量还薄弱。其二，文化产业规模小，而且处于分散状态。我国的文化体制机制改革正在进行，已经开始了与资本市场的全面接轨，但离形成真正的市场竞争力还有一段距离。其三，文化资源开发的程度不够。我国拥有几千年的文化发展历史，有多民族的文化结构，我国文化的历史沉淀、种类及结构的丰富都是世界上少有的。因此，从资源而言，我国是世界文化资源的大国。但当前我们却不是世界文化强国，无论从文化产业增加值的总量、在GDP中所占的比例、文化从业人员所占比例等总体指标看，还是从具体的文化产业规模、产品品种开发、产品质量、产品市场竞争力等来看，我们的文化产业同发达国家相比都还存在一定的差距。文化资源大国，如果不能有效地实现文化资源的现代转化，依然难成为世界文化强国。

在了解世界文化产业发展的大趋势以及我国文化产业发展的基本情况之后，有针对性地解决我们存在的问题，发展我国文化产业，增强国际竞争力，有效提升我国的文化软实力，就成了我们必须完成的基本任务。笔者认为，我们当前要从以下几个主要方面下工夫：一是深化文化体制改革，促进文化生产力的不断解放和发展，从而实现文化产业的蓬勃发展。文化体制改革是一项复杂而艰巨的任务，事关国家大局，包括了社会政治稳定和国家文化安全等重大问题。因此，必须妥善处理各种关系，全面推进文化体制的改革。二是大力推进文化创新。前文说到当代世界文化产业具有明显的高技术特征及明显的高创意性特征，因此我们只有不断提高文化创新能力，才能持续增强文化发展活力，才能在文化发展水平上胜人一筹，进而在国际文化竞争中掌握主动权。为此，需要加快建立合理的文化创新体系，明确企业在这个体系中的主体地位，准确定位市场导向，有效实现产学研的结合，从而使文化企业有更大的动力、实力、能力、合理机制等去尽快培养创新人才，实施创新项目，掌握文化发展的核心技术，尽快实现创新成果的转化；要适应科技发展的新趋势，结合人民群众文化需求的新特点，积极推进文化产品内容、形式的改进，实现文化产品的风格、表现方式方法等的综合创新，不断提高文化产品的表现力、感染力，从而提高我国文化产品在世界文化市场的竞争力。要营造鼓励文化创新的社会环境，使人们的文化创新意识得到鼓励、创新才华得到发挥、创新举措得到支持、创新成果得到肯定，使创新成为文化建设的重要组成部分。三是有效开发文化资源。我国丰富的文化资源为我们发展文化产业提供了有利的条件，但文化资源的大存有量却不能直接带来文化产品的丰富，不能直接促成文化产业的规模发展，更不能说文化资源大国就直接等于文化软实力强国，还存在着如何把文化资源转化为文化软实力的关键性问题。因此，我们必须要创造性地挖掘和利用中华优秀民族文化和丰富的文化资源，要科学研究当代文化消费市场的需求特点、热点等，要研究当代文化产业的生产、销售规律，有针对性地从当代文化消费市场和当代文化产业发展的角度来提炼我国传统文化资源的市场价值要素，从而实现对文化资源的有效开发和利用，提升我国的文化软实力，把文化资源大国变成真正的文化强国。

# 第四章

## 中国特色社会主义文化建设主要内容阐析

中国特色社会主义文化建设是伴随着中国特色社会主义现代化建设而逐步发展的，因而中国特色社会主义文化建设的主要内容也有一个不断丰富、不断拓展的过程。我们党的十五大报告中有一个关于中国特色社会主义文化的说明，认为中国特色社会主义文化的主要内容与一直以来我们所强调的社会主义精神文明是一致的。所以，我们讨论中国特色社会主义文化的主要内容，必然要追溯到中国社会主义精神文明主要内容的不断发展和充实。从我们党的第十二次全国代表大会做出“在建设物质文明的同时努力建设社会主义精神文明”的战略决策，到党的十七届六中全会通过《中共中央关于深化文化体制改革　推动社会主义文化大发展大繁荣若干重大问题的决定》做出推动文化大发展大繁荣的战略部署，中国特色社会主义文化不断增添新的时代内容。党的十二届六中全会把社会主义精神文明建设的具体内容明确规定为思想道德建设和教育科学文化建设两个方面。党的十四大又新增添了“理论建设、繁荣哲学社会科学”的内容。此后的党的十四届六中全会则对文化建设和思想道德建设的基本内容进行了全面具体的阐述。而从党的十五大以后，直到党的十七大，则更是在每次报告中都设有专门的一章来论述中国特色社会主义文化建设问题，内容都是对两个基本内容的强化和细化。到了 2011 年 10 月，在党的十七届六中全会通过的《中共中央关于深化文化体制改革　推动社会主义文化大发展大繁荣若干重大问题的决定》中，则突出强调了推进社会主义核心价值体系建设；加快构建和完善文化发展的体制和机制，促进社会主义文化的大力发展大繁荣。这些强调表明了我们党在国际、国内客观形势不断发展、变化的大背景下，准确把握了社会发展现实、人民群众的需求及文化发展的客观规律，从而对中国特色社会主义文化建设内容进行了及时的、合理的细化和深化，也充分体现了中国特色社会主义文化建设的内容是随着时代的变化发展而不断丰富、拓展的。

笔者将结合当代社会的发展现实，着重讨论中国特色社会主义文化建设几个主要方面的内容。

## 第一节 加强思想理论建设

思想理论是人类自觉能动性的最高表现形式，是人类精神的精华。马克思就曾认为哲学是文明的灵魂，这是关于思想理论与人类社会文明关系的极其深刻的阐述。① 一个民族在人类文明历史上居于何种地位，取决于这个民族的思想理论水平。马克思主义思想理论深刻揭示了人类社会发展的规律，是人类迄今为止最具完备性与科学性的严密理论体系。它包括了极其全面的内容：自然、社会和人类思维各个领域，涉及了哲学、经济、政治、文化、历史、科技、军事等各个方面。马克思主义用自己的完备性、科学性以及在实际中指导中国革命的胜利和指导中国建设社会主义时期取得的伟大成就，证明了自己是指导中国特色社会主义现代化建设的科学指导思想。同时，也用历史的客观事实证明了我们党选择马克思主义作为指导思想的科学性、正确性。国际社会主义运动的历史和我们党领导的新民主主义革命和社会主义建设、改革的历史反复证明，思想理论指导正确与否，直接关系到革命、建设、改革的成败，关系到我们党的事业的兴衰，其中东欧剧变、苏联解体等生动的史实就告诉我们，一旦马克思主义在意识形态领域的指导地位遭到动摇，就会导致思想混乱甚至社会动荡、

① 刘德福，徐伟新：《文化新思维》，哈尔滨：黑龙江人民出版社，1988 年，第 176 页。

政治剧变，最终给国家和民族造成巨大的灾难。因此，加强马克思主义理论研究，不断推进马克思主义思想理论建设，是中国特色社会主义文化建设的主要内容。

## 一、不断发展中国特色社会主义理论体系

中国社会进入改革开放以来，中国共产党人不仅领导中国人民开辟了中国特色社会主义的伟大道路，而且在长期实践的基础上，通过积极探索、科学总结，在坚持马克思主义同中国实际相结合的基础上，形成了马克思主义中国化的最新理论成果即中国特色社会主义理论体系。在这个理论体系的指引下，中国特色社会主义现代化建设取得了举世瞩目的巨大成就。如今我国的改革开放进入深水区，会遇上许多新情况、新问题，要解决许多新矛盾、新困难，必须要用不断发展的中国特色社会主义理论体系去武装全党、统一全党的思想。因此，我们需要深刻理解和把握这一理论体系的科学内涵和精神实质，不断深化对中国特色社会主义理论体系的研究和探索。

其一，要在充分认识理论体系历史地位的基础上，不断发展中国特色社会主义理论体系。从理论体系的思想渊源看，我们要充分认识到，中国特色社会主义理论体系是与马克思主义、毛泽东思想一脉相承的，是对马克思主义、毛泽东思想的坚持和发展。我们知道，中国共产党领导中国人民在中国革命、建设和改革的长期实践中，在把中国实际与马克思主义科学结合的基础上，产生了两大理论成果：毛泽东思想和中国特色社会主义理论体系。毛泽东思想是被中国革命和建设实践证明了的正确理论，中国特色社会主义理论体系是被中国改革开放实践证明了的科学理论体系。中国特色社会主义理论体系坚持用马克思主义的基本原理、立场、观点和方法，科学地分析当今世界和中国改革开放的实际，创造性地做出了一系列新的科学理论概括；中国特色社会主义理论体系坚持马克思主义、毛泽东思想的群众观点，对由中国广大人民群众所创造的宝贵经验进行了科学的理论总结和理论升华。因此，中国特色社会主义理论体系是马克思主义基

本原理在中国当代改革开放具体实践中的创造性应用和发展，是马克思主义普遍真理与中国当代具体实践相结合的理论产物，是具有时代气息、有中国特色的当代马克思主义理论。从理论体系的指导意义看，我们要充分认识到，中国特色社会主义理论体系是全国各族人民团结奋斗的共同指导思想，正是在这个科学理论体系的指引下，我们党和全国各族人民才在没有现成经验、没有现成答案的艰难情况下，走出了一条适合中国情况的现代化建设道路，取得了令世界震惊的巨大成就。正如党的十七大报告中指出的那样：开辟了中国特色社会主义道路、形成了中国特色社会主义理论体系，这两点就是我们改革开放以来取得一切成绩和进步的根本原因。高举中国特色社会主义伟大旗帜，最根本的就是要坚持这条道路和这个理论体系。中国改革开放30多年取得的伟大成就，用充分的历史发展事实证明，在当代中国只有中国特色社会主义理论体系才能指引我们前进的方向，才能完成现实中华民族伟大复兴的历史使命。因此，在充分认识其理论体系历史地位的基础上，我们必须自觉地把不断发展中国特色社会主义理论体系作为中国特色社会主义文化文化建设的重要内容。

其二，要在准确把握中国特色社会主义理论体系科学内容的基础上，在坚持中国共产党的根本宗旨、实现最广大人民群众根本利益的过程中，不断推进中国特色社会主义理论体系建设。改革开放以来，我们党坚持马克思主义基本原理，根据不断变化和发展着的国际形势，根据我国社会主义现代化建设不同发展时期的阶段性特点，不断探索社会主义社会的本质及发展的实质、道路，不断推进马克思主义中国化，不断研究党的建设理论及路径，坚持并丰富党的基本理论、基本路线、基本纲领、基本经验等。在此基础上，形成了邓小平理论、“三个代表”重要思想、科学发展观等一系列重大创新理论。在这些重大创新理论的基础上，我们党形成了中国特色社会主义理论体系。由此可见，中国特色社会主义理论体系的核心内容就是邓小平理论、“三个代表”重要思想、科学发展观等科学创新理论。这些科学创新理论的共同点除了坚持从中国实际出发、坚持和发展马克思主义基本原理等以外，它们都始终坚持全心全意为人民服务的根本宗旨，始终把最广大人民群众的根本利益作为所有理论、路线、方针、政策和全部实践工作的根本依据。其中，邓小平理论的重要立足点是强调要把检验一切工作成败的最高标准落脚在人民是否拥护、是否赞成、是否高兴、是否答应等方面。而“三个代表”重要思想则强调最广大人民的根本利益就是党的一切工作的最高标准，全党不仅要努力实现好最广大人民的利益，而且要维护好最广大人民的利益，并且在此基础上还要发展好最广大人民的利益，这是一个不断递增的过程，整个过程都在表明共产党除了中国最广大人民的利益，没有任何特殊利益。科学发展观直接就把“以人为本”作为核心，不仅强调要切实保障人民群众应该享受的各种权益，而且强调享受各种权益的受众面要不断扩大，使现代化建设的成果不断惠及广大人民群众。由此可见，马克思主义群众观是贯穿中国特色社会主义理论体系的一条主线，要真正推进中国特色社会主义理论体系建设，就必须始终坚持马克思主义群众观，既要一切依靠人民，更要一切为了人民，为了最广大人民的根本利益而努力奋斗。

其三，要在准确把握中国特色社会主义理论体系的理论品质的基础上，不断推进中国特色社会主义理论的拓展和创新。与时俱进、开拓创新无疑是马克思主义的理论品质。马克思、恩格斯以开拓创新的勇气创立了崭新的马克思主义科学理论，以与时俱进的精神在实践中不断完善、充实和发展这一科学理论，并坚决反对对这一理论的教条式理解和运用，从而始终保持了与时俱进、开拓创新的理论品质，使马克思主义拥有了强大的生命力。列宁维护了这一理论品质，他非常强调具体事物具体分析，十分反对对马克思主义的教条主义态度。毛泽东等中国共产党人发扬光大了与时俱进、开拓创新的理论品质，实现了马克思主义与中国革命具体实践相结合的第一次飞跃，形成了毛泽东思想。中国特色社会主义理论体系同样得益于与时俱进、开拓创新的理论品质而形成。因此，与马克思主义理论品质一脉相承，中国特色社会主义理论体系的理论品质同样是与时俱进、开拓创新。中国特色社会主义的实践是不断发展的，这就从根本上决定了中国特色社会主义理论体系也是不断发展的。如今，人类社会进入了新的世纪，世界的政治、经济、文化格局发生了重大变化，中国的改革开放也进入到了“深水区”，我们的经济建设、社会文明建设、文化建设、党的建设以及政治体制改革等进入攻坚阶段，正处于历史性的关键时期。因此，我们在政治、经济、文化、社会建设等各个领域都必然地会遇上各种新情况、新问题、新冲突、新困惑。而如何在坚持马克思主义基本原理的基础上，准确把握时代发展规律，密切结合世界发展和中国当代社会发展的新特点、新趋势、新要求，进一步促进解放思想、与时俱进、开拓创新，从而促进社会主义现代化建设，这些都是中国特色社会主义理论体系要回答的重大问题。深入研究和科学回答这些重大理论和现实问题的过程，就是中国特色社会主义理论体系不断拓展和创新的过程。

## 二、强化马克思主义理论的开拓和创新

每一个时代要实现时代的自我意识，都需要创造与其相应的理论。事实上，历史上的理论，对于当代人而言，都只是“流”，真正的理论之源，就是所处的时代现实，这一点是坚持以实践为基础的马克思主义十分重视的。回顾马克思主义发展历史，我们不难看出，开拓创新、与时俱进本身就是马克思主义所具有的优秀品质，从马克思、恩格斯创立的科学理论开始，其中经历了列宁主义、毛泽东思想，再到中国特色社会主义理论，无不反映了这一优秀品质。所以，以开拓创新的精神，坚持马克思主义基本原理，运用马克思主义的立场、观点和方法，对当代的时代特点、时代要求、社会发展规律及未来发展趋势做出科学的理论分析，在坚持马克思主义的基础上，创造出反映时代特点、要求，引领时代进步的新的科学理论，是马克思主义理论发展本身的客观要求。

强化马克思主义理论的开拓和创新，在当代要注意从多维度去强化理论研究。其一，发展马克思主义需要有高度，即需要从人类历史发展的高度来分析当前社会的时代要求、时代特征特点、时代发展的规律及社会发展的趋势，准确把握人类社会前进的方向，正确揭示人类社会发展的客观规律，从而促进马克思主义的全面发展。其二，发展马克思主义需要有深

度，即理论研究要深深扎根于当代社会的现实，要对现实社会进行理性的深层思考，根植于现实深度，科学分析世界变化的客观情况、国家发展的实际情况、党的事业发展的真实情况及其新变化等，深入研究解决改革开放和社会主义现代化建设的新课题，从而实现在实践的基础上推进马克思主义理论的新发展。其三，发展马克思主义需要有宽度，即要以宽广的胸怀、宽阔的眼界，积极吸收人类一切优秀文化成果。当代人类社会政治、经济、文化、科学技术等各方面以超乎人们想象力的速度在发生深刻的变化。世界各国人民在不同的背景下创造了许多可供我们借鉴的优秀文化成果。如随着世界高新科技的发展，网络技术、信息技术、多媒体技术、数字技术、航天航空技术等科学技术的开发和运用，使人类认识世界的能力有了极大的提高，使人类认识世界的工具得到极大的改进，人类改造世界的能力也得到了前所未有的提高。对待世界各国的科学技术新发展，我们应当以虚心的态度加以科学的吸收，不仅要用当代先进的自然科学新成就、新成果来证明马克思主义的正确，更应当从中总结出当代的科学研究方法和科学思维方法，以实现在当代科学的基础上发展马克思主义的理论、观点。同时，随着现代社会的快速发展，世界也出现了许多有影响的社会科学家，如早一些的弗洛伊德、萨特以及近一些的约瑟夫·S. 奈、亨廷顿等，他们因受立场或利益等限制，所提出的理论观点有不同的局限性，但也在不同的程度上反映了现代社会的要求、特点及发展倾向，因此，我们应当有针对性地去其糟粕，科学地吸收其理论的“合理内核”，从而推进我们发展马克思主义理论的进程。

### 三、推动马克思主义理论大众化

党的十七大报告特别强调了推动马克思主义理论大众化的问题。事实上，开展宣传、普及中国特色社会主义理论体系活动，推动马克思主义大众化，是一项关系到党的执政地位巩固、实现中国社会主义现代化以及中华民族伟大复兴的战略性工程。因此，当前加强理论建设，必须要推动马克思主义大众化。理论大众化的一般含义是指通过具体化、通俗化等环节，使抽象的理论为广大民众所理解、认同、接受并内化于行动之中的过程。马克思主义大众化就是把马克思主义由理论的高度抽象转化为具体生动、通俗易懂，由被少数人理解、掌握转变为被广大人民群众所理解、认同、接受并内化于行动之中的过程。马克思主义大众化的目的是使马克思主义科学理论覆盖我国社会的各个领域，让马克思主义理论成果通过各种形式为各阶层、各领域所理解、掌握进而用于指导实践。因此，马克思主义大众化的本质就是运用马克思主义理论，教育、武装广大人民群众。

首先，大众化是马克思主义的内在要求。马克思主义一方面是人民大众认识世界和改造世界的科学指导思想，另一方面也是广大人民群众实践经验的科学理论总结。其次，实践性是马克思主义最本质的特征。在《关于费尔巴哈的提纲》中，马克思就非常明确地指出，自己的理论学说与以往的理论学说不同，而根本区别之处就在于，以往的理论学说看不到实践的关键性作用。马克思指出："哲学家们只是以不同的方式解释世界，而问题在于改变世界。"马克思、恩格斯不仅把实践的观点看作是自身理论体系的基础和核心，而且特别强调自身理论体系改造世界的实践功能，他们强调："对实践的唯物主义者即共产主义者来说，全部问题都在于使现存世界革命化，实际地反对并改变现存的事物。"① 正是马克思主义的这种实践性决定了它从来都不是为"理论"而"理论"、为"思辨"而"思辨"的"世界之外"之遐想，而是根植于现实的"自己时代精神的精华"。因此，具有以实践为本质特征的马克思主义，必然要自觉置身于社会实践，在实践中检验和发展自己。而实践的主体，在马克思主义看来，从来都是推动人类社会发展的广大人民群众。因此，马克思主义要置身于实践，内在地、必然地要与广大人民相结合，在广大人民群众的实践中使自己的理论丰富并获得发展。由此可见，马克思主义大众化是其本质属性的内在要求。马克思主义只有被广大人民群众所理解、认同、运用，才能

① 中共中央编译局：《马克思恩格斯选集》（第1卷），北京：人民出版社，1995年，第75页。

在实践中发挥应有的作用，进而转化为强大的现实物质力量。作为当代中国马克思主义——中国特色社会主义理论体系，同样需要大众化才能被广大人民群众所理解、掌握和运用：只有通过马克思主义大众化，才有助于推进社会主义核心价值体系建设；只有通过马克思主义大众化，才能有助于牢固树立中国特色社会主义的共同理想；只有通过马克思主义大众化，才能有助于深入学习贯彻科学发展观等重大战略思想。总之，只有通过马克思主义大众化，才能使中国最广大人民群众理解、认同、掌握、运用中国特色社会主义理论体系，从而推动其建设和发展。

### 四、建设社会主义核心价值体系

中国特色社会主义核心价值体系是党的十六届六中全会提出的新科学概念，它是中国特色社会主义文化的核心。一个民族的文化之所以能够成为凝聚其国民的精神力量，最主要就是通过文化建设能实现其国民对其所倡导的核心价值的认同。由于当前我国正处于世界政治多极，经济多变，文化大碰撞、大交融的时期，先进文化与落后文化并存、健康文化与腐朽文化同在，如果不强调用一种先进的科学的核心价值体系去引领多样化的社会思潮，去发展和巩固健康、积极的主流意识形态，那么民族凝聚力就会下降，民众的团结向心力就会减弱，文化建设将会功败垂成，文化作为民族的凝聚力、创造力的功能将无从实现，因此，可以说建设社会主义核心价值体系显然是中国特色社会主义文化繁荣、发展的现实要求，是提高我国综合国力的重要保障。当然，建立社会主义核心价值体系不是一个一蹴而就的过程，而是有其自身文化建设特征的客观发展过程，因此，应当贯穿到国民教育和文化建设的全过程，融入文化领域的各个方面：充分发挥教育的功能，使广大青少年学生在其成长的过程中逐步认同社会主义核心价值观；着力发挥新闻舆论的社会影响力，用正确的舆论导向，引导广大民众认同社会主义核心价值观；积极运用各种文学、艺术形式，尤其是当代广大民众乐于接受的影视、动漫、音乐等文化艺术形式，把社会主义核心价值体系的深刻内涵和精神实质具体化、形象化，让民众在享受真、善、美的过程中逐步了解、认识、接受、认同直至践行社会主义核心价值观。

## 第二节 加强社会主义道德建设

道德如同许多其他概念一样，是一个内涵十分宽泛的概念。关于道德的含义，古今中外有诸多界说。在我国古代，“道”与“德”曾经是分开界说的，一般而言，“道”既是指事物运动变化的规律，也被引申为要人们遵守的社会行为准则、规矩或规范；“德”即得，指人们认识并遵循了“道”，使得自己和他人都有所得益，便为有“德”。到了我国春秋战国时期，开始把“道”与“德”连起来使用，思想家荀子在《劝学》篇中说道：故学至乎礼而止矣，夫是之谓道德之极。意思是说如果能按照“礼”(即“道”)的规定去做，就可谓达到了道德的至高境界。荀子也开始把道德视作道德品质、道德原则、道德规范等。西方的“道德”一词起源于拉丁语 moralis，其意为风俗与习惯，后来引申为道德规则、规范、善恶评价等。这些界说各有其特点，也有一定的合理性，但也有其局限性。马克思主义在吸收前人优秀思想成果的基础上，运用科学的方法，对道德现象进行了全面、科学的分析。

马克思主义认为，道德是调整个人之间、个人与集体以及社会之间关系的行为规范总和，它包括伦理思想、情感、情操等。道德是依靠舆论、信念、传统、习惯等来起作用的精神力量，它以善与恶、高尚与卑劣等一系列道德观念去约束和评价人的行为。道德既是一种善恶观念标准，又是一种行为标准；表现为道德心理、意识以及行为和活动，还表现为道德原则和规范。道德与社会经济基础的联系较为密切，会随其变化而或迟或早地发生相应的变化。因此，现实社会中不存在抽象的、“永恒”的道德。在阶级社会里，道德就具有鲜明的阶级性，不同的阶级有不同的道德规范、道德评价标准，各个阶级都从自己的立场出发、用自己的道德观念去评价人们的行为。但马克思主义认为，这并不等于说道德评价没有客观标准。道德评价的客观标准，就是人们的行为是否有利于人类历史的发展和社会的进步。有利于人类历史的发展和社会进步的行为，才是合乎道德的行为。

道德是一种特殊的社会现象，有其特殊的结构。从范围而言，它包括两方面，即个人道德与社会道德；从层次而言，则包括道德意识、道德关系、道德活动三个层次，作为道德意识它是主观的现象，作为道德关系它是客观的现象，作为道德活动它则是主观见之于客观的现象，三者的有机统一就构成了包括个人道德与社会道德在内的全部道德现象。马克思主义认为，道德的本质是由一定经济基础所决定的社会意识形态。唯心主义者认为，道德是“善的理念”“绝对观念”“神的意志”“内心活动”“主观意志”等，它们都否认了道德的客观物质基础，歪曲了道德的本质。恩格斯早已明确指出：道德是其所处时代的产物。

道德具有多方面的功能，如调节、教育以及认知功能等。道德的调节功能是指道德具有调整人的行为和指导人的实践活动的功能，即道德用自己特有的原则、规范等去度量人们的行为，以“评价-命令”的方式，在进行抑恶扬善中，唤起人们的道德责任感，以逐步形成一定的社会舆论、传统习惯和内心信念，深层次地广泛地影响、调整人们的行为，协调人们的各种关系。道德的教育功能是指道德具有通过造成正面、积极的社会舆论，树立良好行为的榜样，形成高尚的社会风尚等方式，启迪人们的道德觉悟，帮助人们养成道德上的自觉性和主动性，培养人们的道德信念、道德理想，使人们形成一定的道德习惯、道德品质。道德的认知职能是指道德能够通过道德理念、道德判断、道德标准等反映个人与他人、个人与集体、个人与社会的利益关系，为人们指出与现实世界价值关系中的方向，给人们提供进行道德选择的相关知识，通过这样获得的知识，一般都会被内化为人们的内心信念，成为人们道德情感上对某种道德关系和道德行为的必然确认，进一步推动人们的道德行为从“现有”到“应有”的转化，进而较好地把握现实的客观必然性和历史发展的脉搏。

同时，道德具有重要的社会作用。道德作为一种由社会经济基础决定的特殊的社会意识形态，之所以能在人类社会生活中形成和发展起来，就在于它具有其他社会意识形态所不能代替的特殊社会作用，主要表现为以下几个方面：其一，道德能够促使产生它的经济基础进一步形成和巩固。道德通常有两方面的力量来维护自己的经济基础，一方面，是以自己的善恶标准去阐明自己的经济基础的合理性、进步性、正义性，同时对危害自己经济基础的各种思想、行为进行谴责，以达到维护、巩固、促进自己经济基础的目的。另一方面，对那些与自己相对立的经济关系，道德就会从自己所秉持的善恶标准去评价、谴责，从而加速那些与自己相对立的经济关系灭亡或延缓其发生，以维护自己经济基础的安全，使之得到巩固和发展。其二，道德影响社会生产力的发展。一方面，进步的道德力量会激发人们的劳动积极性、创造性的发挥，从而促进社会生产力的不断发展。这种激励创造力发挥从而促进社会生产力发展的作用，在科学技术发明创造中表现得非常典型；进步的道德力量还会协调劳动者之间的关系，使之相互支持、团结协作，共同完成生产过程，从而促进社会生产力的发展。另一方面，落后、腐朽的道德会阻碍社会生产力的发展。当受落后道德观念支配时，人们的劳动积极性、创造性就会受打击、受抑制；当把以不劳而获视为“荣耀”，把劳动视为“卑贱”甚至“耻辱”时，就会严重阻碍社会生产力的发展；当科学技术的重大发明创造被落后的道德习惯、道德观念所束缚时，将阻碍它的巨大作用的发挥，进而阻碍社会生产力的发展。其三，道德影响社会的稳定。以社会公德为例，它作为道德规范的重要组成部分，如果建设得好，那么就能为人们的日常生活和交往提供良好的社会环境，有力维护社会生活的稳定，从而促进社会的和谐发展。反之，将会扰乱人们的日常生活和交往的社会环境，从而危及社会的稳定、和谐。此外，道德在阶级社会中，还是阶级斗争的重要工具。不同的阶级会用各自的道德去调整阶级成员之间的关系，促进阶级成员之间的团结，以增强本阶级的战斗力，同时还会用自己的道德去影响敌对阶级的成员，从而削弱对方的力量。

上述论证表明，无论是从道德本身历史地形成的职能，还是从这些职能在具体的社会条件下的实现，即它的社会作用来看，道德对人类社会的发展都具有不可忽略的影响作用：既可以是积极的促进作用，也可以是消极的阻碍作用，这取决于道德所反映的经济基础是否适合社会生产力发展的要求。反映社会生产力发展的要求，维护社会进步的先进道德，是人类社会文明的重要构成部分，造就一个良好的道德行为规范是社会运转不可或缺的基本要求。而加强道德建设对于我国社会主义现代化建设的重要作用，邓小平早在 1986 年 1 月 17 日中央政治局常委会上就说得非常明白：经济建设形势喜人……但风气如果坏下去，反过来影响整个经济变质，发展下去则会变成贪污、盗窃、贿赂横行的世界。因此，笔者很认同以下的说法：从一定程度来说，优良的道德就是一个民族、一个国家的脊梁。没有了优良的道德，就等于没有了脊梁，这个民族、这个国家就会跌倒在前行的道路上，而且有可能永远不会再站起来，因为没有了脊梁。

我们党长期以来都强调对反映先进生产力发展要求的社会主义道德的建设，把社会主义思想道德建设归属于社会主义精神文明、文化建设的重要领域。改革开放后，我们党进一步加强了对社会主义道德的建设。现如今，我们进入了 21 世纪，国际、国内形势都发生了巨大变化，国际社会政治多极化、经济全球化、文化多元化等变化越发复杂；国内的改革开放进入了攻坚阶段，社会政治、社会经济、社会阶层结构、社会利益结构、社会生活方式等都正处于一系列的深刻变化中。社会意识反映社会存在，上述各种社会变化必然会反映到人们的意识之中，使人们的意识具有了更多的独立性、选择性、多变性和差异性，人们的道德意识、道德观念、道德关系、道德行为等也日益出现多样化的趋势。其中，有正确的与错误的、先进的与落后的、主流的与非主流的道德观念、道德意识相互交织，呈现出日益复杂的局面。在这样复杂的大背景下，当前如何加强社会主义道德建设，是中国特色社会主义文化建设面临的不可忽略的重要内容。

## 一、加强社会主义道德建设要坚持以诚信为本

诚实待人、讲求信用，是维护社会良性运转的基本道德规范，诚信更

是构建社会主义和谐社会的道德基础。只有人与人之间以诚相待、遵守信用才能处理好各种社会关系，建立和谐的人际关系，从而建成和谐社会主义社会。改革开放以来，市场经济体制的运行，一方面我们的经济建设取得了巨大成就，另一方面也出现了不少形式合理但实质不合理的弊端，一些人在市场经济等合理诉求的掩盖下，出现了不少道德规范的失范现象。因此，当前我们的社会主义道德建设必须坚持以诚信为本，大力加强各行各业的诚信教育，培育人们的诚信意识，强化“守信光荣、失信可耻”的价值观，践行诚信规范，引导人们在政务、商务、舆论、科研、学习等各类社会实践中，正确处理道德与利益的关系，切实奉行以诚待人、诚实守信的道德规范，充分利用现代网络技术，加快建立健全我国全社会范围的现代信用体系，把人们的职业行为、经济行为、社会行为等各方面的信用表现统一纳入社会信用体系，进行制度化管理，同时联合法制管理，从而实现诚信道德建设的制度化、规范化。

## 二、加强社会主义道德建设要强化社会公德建设

社会公德是指公民应当遵循的道德规范和行为准则。社会公德是人们用于维护社会公共生活秩序的道德法则，是整个社会道德体系的一个重要组成部分，它在人们长期公共生活的实践中逐渐形成并不断完善和发展。社会公德对于培育人们文明的道德意识、道德品质、形成良好的道德行为习惯进而维护整个社会的有序、稳定、和谐等，都具有重要的作用。其一，社会公德能促进社会建立新型的人际关系。社会公德要求人们相互尊重、相互关心、相互爱护、相互支持、相互信任、相互谅解，严于律己、宽以待人，等等。遵循这样的社会公德，就会有利于建立相互尊重、平和友好、谦逊虚心、热心助人等文明和谐的新型人际关系，进而促进社会主义道德建设。其二，社会公德能促进形成良好的社会道德行为。社会公德要求人们在社会公共生活和社会交往中待人诚恳、举止得当、谈吐文明、风度大方、仪表讲究、志趣高尚，谴责待人冷漠、行为粗暴、语言粗俗、满口脏话、态度蛮横、情趣低下等行为，以促进社会公民形成良好的文明

习惯和优良的道德行为。其三，社会公德有利于社会秩序的稳定。社会公德以其文明的道德要求、道德规范、道德原则等对社会成员的公共生活、社会交往产生一定的约束力和控制力，促使人们在生产、工作、学习、生活中都要按一定的公共道德秩序进行，从而避免互相欺骗、互相谩骂、斗殴吵架等社会无序状态的出现，维持社会秩序的稳定和谐，保证人们社会生活的有序、平和、安定进行。由此可见，社会公德对维护社会正常运转、和谐和稳定发展具有不可忽略的重要作用。尤其是到了当代社会，随着高科技的快速发展和广泛应用，随着世界经济全球化的深入推进，人们的公共交往越来越密切、越来越频繁，公共生活的领域不仅从空间上不断扩大，而且从形态上也与传统观念有了区别，不仅有传统的有形空间，还有了无形的虚拟空间。因此，在当前新的时代背景下，社会公德在维护广大民众的利益、维护社会正常运转、促进社会和谐和稳定等方面的作用更加突出，我们必须大力加强以文明礼貌、尊老爱幼、遵纪守法、惩恶扬善等为主要内容的社会公德建设，促进文明和谐的新型人际关系完善，使人们之间更加相互尊重、平和友好；促进人与自然的和谐发展，使人们更珍惜资源、保护环境，从而使我国社会主义社会走上文明、有序、稳定、和谐、可持续发展的现代化道路。

### 三、加强社会主义道德建设要大力倡导职业道德

职业道德是指民众在从事职业活动的过程中必须履行和遵循的职业操守、行为准则。职业道德是一种特殊的行为调节手段，因此具有明显的特点：它的内容带有强烈的具体职业特征。这是因为它是由同各种职业特点相联系的特殊的道德要求所决定的，它通常是以“应该怎么样、不应该怎么样”的方式来表达社会对某种具体职业活动的特殊要求。各种不同的职业以不同的活动内容和活动手段，对社会负责及履行社会义务，进而逐步在各种特殊的职业实践中，在具体的职业生活环境中，形成了各行各业具体的职业道德。职业道德正是以这些职业特殊性区别于其他道德形式，并使各种不同的职业道德具有各自不同的个性特征，而一旦形成不同个性的

职业道德特征之后，便具有较强的稳定性，往往表现为世代相传的职业道德传统，内化为执业者比较稳定的职业道德心理和职业道德习惯。此外，职业道德的特点还表现在它有明确的约束对象和十分具体的道德形式。各具体的职业道德约束对象只是该职业活动的从事者，超出这个范围就不具有道德调节效力。

另外，职业道德具有具体性。各具体的职业道德一般都从该职业的道德实践中提炼出一些非常具体而明确的道德准则、道德要求，通常采取比较具体、明确、多样的形式，如岗位职责或守则、服务公约等，来约束本职业的从业人员，而这些具体的职业道德形式更易于在从业人员思想意识中形成职业道德意识、观念，并付诸实践，同时也便于被服务对象所了解、掌握，作为评价从业人员职业道德优劣的标准。因此，在各行各业中倡导职业道德，有助于从业人员认识到自己对社会承担的责任和应尽的义务，树立积极的劳动态度，以饱满的工作热情、最大的努力来完成工作任务，从而保证质量、提高效率，促进生产及工作的顺利完成。同时，倡导职业道德还有利于纠正各种社会的不正之风，使社会形成良好风气。职业活动是社会生活最基本、最普遍的形式。社会风气不好，很大程度上是通过职业活动表现出来的，如有人利用职权营私舞弊、任人唯亲；有人在经济工作中损公肥私、贪污受贿、坑蒙拐骗；有人在科研文化工作中弄虚作假，等等，这些不良社会风气都与各种职业道德失范相关。因此，大力倡导职业道德必然有利于纠正各种职业活动中的不正之风，从而改善整个社会的风气。当今社会由于生产力的不断发展，尤其是科学技术发展和应用的突飞猛进，社会分工趋向细化，职业类别趋向多样化，市场竞争越来越激烈，专业化强度也越来越高，这些都使得社会对各行业的职业道德、职业操守的要求越来越高。因此，必须倡导以爱岗敬业、公平公正、文明礼貌、服务他人等为主要内容的职业道德，培育各行各业从业者良好的职业行为和职业习惯，形成良好的职业道德风尚，从而有效促进整个社会主义道德建设进程。

## 四、加强社会主义道德建设要培育家庭美德

家庭美德是人们在各自家庭生活中应当遵循的道德行为准则，包括在处理家庭中长幼、夫妻等关系以及处理邻里关系时，应当遵循的道德行为准则。人类社会是由各个家庭所组成的，家庭道德建设必然地影响整个社会的道德建设。家庭道德建设是形成整个社会良好道德风尚的必要条件，社会的道德风尚是由人们的觉悟程度、道德意识、道德观念、道德行为等决定的，如果组成社会细胞的各个家庭道德建设好了，走入社会的各个成员就会有较高的道德素质、道德水平，从而有利于整个社会形成良好的道德风尚。家庭道德建设有助于调整社会成员之间的关系，有利于维护社会的安定和谐，一个具有家庭美德的家庭，会成为一个幸福指数较高的家庭，其成员不仅能够自己精神饱满、乐观进取地工作、学习，而且会使这种良好的品德影响到其周围的同事、朋友、亲戚等，从而有效维护社会的安定和谐。在我国古代，思想家们在谈到个人修为与齐家、治国的关系时，排在前面的就是个人要加强道德修养，即遵循应该遵守的家庭道德行为准则，把家庭的和睦、幸福维护好，在此基础上把国家治理好，把社会管理好。由此可见，家庭美德的培育关乎整个社会的社会主义道德建设。尤其是当前中国社会正处在转型时期，各种利益格局正在调整、生活方式也在发生巨大变化，因而各种利益冲突、各种刺激、各种诱惑等都在增多。为此需要我们大力倡导以家人互相关爱、互相尊重、互敬互谅以及邻里和谐相处等为主要内容的家庭美德，形成家庭和睦、幸福，邻里礼让、融洽，社会宽容、和谐的社会良好风尚。

## 五、加强社会主义道德建设要大力弘扬共产主义道德

“共产主义道德”概念是列宁在1920年10月所做的著名演讲“青年团的任务”中第一次提出来的，在以后的社会主义实践中不断得到发展、弘扬。在社会主义发展阶段大力弘扬共产主义道德，对社会主义道德建设具有深远的引领作用和强大的推动作用，这是因为它是人类发展历史上迄

今为止最进步的道德类型，因而是社会主义发展阶段道德建设追求的目标。共产主义道德是建立在生产资料公有制之上的，它与私有制下道德为维护私有财产服务、为巩固私有制服务的狭隘性、有限性有本质的不同。由于它在公有制的基础上产生，因而突破了以往道德所具有的局限性，维护的是人类发展的整体利益。因此，共产主义道德具有更先进的社会作用，主要表现在以下几个方面：其一，弘扬共产主义道德，促进生产力发展，为社会主义经济建设服务。高尚的共产主义道德的宣传和教育，能够培育人民的高尚道德品质，促进社会形成良好的道德氛围，有效激发人民全心全意投入社会产生，投入科学技术的研究、开发和利用，从而促进科学技术进步，促进社会生产的发展，有力维护社会主义经济基础的巩固和发展。其二，弘扬共产主义道德有利于培养新一代建设人才。随着社会不断向前发展，对建设人才的要求也越来越高、越来越全面，不仅要求有高水平的现代科学文化知识、技能，同时也要求人们具有远大的理想和志向、奉献的精神、协作的态度、开阔的视野、全局的观念、整体的视角等，这些都需要对共产主义道德精神的弘扬和培育。其三，弘扬共产主义道德有利于当前改革开放的深入推进。当前我国改革开放进入“深水区”，会在更深层次触及人们的利益，会遇到更多新问题、产生新矛盾，弘扬共产主义道德能使人们培育大局观、整体观，更自觉地维护国家、民族的长远利益以及全局、整体利益；使人们培养谦逊、谦虚、谦让等优良品质，使当前改革开放过程中遇上的矛盾、问题、冲突等能在文明的层面上到达理想的解决效果，从而有效促进改革开放的深入推进。上述论证表明，弘扬热爱和平、热爱生命、热爱劳动、追求真理、维护正义、乐于奉献等共产主义道德，是当前社会主义道德建设的重要内容，它们之间有着不可割裂的内在联系。

综上所述，道德建设是一项关乎国家和民族未来的重大工程，面对当前世界范围内各种思想文化、道德观念的相互激荡，道德建设不时会出现新情况、新问题。因此，这项建设工作任重而道远，并非一日之功，需要长期不懈的努力。这就要求我们在中国特色社会主义文化建设过程中，在中国特色社会主义理论体系的指导下，要牢固树立社会主义荣辱观，着眼于增强公民社会责任意识，积极引导人们树立正确的道德观念，正确处理国家利益、集体利益和个人利益的关系，着眼于切实强化社会公德、大力倡导职业道德、积极培育家庭美德、弘扬共产主义道德，全面推进社会主义道德建设。另外，要通过家庭、学校、机关、企事业单位、社会机构等各个影响人们道德观念形成和发展的重要环节，坚持不懈地在全体公民中进行道德教育；通过有效运用传统节假日、庆祝日、纪念日等宝贵的教育资源，引导公民爱国、爱家、懂礼，不断提高其道德情操。通过加强青少年道德教育工作，使其爱国、爱民，诚实、谦虚、自爱、自强，等等；坚持贴近实际、群众、生活的原则，从群众最关心的具体事情入手，大力宣传和弘扬求真务实、开拓创新等时代精神，使道德建设既体现优良传统，又反映时代特点，使其充满生机与活力，逐步在全社会形成共同的理想追求与道德风范，从而促进社会主义道德建设持续、稳步向前发展。

## 第三节 繁荣发展哲学社会科学

繁荣发展哲学社会科学是中国特色社会主义文化建设的重要内容。哲学社会科学研究方向的正确与否，对人们的思想意识和社会道德风尚、社会的稳定和发展都会产生巨大而深刻的影响，甚至关系到国家、民族的兴衰。事实上，哲学社会科学是一个国家的综合国力的重要组成部分，一个民族的兴旺发达，除了物质力量的增强，还必须有包括哲学社会科学在内的社会文化的繁荣和发展，哲学社会科学与自然科学共同推进人类文明的进步。

我们党是一个高度重视理论建设和理论创新的政党，历来十分重视哲学社会科学的发展。在艰难的革命战争时期，我们党坚持传播马克思主义、推进马克思主义中国化，产生了一批重大的哲学社会科学成果，如由郭沫若所著的《中国古代历史研究》、艾思奇所写的《大众哲学》等。新中国成立之后，我们党逐步制定和完善哲学社会科学研究工作规划，鼓励编写和出版哲学社会科学教材，规范哲学社会科学教学体系等。党的十一届三中全会以来，我们党对哲学社会科学的认识更为深刻和全面。我们深刻认识到了哲学社会科学的繁荣和发展与党的指导思想的与时俱进之间的内在关联；充分认识到了哲学社会科学的繁荣和发展与国家综合国力的密切联系；深刻认识到了繁荣发展哲学社会科学与弘扬、培育民族精神的高度相关性；全面认识到了哲学社会科学的繁荣和发展对人的全面发展的重要作用。在这样的视域下，我们党更加重视哲学社会科学的繁荣和发展，因此，改革开放以来，我国哲学社会科学工作取得了显著的成就：产生了丰硕的哲学社会科学研究成果，如形成并逐步完善了体现马克思主义理论要求、具有中国特色的哲学社会科学教材体系；设立国家社会科学基金，带动了数以万计的哲学社会科学研究项目，建立了富含哲学社会科学研究成果的"国家社会科学基金成果文库"，等等。与此同时，我们还形成了各类学科较为齐全的哲学社会科学学科体系，包括基础学科、应用学科以及新兴、交叉学科等。此外，我们也逐步建立健全了党委领导、各部门分工负责的管理机制，既强调了正确方向引导，又突出了调控机制，增强了活力，培育了创新能力，从而造就了一批著名的思想家、理论家、优秀学科带头人及教学名师、年富力强的中青年理论骨干等，为哲学社会科学大繁荣大发展奠定了坚实的基础。当今社会，我们更需要大力发展哲学社会科学，因为从国际视野看，随着世界全球化的推进，世界政治、经济格局以及文化的演进等都发生了巨大的变化，世界发展的新趋势需要我们去不断探索、把握；资本主义发展新的动态需要我们去分析；社会主义发展的新情况需要我们去研究；资本主义与社会主义关系的新变化需要我们去认识。从国内发展状况看，当前我们正处于社会经济、政治发生深刻变化的时期，改革开放也正处于关键阶段，各种社会矛盾交织，许多改革开放之前未曾有的新情况日渐显现，不少新问题正在凸显。科学论证及合理解决上述问题，都离不开哲学社会科学的繁荣和发展，因此大力发展和繁荣哲学社会科学，是当前中国特色社会主义文化建设不能忽略的基本内容。

## 一、深入推进马克思主义理论研究和建设工程

首先，要加强对马克思主义基本原理的研究，包括马克思主义经典著作研究，有关资料的编辑、翻译，等等。在各类课题组深入研究的基础上，形成丰富的研究成果，全面深化对马克思主义理论的认识，把握马克思主义的整体性、系统性，科学掌握马克思主义的立场、观点和方法。其次，在把马克思主义理论确立为一级学科的基础上，逐步形成哲学社会科学学科体系的总体框架。切实投入与一级学科相应的财力、物力、人力，组建与一级学科发展需要相对应的学科研究团队，建立和完善有较强研究力量的马克思主义一级、二级学科博士点、硕士点，防止淡化马克思主义学科建设，防止边缘化马克思主义学科建设。再次，要形成和不断完善马克思主义理论的教材体系。要组织马克思主义理论研究力量雄厚的研究团队编写出包括各门专业基础理论课、专业主干课以及几门高校思想政治理论课在内的反映新形势变化的教材，逐步形成既有马克思主义理论水准又有当代中国特点的哲学社会科学教材体系，并且根据时代的变化发展，不断充实和完善哲学社会科学教材体系，以切实保障进入我们学校课堂、我们学生头脑的是与时俱进的科学的马克思主义理论。最后，要编写和不断充实反映马克思主义理论发展的通俗理论读物。如果说建设有深度理论水准的克思主义理论教材体系能够有利于满足广大在校学生对科学马克思主义理论的需求的话，那么，要满足广大人民群众对马克思主义理论的需要，则必须编写和不断充实反映马克思主义理论发展的通俗理论读物。另外，在这些通俗理论读物中，要从马克思主义的基本立场出发，运用马克思主义的科学观点及方法，对改革开放新的历史背景下，广大人民群众普遍关心的理论问题和社会热点问题进行有一定理论深度又通俗易懂的阐述，为群众释疑解惑，让人民群众在理解日常生活的事物中，逐步理解、运用进而内化马克思主义的立场、观点和方法。就目前的现实来看，这样的建设工作不是做得太多了，而是太少了。而对人民群众进行马克思主理论的宣传教育，恰恰是马克思主义理论建设的基础和出发点，离开了它就

谈不上真正的完整意义上的马克思主义的理论建设，因为我们知道，将马克思主义基本理论运用于实践的主体就是人民群众。

## 二、加强马克思主义理论学科建设

要促进哲学社会科学的繁荣和发展，必须加强马克思主义理论领域的各类学科建设，包括基础学科、应用学科，以及新兴、交叉学科等。另外，要注重基础研究与应用对策研究的密切结合，以基础研究带动应用对策研究，以应用对策研究促进基础研究；注重交叉学科、新兴学科的研究，既包括自然科学与哲学社会科学的交叉渗透，也包括哲学社会科学不同学科之间的交叉渗透，从而产生更多新兴学科，出现更多哲学社会科学研究成果，有效推动其繁荣和发展。

## 三、加强对全局性、战略性、前瞻性问题的研究，充分发挥哲学社会科学服务经济社会的功能

如前文所述，当前世界正处于多极变化的时期，我国社会主义建设事业处于关键阶段，错综复杂的国际形势和繁重的国内建设、改革任务，都要求有全局性的、战略性的、前瞻性的科学理论进行指导。这就要求哲学社会科学要克服以往研究滞后、与实际需要相脱节等现象；加大深入研究经济、政治、文化、社会建设的力度，对现代化建设面临的现实问题，要努力予以持续有力的科学阐释，为决策部门提供有价值的科学指导，使科研成果尽快地转化为现实经济效益及社会效益；对事关全局的、战略性的重大现实问题，要作为主攻研究方向，进行全面、深入的科学研究，做出有前瞻性的科学研究成果，在实现推动哲学社会科学自身繁荣发展的同时，有力推动我国社会主义现代化的建设进程。

## 四、加强哲学社会科学创新工程建设

在党的十七届六中全会的《中共中央关于深化文化体制改革　推动社会主义文化大发展大繁荣若干重大问题的决定》中，提出了加强建设这一

创新工程的任务，这是党中央在国际、国内形势发生深刻变化的情况下，在建设创新型国家的客观要求下，所做出的重要战略举措，是党中央重视哲学社会科学的重要表现。实施哲学社会科学创新工程，并非仅指单个项目的创新，而是一系列的创新。一是学科体系的创新，即要在巩固和发展马克思主义学科的基础上，着力打造一批具有世界影响力的优势学科，同时重点建设有传统优势的学科、有地方特色的学科以及新兴学科，逐步使中国哲学社会科学学科体系结构更合理、门类更齐全、特色更鲜明，从而实现我国哲学社会科学学科建设史上的创新性发展。二是学术观点的创新，即鼓励我国广大哲学社会科学工作者加强深入研究我国经济、政治、文化、社会建设的现实问题，科学总结和提炼实践经验，合理吸收世界各国哲学社会科学研究的积极成果，不断创造性地发展体现时代内涵和当代实践要求的新的学术观点。三是科研方法的创新，即在坚持马克思主义唯物辩证法这一根本方法的基础上，充分利用现代网络技术、信息技术，融合现代自然科学技术的多种研究方法和手段，促进哲学社会科学与自然科学的合作，建立跨部门学科研究平台，实现哲学社会科学研究方法和手段的不断创新，从而不断推出反映时代精神、达到国家水平、产生世界性影响、经受得起社会实践检验的高水平的哲学社会科学研究成果。

## 第四节　优先发展教育

我们党的十七大报告明确提出了优先发展教育的任务，突出了发展教育事业在中国特色社会主义文化建设中的重要地位。人类发展的历史表明，教育是人类文明传承和发展的基础，在经济社会发展中教育起着基础性、长远性等重要作用。因此，重视教育、发展教育将会促进国家的发展、振兴。中国古代文明灿烂辉煌，赢得了世界的肯定和尊重，一个重要的原因是我国儒家一贯具有尊师重教的传统。中国古代思想家大多注重教育，强调教育的重要性，用教育开发民心、用教育启迪民智，使中国古代人民创造了受世界敬仰的四大发明，留下了灿烂的中国古代文明历史。在世界发展史上，也有不少民族注重发展教育而使民族获得振兴、腾飞，日本便是其中的典型。第二次世界大战后的日本，其经济陷入了极其困难的境地，为了从战后废墟中尽快恢复过来，日本十分强调教育的作用，还提出了“教育立国”的口号。这为其后来的经济腾飞打下了坚实的基础。我们党继承了我国历史上注重教育的优良传统，借鉴了国外发达国家的成功经验，长期以来注重发展教育。1949 年 9 月，刚获得国家执政地位的中国共产党，就在《中国人民政治协商会议共同纲领》中规定了新中国教育的总方针，明确了人民政府的文化教育工作任务。随着历史的发展，为了适应社会发展的新需要，我们党不断注意教育方针的修改和完善工作。进入改革开放、社会主义现代化建设时期，为适应新时期社会发展的新要求，我们党在认真总结教育事业发展的正反两方面经验和教训的基础上，又提出了教育必须为社会主义现代化建设服务的新时期教育方针。到了党的十六大报告中，又得到了新的充实：坚持教育为社会主义现代化建设服务，为人民服务，培养德智体美全面发展的社会主义建设者和接班人。而到了党的十七大召开时，我国的改革发展进入了关键阶段，面对着我国政治、经济、文化、社会建设发生的巨大变化，我们党更加注重教育问题，对教育提出了非常全面、具体的要求，如学前教育要重视，特殊教育要关心；义务教育阶段、高中教育阶段以及职业教育和高等教育阶段，要注意优化教育结构，提高教育质量；要更新教育观念，包括深化考试、招生、质量评价制度、教学内容、教学方式等改革；加大财政投入，加大对贫困地区、民族地区教育的扶持力度；要重视对教师队伍的建设，尤其是农村地区、民族地区的教师队伍建设；拓宽、创新教育渠道、方式方法，等等。上述几十年党的教育思想不断发展、完善、充实的历史事实表明，我们党一贯重视教育，对教育规律的认识、把握不断深化、不断拓展。正是在党的重视下，在全国人民的努力下，我国的教育事业不断发展、不断进步，尤其是近年来，更是取得了令人瞩目的成绩，我国从业人员中受过高等教育的人数已经位居世界前列，正在加速实现从人口大国向人力资源大国、强国的转变。教育事业的发展为推进整个中国社会政治、经济、科技、文化以及社会建设发挥了重要的作用。随着人类社会进入知识经济时代，知识以其巨大的威力、以人们难以想象的速度，深刻地影响着人类政治、经济、文化及社会建设的发展；知识、智慧、技能等的作用比以往任何时候都要大，知识已经成为人们生活的重要资源，成为推动人类社会进步的重要动力。更为值得注意的是，在知识经济时代，知识快速更新，直接引起社会方方面面的深刻变化，以至于世界发达国家竞争的焦点已经高度集中在知识发展、知识创新之上。在这样的新时代背景下，教育的作用就尤为重要了，因此，如何优先发展教育，就成了中国特色社会主义文化建设的重要内容。

## 一、推进教育公平，促进教育优先发展

一般而言，教育公平是指社会成员能够平等地分享社会公共教育资源。教育公平是社会公平问题在教育领域里的体现，是推进人类社会平等的强有力工具。对于这一点，美国著名教育家贺拉斯·曼就曾经很明白地说过："教育是实现人类平等的伟大工具，它的作用比任何其他人类文明都要大得多。"① 我们党对教育公平问题也越来越重视，胡锦涛在2007年全国优秀教师代表座谈会上明确指出，"要把促进教育公平作为国家基本教育政策"。温家宝则把教育公平与社会公平联系起来，他强调"教育公平是重要的社会公平"。到了党的十七大报告，就明确指出，"教育公平是社会公平的重要基础"。教育公平之所以对社会公平起着基础性的重要作用，原因有以下两个方面：一方面，教育公平从起点上为人们提供公平竞争的机会。在当今时代，人们的就业竞争越来越激烈，而在就业之前能否获得良好的教育就成为非常重要的因素，因此，教育公平可以赋予每个受教育者相同的受教育机会，让人们在平等的基础上，培养自己的能力，挖

---

① （美）约翰·布鲁贝克著，王承绪译：《高等教育哲学》，杭州：浙江教育出版社，1998年，第71页。

掘自己的潜力，激发自己的创造力，从而获得为将来进入竞争社会做好准备的公平机会。另一方面，教育公平有助于实现公共产品的公平配置。教育是一种既涉及人们当前利益，又涉及人们未来长久利益的公共产品。人们在消费教育产品时，既可以使自己获得知识和技能，又可以提高各个社会成员的文明素质，从而促进整个社会文明的发展。因此，实现了教育公平就为社会公平打下了最深层的牢固基础。正是基于教育公平对实现社会公平的重要基础作用，我们党十分强调要促进教育公平，把它作为我国教育改革和发展的目标，并在实践中取得了十分突出的成就：全面免除农村义务教育学杂费，在一定程度上促进了义务教育均衡发展；为满足人民大众对教育的需求，各级各类教育不断扩大招生规模，大大增加了人民接受良好教育的机会；在高校、高等职业学校、中等职业学校逐步建立了国家奖学金、助学金制度及助学贷款制度；积极推进农民工子女接受义务教育工作，等等，努力使教育体现出最大的社会公平。然而，我们也必须清醒地看到，目前我国还普遍存在教育不公平的现象，无论从教育机会、教育过程还是教育结果看，教育不公平的现象都不是个别现象，有的地方、有的方面甚至还相当严重。

教育不公平现象的存在，极大地影响着我国教育事业的健康发展，也极大地影响着社会主义和谐社会的发展进程。特别是随着现代社会的不断发展，人们对教育公平的认识和要求也在不断发展。目前，我国许多民众对教育公平的认识与要求不再是只停留于教育起点的公平，已进入到追求教育过程及教育结果的公平。越来越多的普通百姓要求“上好学”的愿望越来越迫切，对优质教育资源的需求越来越强烈，因而促进教育公平的问题，无论从理论还是从现实层面，无论从全国还是从局部地区，无论从国家还是个人角度而言，都具有十分迫切的现实意义，因此，促进教育公平发展已经是我们不能回避的重大现实课题。在当前的情况下，加大政府调控，实现合理分配教育资源，是必要的措施。国家掌握着全国的教育行政权力、人事配置权力、财政划拨权力、教育立法权力等重要的教育资源调控杠杆，因此，国家应当充分利用这些教育资源调控杠杆，加强政府调控，加大对西部地区、农村地区、民族地区、低收入人群等教育基础薄弱、教育资源少的地区和人群的政策倾斜和财政倾斜。对于加强政府调控，实现教育资源合理、优化配置的重要性，我国学者已有较为深刻的认识："教育资源均衡化是大势所趋，只有在城乡之间、地区之间、校际之间进行教育资源的优化配置，做到存量部分在本地区均衡，增量部分向薄弱地区倾斜，才能在教育产品这一公共属性上实现起点公平、普遍受益。"① 建立健全教育法制，是促进教育公平的有效措施。新中国成立，人民当家做主，已经从根本上保证了我国人民大众享有包括受教育权利在内的各种管理国家、建设国家、发展国家的权利。我国的根本大法《宪法》及相关法律自然也体现了全体公民拥有受教育权利的公平原则。但随着现代社会的不断发展，人们对教育的认识在变化，对教育的需求在质和量上都在改变、在增长。传统上法律条文中对教育公平原则的规定，已经不能全面地、符合时代要求地反映人民对教育公平的真实、迫切的要求，因此要有效地保障人民在教育起点公平、教育过程公平、教育结果公平等方面全方位的教育公平权益，必须改进、完善原有的教育法律、法规，必须建立健全新的与社会发展需要相适应的教育法律、法规，如应尽快修订、完善我们已有的《教师法》《高等教育法》《职业教育法》等；应尽快考虑制定如《农村教育法》《学前教育法》《特殊教育法》《远程教育法》《终身教育法》等，从而促进教育公平的实现。当然，我们也必须尊重事物发展的客观规律，要正确认识到教育公平的实现是一个复杂的社会系统工程，它涉及政治、法律、经济、文化及社会建设等多方面的因素。它也是一个具体的、逐步实现的历史发展过程，因而带有相对性、具体性、过程性。为此，我们必须要引导广大人民群众树立科学的教育公平观念，正确认识教育公平的相对性、具体性、过程性，避免对教育公平的绝对化、简单化理解。防止把教育公平解读为教育资源的平均分配、教育机会的绝对均等；防止脱离现实的生产力发展水平、教育发展阶段等具体现

---

① 赵彦宏：《构建和谐社会要求教育公平》，《光明日报》，2005年6月29日。

实条件，盲目追求教育公平。另外，要站在现实的基础上，有条件地、循序渐进地、稳妥地强化教育公平的建设，真正做到以科学的发展观促进教育公平发展，否则将会影响教育公平的有效推进，进而影响整个教育事业的健康、有序发展。

## 二、更新教育观念，促进教育优先发展

我国有悠久的教育发展历史，有许多宝贵的教育经验、优良的教育传统，这些都是我们发展当代教育事业的重要基础。但一些与新时代发展要求不相适应的传统教育观念，如果不进行更新，就会束缚人们的思想，进而阻碍当代教育事业的发展。在我国传统教育观念中，通常比较局限于教师运用课本面授、图书馆资料借阅、实验室实验等几种有限的学习途径，但当代社会已经发生了巨大的变化，由于网络技术、信息技术等现代科学技术的广泛应用，人们的教与学已经大大超出了上述几种传统的教学途径：人们可以自己检索数据库，运用远程专家教学系统自学、自测，以及通过国际联网向世界已经联网的各学校调阅资料等，来使自己不断获得知识、提高技能、拓展能力。在传统教育观念里，教育更多是指教师用一以贯之的课堂讲授，向受教育者传输具体的知识、技巧。但在当代社会，教育已经不再局限于告诉学生现成的知识，更重要的是，要让学生去参与、体验发现知识的过程，去挖掘自己的潜力，去培养自己的能力等，这样的教育结果与传统的耳提面命式讲授相比有显著的区别。在传统观念里，教学通常局限于学堂、学校，但在当代社会，由于网络技术深入社会、深入家庭，已经使社会教育家庭化、家庭教育社会化。当代知识的快速更新，学科之间的交叉、渗透加剧等，使人们必须随时学习，在学校要学习，在工作岗位要学习，在家庭里也要学习；同时，人们还必须不断学习，在学生时代要学习，出了校门依然要学习，终身学习已经是普遍趋势。在传统教育观念里，教育的目的是灌输知识和传授劳动技能。而在当代教育理念里，教育的目的已经转变为提高劳动者的各种素质，教育的本质、教育的任务就是使人们的创造力得到提高，人们的素质得到全面发展。总之，教

育中以教师中心、以课堂为中轴的传统观念已经弱化，代之而起的是以学生为中心、以实践为基础的当代教育观念；教师以传播知识为主的传统观念也被弱化，代之而起的是教师必须注重培养学生掌握处理信息的方法，提高学生分析问题、解决问题的能力；培养学生的综合素质。正是在这样的时代大背景下，我们党顺应时代发展的需要，提出了要更新教育观念，要把素质教育作为教育的主题。因此，要通过全面实施素质教育，使传统教育观念的转变得到切实的实现，通过实施素质教育使我国广大人民群众的素质得到全面提高，从而有效实现我们的教育方针、教育目的，促进我国教育事业蓬勃发展。

### 三、加大投入力度，促进教育优先发展

从世界范围看，世界人才竞争日趋激烈，教育立国、教育兴国、教育强国已成为世界范围的共识，加大对教育的投入力度，已经成为世界大趋势。随着我们党对教育的认识逐步拓宽和深化，对教育的财政投入也在逐步增加。在党中央的高度重视下，各级政府机构不断努力，采取多种有效措施，尽可能地增加教育投入。特别是党的十六大以来，我国投入的教育经费有了明显的增加。仅以 2001— 2005 年为例，教育拨款每年就达到了 15.9% 的平均增幅①，这是比较高的教育投入年均增长幅度，在新中国教育发展史上是值得肯定的进步。但我们也必须清醒地认识到，这种教育经费的快速增长、高增幅依然没有改变我国的教育投入在国际上处于低水平的状况。以年人均教育经费为例，在全世界人均教育经费接近 500 美元时，美国、日本、韩国分别是 3000 美元、2000 美元、1100 美元，而我国则离上述国家的数字比较远，不足 100 美元，这是一个差距。特别是我们不多的教育经费又过多地用于高等教育，对于高等教育以外的其他教育而言，经费就更少了，如中小学义务教育的经费就明显不足，这可从生均经费指数（指各类教育生均经费支出占本国当年人均 GDP 的比例）看得出

---

① 焦新：《5 年来全国教育投入年均增 16.1%》，《中国教育报》，2007 年 10 月 15 日。

来，世界发达国家小学、初中生均经费指数分别是0.20和0.23，而我国只有0.13和0.16①，与发达国家相比，有明显较大的差距。这种不平衡严重制约了我国教育事业的整体发展。由此可见，教育经费投入的不足与加快教育发展之间的矛盾，是目前十分现实的重要课题，只有加大对教育投入的力度，才能有效地推进我国的教育事业发展。

我国教育经费投入不足以及教育经费分配不均等问题，已经成为制约我国教育事业健康发展的重要因素，进一步完善教育经费筹措机制，着力加大投入力度，成为优先发展教育的重要任务。

首先，要提高财政支出中教育经费所占比例。20世纪80年代，世界各国教育投入占GDP比例的平均水平已达5.2%，发达国家则达5.5%，而我国从1994年至今，绝大部分年份的教育投入占GDP的比例都低于3%。② 因此，一方面，我们在认识上要树立三个“优先”的理念：优先安排教育发展，优先保障教育投入，优先满足教育及人力资源开发的需要。另一方面，在具体操作上，在调整财政支出结构的基础上，要保障教育作为公共财政支出的重点领域，切实做到持续加大对教育的财政投入力度，从而促进教育的优先发展。

其次，要提倡和鼓励个人、团体以及企事业单位等集资办学、捐资助学。欢迎海外各类友好团体及友好人士对我国教育提供资助和捐赠，不断满足人民群众对教育的不同层次需求。

最后，有效运用各类金融手段，筹集教育资金，支持产学研联合，鼓励学校科研与企业相结合，拓宽学校教育、科研经费的来源；完善教育储蓄和助学金、奖学金、助学贷款等制度，着力保障低收入人群的受教育权利。

---

① 刘军：《加大经费投入，改善我国教育发展的“高原缺氧”现象》，《教师报》，2007年11月7日。

② 张筱强：《十七大精神深度解读·文化建设篇》，北京：人民出版社，2008年，第18页。

## 第五节　大力发展科学事业

当今世界国与国之间的竞争日趋激烈，竞争的焦点无疑是国家经济实力、综合国力，而归根结底又是科学技术的竞争，尤其是当今世界受资源短缺的困扰，加上资源分布不平均、资源分配不公平等原因，使得各国均面临着一个十分重要的课题：用科学技术换取或充分利用资源，还是用资源换取科学技术的问题。无论从哪个角度解决这个课题，在有限的资源面前，发展科学技术都是关键。科学技术已经成为推动社会发展的第一生产力，它不仅推动经济的发展、物质文明的进步，而且还渗透于社会生活的各个方面，影响着劳动者的素质，推动着社会精神文明建设的发展。因此，大力发展科学技术既是发展国家经济实力的需要，又是中国社会主义特色社会文化建设的重要内容。

### 一、加强基础性研究，促进科学事业发展

基础性研究是探索客观事物的发展规律，为人们认识和改造自然提供科学的理论和方法，并在此基础上实现新的发明、新的创造等。基础性研究的重大突破，会带动新兴产业群的崛起，引起重大变革。而人类历史上每一次重大的科学技术变革，都会极大地提高人们认识世界和改造世界的能力，从而促进人类社会的巨大进步。因此，加强基础性研究要重点关心与国家未来社会发展相关的重要基础理论及技术层面问题，密切关注与国家发展目标相关的问题，高度注意世界科学前沿问题，对国民经济及社会发展有重要带动作用的重大课题要进行重点攻克；加强基础性研究要注意发展综合交叉学科、新兴带头学科等，促进自然科学与社会科学的合理结合，重视软科学的研究和应用；加强基础性研究要注意不断增加研究经费的投入，加强对国家自然科学基金、国家社会科学基金、国家重点基础性研究计划及各项专项基金的监督、管理，强化各级重点实验室、重点研究

基地的建设；加强科研基础设施建设，提高科研仪器、设备的现代化水平，注重全国科技信息资源传输设施的现代化建设，提高信息交流和共享的现代化水平。

## 二、建设高水平的科研队伍，促进科学事业发展

其一，要在全社会范围内形成尊重知识、尊重人才的社会风尚。人才是宝贵的资源，科学技术人才是第一生产力的开拓者，是社会主义现代化建设的骨干力量。当前我国人才缺乏，尤其是富有创新精神的高级人才缺乏的状况，极大地影响着我国科学事业的发展，与我国社会主义现代化建设事业的发展要求也不相适应，因此，建设高水平的人才队伍已经成为十分紧迫的战略任务。其二，要善于发现人才，及时选拔各类学科带头人、学术带头人等。其三，要努力培养人才，要充分发挥高等教育及其他各类教育在培养人才中的主渠道作用，造就大批德才兼备的高素质人才后备力量，加快培养年轻一代优秀人才，为国家未来造就一流的科学家而努力。其四，要有效吸引人才，创设宽松、自由的研究环境，创造学术民主的良好氛围，重视支持优秀人才，特别是优秀青年学科带头人的创新研究，鼓励他们探索新的研究领域，创立新的科学理论，制定和完善鼓励创新的机制，充分调动知识分子的积极性，激发他们的创造性，努力为优秀人才解决生活和工作中的困难，为他们的成长创造良好的物质生活条件等，从而有效地吸引优秀的海内外人才为我国社会主义现代化建设贡献力量。

## 三、提高全民族的科学文化水平，促进科学事业发展

在当今世界，一个国家的科学技术水平，不仅仅表现在专业科技人才的数量、科学研究成果等方面，还表现在全体国民的科学文化水平方面。因为科学技术创新的源泉是广大劳动者的实践，科学技术的孵化、检验、应用、推广等一系列转化过程，都需要广大生产者来实现。如果广大劳动者的科学文化水平不高，会从源头上以及发展的前景上致命地制约着科学事业的发展。因此，提高全民族科学文化水平的任务十分紧迫。其一，要

借助学校、家庭等具有教育功能的一切社会资源，通过中小学教育、中等职业教育、高等教育、成人教育、网络教育、终身教育等一系列途径，培育广大人民群众的科学文化素养，提高生产劳动者的科学技术水平，造就大批具有高科学文化素质的劳动者和专业人才。其二，要广泛宣传科学精神，科技、教育、宣传等部门要通过各种宣传媒介，运用各种舆论工具、设施、场所，采取多种灵活多样的方法、形式等，在广大人民群众中大力宣传科学思想、科学方法、科学精神，帮助人民大众树立科学的世界观，使他们在掌握科学知识的同时，懂得用科学的方法、科学的立场和科学的态度去观察事物、分析情况直至解决问题。其三，要反对伪科学、反对迷信愚昧思想。当前我国科学技术水平已经有了较大的提高，但迷信、愚昧的现象并没有完全消失，在个别地方迷信、愚昧活动仍然存在，伪科学还有一定的市场。这些与科学相悖的现象，不断地愚弄着我国民众，扰乱着人们的思想观念，严重阻碍了科学事业的发展，阻碍了中国特色社会主义文化建设进程。因此，要坚决打击反科学的各类封建迷信违法活动，坚决取缔反动会道门组织等。其四，要引导国民热爱科学、崇尚真理，营造学习科学、运用科学的社会大氛围，倡导并培育文明、健康的生活方式，使科学精神、科学观念、科学方法深入人心，进而实现全民族科学文化水平的普遍提高。

### 四、发展高科技及其产业，促进科学事业发展

高科技及其产业是当代世界各国竞争的焦点。发展高科技及其产业是提高劳动生产率、促进社会全面发展的重要途径。发展高科技必须密切注意把握国际高新技术的发展趋势，紧密结合国家建设目标的需要，突出重点，围绕主要目标，组织以优秀人才为骨干的研究团队，集中力量，通力协作，努力实现重大突破和创新，促进我国在信息、生物、材料、能源、航天、海洋等重要领域接近或达到世界领先水平，尽快使我国在世界若干高科技重要领域中显示自己的力量。

随着知识经济的深入发展，高科技长入企业、形成产业，并成为国家

经济的重要支柱，已经越来越成为世界经济发展的重要趋势。众所周知，人类进入20世纪以后，科学、技术、生产的发展逻辑已经颠覆了20世纪以前的“生产－技术－科学”这样的排列，变成了“科学－技术－生产”的排列顺序，科学理论从最后一位跃居为第一位，走在了技术和生产的前面。纵观现代科学发展史，有许多这样的典型例子，如光量子理论的产生和运用，形成了激光技术，催生了激光产业，如今已经被普遍应用于医院治疗、航空航天、矿藏探测、开采及冶炼等；分子生物学、生化学、遗传学等新科学理论的产生和运用，则形成了基因工程技术，派生了现代生物技术相关产业，如今也普遍渗入医药业、食品加工业、农业、渔牧业等。当今的高科技发展现状更强化了从科学到技术到生产直至形成产业的顺序特征，新的科学理论产生后，形成技术，通过交叉、组合，形成高新技术群，由此产生一系列高新技术产业：光电子信息产业、超导产业、软件产业、生物工程产业、生物医药产业、智能机械产业、空间产业、海洋产业等，这些产业已经产生了可观的产值，在当代世界经济发展中占有重要的地位。因此，我国必须高度重视发展高科技产业，国家产业发展规划要把发展高科技产业置于优先位置，要在国家产业政策、财税、信贷及采购等政策上给予重点扶持，要努力提高我国高新技术产品的质量、性能，增强国际、国内市场竞争力，通过扩大高新技术产业的规模，提高高新技术产业的效益，增强高新技术产业在国民经济中的地位，使高新技术产业成为我国国民经济的支柱性产业，发展我国国民经济中的软实力，推动国民经济的持续、稳定、快速发展。而国民经济的持续发展又会为科学技术的进一步发展提供物力上的持续、稳定的坚实保障，从而使我国科学事业始终保持良性的发展态势，真正实现科学技术的持续、稳定、快速发展。

## 第六节　正确引导新闻舆论导向，促进新闻事业发展

新闻舆论是新闻媒体对现实社会现象进行报道过程中所表现出来的观

点、意见、态度等方面的总和。新闻舆论、新闻出版是社会主义文化事业的重要内容，在社会主义国家政治生活、经济生活、精神生活中起着重要的作用。马克思、恩格斯历来十分重视新闻事业。1848 年，马克思、恩格斯共同撰写的《共产党宣言》发表，既标志着马克思主义的诞生，也标志着马克思主义新闻观的诞生。与以往的新闻观不同，马克思主义新闻观第一次提出新闻的服务宗旨是为了包括工人阶级在内的全人类解放，新闻代表的是广大人民的根本利益，它是无产阶级政党领导人民进行革命和建设实践的有力武器。事实上，马克思、恩格斯毕生都在从事和指导无产阶级新闻工作，他们先后创办、主编、参与或影响了《莱茵报》等 70 多种报刊。列宁继承和发展了马克思主义的新闻思想，集中论述了党报党刊的重要作用、新闻事业的党性原则、马克思主义的新闻自由观、新闻宣传的原则和方法等，列宁一生创办、编辑、影响了《火星报》等 40 多种报刊。毛泽东等中国共产党人以马克思列宁主义为指导，吸收世界新闻事业的优秀成果，结合中国的实践经验，在不断创新的基础上，丰富和发展了马克思列宁主义的新闻理论，明确提出党的新闻事业要坚持为人民服务的宗旨，强调新闻工作的党性原则，指出新闻工作要坚持群众路线，提倡准确、鲜明、生动的文风，倡导通俗易懂、群众喜闻乐见的形式等。改革开放以来，中共中央秉承马克思主义重视新闻工作的传统，在我国改革开放的历史进程中，十分强调新闻舆论、新闻出版工作的重要性。现如今，随着世界经济全球化的不断推进、科学技术的快速发展，信息的传递和获取越来越快，新闻舆论工作的作用也越来越凸显，直接关系到国家的安全、人民的根本利益，关系到整个社会主义现代化建设事业。因此，如何繁荣和发展社会主义新闻事业，是中国特色社会主义文化建设的重要内容。

### 一、坚持社会主义核心价值体系引领社会思潮

社会思潮是人们对社会一定发展阶段的社会存在之反映，属于社会意识形态的范畴。改革开放以来，我国的社会存在经济结构、经济体制，分配关系、阶层结构，就业方式、社会组织结构等都发生了巨大变化，呈现

出了明显的多元特征。社会存在的这种多元特征必然在人们的思想认识、价值观念之中反映出来，使人们的思想呈现出多元性、多变性等。因此，目前我国的社会思潮表现为多样性并存、先进与落后交织、主流与非主流同在的复杂局面，正是社会思潮的这种多元性、多变性的存在，使得“引领”成为必要，尤其是社会思潮发展的方向会对社会意识形态、社会的发展产生重要影响，即通过影响人们的思想、价值观，支配人们的实践行为进而制约整个社会的发展进程。这使“引领”变得至关重要，而用什么思想、价值理论体系去引领社会思潮，就成了关键环节。因此，我们的新闻舆论必须坚持用正确的价值体系引领社会思潮。在当前要坚持用社会主义的核心价值体系引领我国社会思潮，大众媒体必须始终坚持这一正确的舆论导向，将多样化的社会思潮引领到社会主义现代化建设道路上来。事实上，社会主义核心价值体系本身的正确性，使它具有了这种引领功能。我们知道，社会主义核心价值体系是由马克思主义指导思想、中国特色社会主义共同理想、以爱国主义为核心的民族精神和以改革创新为核心的时代精神、社会主义荣辱观四个层次内容构成的价值体系。很明显，这是一个多层次、内涵丰富、联系紧密的有机统一整体。其一，它具有先进性和方向性。它用科学的、先进的马克思主义理论作为指导思想，牢牢把握住了社会发展的前进方向。其二，它具有理想性和崇高性。中国特色社会主义的目标，是要把中国建设成繁荣、富强、民主、和谐、稳定、幸福的现代化强国，这符合广大人民群众的愿望和要求，因此，是人民大众内心所向往的共同理想。同时，中国特色社会主义追求人类繁荣、富强、民主、和谐、稳定、幸福的价值理想，符合了人类历史发展的规律，反映了社会发展的客观要求，因此它包含有值得人们前仆后继为之努力的社会合理性，具有推动社会发展的崇高性。其三，它具有民族性和时代性。以爱国主义为核心的民族精神，使核心价值体系具有了强大的民族凝聚力和民族感召力，从而为价值理想的实现垫定了深厚的民族基础；以改革创新为核心的时代精神，使社会主义核心价值体系具有面对时代、立足实现的特质，从而使核心价值观的现实建构拥有了扎实的现实基础和强大的现实动力。其四，它具有现实性和普遍性。当前我国的经济运行体制是社会主义市场经济，这是一个普遍的社会现实。为适应这种客观现实需要，社会主义荣辱观为生活在新时代条件下的全体国民提供了基本的、具体的价值准则和道德规范，使人们在社会生活中易于遵循、运用以及践行，因此具有很强的现实性和普适性。上述论述表明，社会主义核心价值体系是顺应社会历史发展的客观规律，符合现时代社会发展的客观要求，切合广大人民群众的愿望和要求的正确、科学的思想文化体系，所以它是当然的引领我国当前社会思潮的主导力量。因此，我们的新闻舆论必须努力把社会主义核心价值体系转化为广大人民群众的价值观念、价值理想、价值取向以及自觉行为，从而在全社会营造健康、积极向上的舆论环境，形成有利于具有中国特色社会主义文化建设的良好舆论氛围、舆论阵地。

## 二、坚持新闻工作的党性原则

新闻媒介具有社会意识形态的属性，是一定社会存在的反映，它由经济基础所决定，同时也反作用于经济基础。在我国坚持党性原则是社会主义新闻工作的根本原则，党性是阶级性的集中表现，我们的新闻党性原则表现在新闻媒介要服从国家、人民的根本利益，接受中国共产党的领导，坚持为人民服务、为社会主义服务。有人认为，在社会主义市场经济体制下，新闻媒介的商品属性日渐显现，因此，主张新闻媒介商品化，淡化或去党性原则化。这种观点既不符合中国国情，也与新闻媒介的社会意识属性相背离。在社会主义市场经济体制下，新闻媒介显露了商品的属性，但这并不等于必须使新闻媒介商品化。我们不能把新闻完全等同于商品，不能把新闻业完全推入市场经济运行体制。新闻党性原则决定了我们不能把新闻报道作为一般商品推入市场“批发”或“零售”。无论在什么情况下，都要坚持新闻媒介是人民喉舌的性质不能变，党管新闻媒介的原则不能变。新闻媒介要在思想上始终坚持以马克思主义为指导，在政治上始终坚持同党中央保持一致，在组织上始终坚持党的领导。

## 三、坚持正确的新闻舆论导向

从其所运载的内容来看，新闻媒介具有新闻报道、信息传播、知识传承、社会服务、娱乐审美等功能，其中的主功能是新闻报道，通过报道宣传党与政府的思想路线、方针政策，形成正确的舆论导向。因此，舆论导向是新闻工作的灵魂，必须把坚持正确的舆论导向放在首位。坚持正确的新闻舆论导向，需要我们做好以下几个方面的主要工作。其一，要正确把握形势，增强责任意识及全局观念，提高政治敏锐性，从而在纷繁复杂的国际国内形势下始终坚持正确的新闻舆论导向。其二，要积极主动地反映中国特色社会主义建设事业的现实，讴歌人民群众的伟大创新精神和辉煌业绩；要在科学调查研究的基础上，积极反映广大人民群众的意见和建议，切实加强舆论监督，着眼于帮助各级组织、机构改进工作，提高工作效益，满足人民大众的合理要求和愿望，促进社会的和谐与稳定。其三，要高度重视提高舆论引导的能力以及针对性和时效性。与改革开放前相比，当今新闻舆论引导工作面临的情况要更为复杂，因而更具挑战性，即信息传播速度更快、数量更大、渠道更多；媒体受众的思想观念、价值理念、价值取向等更具独立性、多元性、多变性等，与此相伴而来的是媒体受众对官方的舆论引导更具评判性、质疑性甚至比以往更具拒从性；由于网络媒体的广泛运用，使得媒体受众之间的交流、互动变得更为便利、快捷，更为频繁，更为广泛，一旦某种不良的舆论占据了网络平台，那么就会以极快的速度、极广的范围影响广大媒体受众的思想观念，甚至会使广大媒体受众偏离官方的舆论引导方向。所有这些现象都对我们的舆论引导能力提出了挑战，如何提高舆论引导的权威性、公信力等，成为不可回避的重要现实课题。在这样的复杂情况下，新闻工作必须防止片面性和简单化，要从当前社会舆论受众多层次的实际出发，努力实现把体现党中央的主张与反映广大人民群众的愿望统一起来，把正面宣传为主与加强舆论监督统一起来，从而达到在充分保障人民各种合法权益的基础上，真正提高正面舆论引导的公信力。

## 四、坚持实事求是、“三贴近”的基本原则

维护新闻的真实性是新闻工作的基本原则。真实性是新闻的生命，在新闻工作中贯彻实事求是的原则，是新闻工作者的责任和义务。首先，新闻工作者必须恪守用事实说话的原则，切实做到客观、公正、全面、准确地报道新闻事实，杜绝弄虚作假、捏造事实、歪曲真相的行为。其次，新闻工作者必须力图做到从事物发展的规律上深刻把握事物的客观真实内容，要努力做到去伪存真、由表及里，把握事物的本质、把握事物发展的规律，切实把内涵丰富、完整的事物真相呈现给受众，使党和政府的主张得到完整、到位的宣传，使人民的根本利益、真实愿望得到准确的表达，要反对新闻工作中的简单化、肤浅化。最后，新闻工作者要科学理解“坚持正面报道为主”的方针。对党的思想路线、方针政策，人民群众的创新精神，国家建设事业的伟大成就等，进行正面报道，无疑是新闻报道的核心部分，是“坚持正面报道为主”方针的要求。但坚持这个方针并不意味着只能报道正面的新闻，更不能理解为对负面题材新闻一律采取回避的态度。因为回避态度有违实事求是的原则，事实上，在当代科学十分发达、网络技术普遍应用的背景下，回避负面题材新闻也是不现实的。因此，只有科学理解“坚持正面报道为主”的方针，才能更好地坚持实事求是，切实维护新闻报道的真实性，从而有效提高我国新闻舆论的权威性及公信力。正如有专家所认为的那样：“将坚持正确导向和提高引导水平两个方面结合起来，才能使对正面题材的报道深入人心，才能使对负面题材的报道体现出正向的认识作用，新闻传播和舆论引导体现出它的有效性。”① 坚持“三贴近”原则，是坚持实事求是的有效保障，因为只有坚持贴近实际、生活、群众，才能真实反映国家建设事业的伟大实践，深刻把握现代中国社会的主流，切实代表中国最广大人民群众的根本利益。贴近实际，

① 丁柏铨，丁和根，董秦：《改革开放以来中国共产党新闻思想研究》，北京：新华出版社，2006，第197页。

就是要立足中国当代的社会实际，用客观事实说话，实事求是地回答中国当前社会建设过程中存在的问题；对现实中的真实事例，赋予其社会有效性论证，以理服人，逐步引导广大受众对社会主义核心价值观的认同，从而激发大众建设现代化强国的积极性和创造性。贴近生活，就是要求新闻工作者深入社会现实生活，关注当前社会生活中的焦点问题、敏感问题，把握社会生活的脉搏，回答现实生活问题，避免脱离社会现实生活的空洞理论说教、枯燥数据的堆砌等，从而使新闻工作真正贴近社会现实生活。贴近群众，就是要真正代表群众的利益，了解群众的愿望、诉求，注意从群众的立场、角度分析、解读问题，切实提高群众对新闻报道的认同感，使新闻报道真正深入人心，从而促进我国新闻事业稳定、持续发展。

## 第七节　大力发展文化事业和文化产业

### 一、大力发展文化事业

我们党对文化的认识，是随着社会的不断发展、党执政经验的不断丰富而逐步深化的。在2000年10月党的十五届五中全会上，我们的文化观念开始发生变革，第一次在中央正式文件里使用了“文化产业”的概念，而“文化产业”概念首次被写进党的报告，则是两年后党的十六大。由此，文化领域被明确区分为文化事业与文化产业两个既有联系又有区别的组成部分，建设与中国特色社会主义现代化建设相适应的文化事业和文化产业，就成了中国特色社会主义文化建设的重要内容。一般而言，区分文化事业与文化产业是由文化部门或文化行业所生产或提供的产品、服务是否以商品的形式在市场得到充分的经济补偿及完全的价值实现，从而满足其再生产的需要等要素所决定的。其产品或服务以商品的形式在市场得到充分的经济补偿及完全的价值实现，从而满足其再生产需要的文化部门或文化行业，通常归为文化产业，反之则属于文化事业。国际惯例（尤其是发达国家）通常也是把不完全纳入商品市场经济运行机制的公共教育、公共体育、卫生、文物、图书馆、博物馆以及国家意识形态生产和传播等文化部门或行业作为公益性的文化事业。根据我国现阶段的客观实际，文化事业主要包括了七个方面。①国家意识形态的生产和传播，如党报党刊、政府时政报刊及重要的新闻网站、国家电视台、电台和通讯社、公益性出版单位等。②义务教育，这是关系到全国人民切身利益的重大惠民工程，是中华民族振兴的重要保障，因此必须坚持义务教育的公益性质。③自然科学基础理论研究和哲学社会科学理论研究。自然科学基础理论研究是整个科学技术发展的基础，是新技术、新发明的先导。人类历史上每一次重大的科学技术变革，都会极大地提高人们认识世界和改造世界的能力，从而促进人类社会的巨大进步，所以自然科学基础理论研究是人类文明的动力。哲学社会科学在探索自然界、人类社会的发展规律，为人类认识世界、改造世界提供理论和方法，促进新的发明、创立新的学说，传承人类文明、提升人们思想道德境界，促进社会和谐、维护社会稳定等方面具有重要的作用，因此是需要国家重点扶持的公益性文化事业。④由国家财政拨款兴办、向社会提供公共文化服务的博物馆、展览馆、图书馆、美术馆、文化馆、体育馆等属于公益性文化事业。⑤由国家财政拨款兴办的代表国家水平、体现民族特色的艺术表演团体，承担国家、民族重要艺术创作、研究以及教育等公益性任务的艺术研究机构、艺术学校等同样属于公益性的文化事业。⑥由国家财政投入扶持，为满足广大人民群众开展文明健康文娱活动的需要而设立的公共文化设施、公共体育设施等，是公益性文化事业。⑦由国家财政支持，关系到民族文化传承、延续的优秀文化遗产、民间文化艺术等均属于公益性文化事业。上述七类文化部门或单位，其共同性就是主要依靠政府财政拨款维持文化产品生产或提供文化服务，以及满足其再生产需要，其目的主要是提供公益性服务、追求社会效益，而非赢利，其价值不是通过市场交换来实现的，而是通过满足人民大众对文化的需求来实现的。①

作为公益性的文化事业在人类社会发展的过程中具有重要的作用。我国上述属于文化事业的七类文化部门或单位，是满足广大人民群众基本文化需求的主渠道，是我国文化创造的主干力量，是文化基本功能的主要承担者。因此，大力发展文化事业是中国特色社会主义文化建设的重要内容，如何大力推进我国社会主义文化事业的发展，是我们当前面临的重要任务。

其一，进一步合理调整文化事业建设的着重点。文化建设作为社会发展的一个重要组成部分，必然会随着社会的发展而变化，同时人民群众的精神文化需求以及国家提供的文化产品、文化服务等也会随之发生变化。当我国生产力低下、人民群众教育水平极低、文盲占人口多数时，文化事业建设的着重点便是扫除文盲，努力提高人民群众的文化水平；当我国生产力进一步发展，经济实力逐步增强时，普及义务教育、满足人民日益丰富多样的文化需求，促进广大人民人格的健全和素质的提高等，则成为文化事业建设的着重点。

其二，切实坚持文化事业的公平性原则。文化公平性原则是指国家所有公民都有权共同享受国家提供的公共文化服务。由于我国实行社会主义文化为人民服务的方针，因此，已经内在性地包含了我国公民人人享有公共文化权益的文化公平性原则。但要切实坚持文化公平性原则，还需要不断地推进，尤其是各种具体措施的到位实施。一方面，从国家层面而言，要切实体现文化公平原则，这就要求国家既要在绝对数上加大对文化事业的投入，又要注意建立健全合理配置公共文化资源的公正制度、政策体系，努力消除源于文化资源分配制度、政策体系而产生的文化发展不平衡性。另一方面，从各级地方政府机构而言，要确保各种公平、合理的具体措施到位实施。①采取有效措施使全国义务教育覆盖的学校硬件设施标准

① 张筱强：《十七大精神深度解读·文化建设篇》，北京：人民出版社，2008 年，第 131 - 132 页。

化、生均经费城乡同等化、优质师资力量共享化，从而切实实现义务教育阶段城乡学校教育公共资源的公平共享。在这一点上，我们可以借鉴世界上发达国家的成功经验，我们常说在发达国家，城市与农村没有太大差别，并非是仅指人口密度或商业繁华程度，更多的是指其各种公共设施，其中基础教育资源的分配就是非常典型的例子。如加拿大由国家财政支持的小学、中学，无论是坐落在市区中心，还是远离闹市，只要是获得政府批准，建成了一所学校，那么，它们都会获得差别不大的学校硬件设施、生均经费以及师资力量共享的权益。比较大的差别就是设备新旧的差别以及校舍的大小差别，一般而言，新建学校比早建的学校设备要新、校舍要大、规划更现代化等，属于合理的、民众可以接受的差别。②制定和完善图书馆、展览馆等公共文化设施建设的国家标准，使农村的相应文化、体育设施如县级文化馆、图书馆、体育馆，乡级文化站、村级文化活动室等得到规范化的投入和建设，努力使文化领域新增加的财政投入主要应用于农村，从而真正实现文化资源向文化建设薄弱的地方倾斜。③制定和完善全国电台、电视台、广播电视发射转播台的建设标准，使农村逐步获得同等质量的数字化文化信息服务，并对经济困难家庭给予优惠的资费政策，保证他们的基本收视需求，从而共享文化现代化的先进成果。④制定和完善国家公共文化机构、文化产品、公共文化服务的质量标准，建立和完善公共文化机构评估系统和评估机制，切实把全国文化建设当作“民心工程”，在有效的评估系统和评估机制的监督下，认真维护好和实现好城乡广大人民群众的文化权益。

其三，始终坚持文化事业的公益性。公益性是相对于赢利性质而言的，公益性通常表现为不以赢利为目的，而是以免费或低廉价格的方式为大众提供产品或服务。它不以赢得多少利益来实现价值，而是以提供无偿或低价位服务，获得社会效益来实现价值。公益性原则是文化事业的基本原则，只有坚持这一原则，才能保证中国特色社会主义文化功能的全面、持续发挥，从而促进我国社会的全面、协调和可持续发展。因此，一方面，我们在文化事业建设中要始终坚持社会效益优先的理念。文化事业是党和政府为了满足广大人民群众不断增长的精神生活需要，提高广大公民的思想文化素质，促进人的全面发展，而用公共财政收入为全体公民所举办的公益性事业，这就决定了文化事业单位或机构所掌握的文化资源属于全民共有的财产，是公共文化资源。任何政府部门、单位或个人都不能把文化事业视为私有财产，更不能把它作为赢利的工具。另一方面，我们要不断提高各类文化事业的公益性能。如前文所述，根据我国目前的经济发展条件以及社会发展状况，我国文化事业主要包括义务教育，自然科学基础理论研究和哲学社会科学理论研究，博物馆、展览馆、图书馆等，艺术表演团体、艺术研究机构，公共文化设施、公共体育设施，重要文化遗产、优秀民间文化艺术等几大类别，各类别的文化事业均需要不断提高公益性能。总之，坚持好、发展好文化事业的公益性，对充分发挥社会主义的优越性，凝聚全体国民的力量，激发广大人民群众的积极性、创造性具有重要的作用；对建设和谐、稳定、持续发展的中国特色社会主义现代化强国，具有不可忽略的重大作用。因此，各级政府必须加强对公益性文化事业机构的监督、指导；建立健全公益性文化服务的组织体制和运行机制；保障支付性公益性文化基础设施建设的经费及其运行成本，从而确保公益性文化设施的正常运转及其功能的充分发挥。

## 二、大力发展文化产业

党的十六大强调了社会主义文化建设的重要性，明确指出了发展文化产业是社会主义市场经济条件下，繁荣社会主义文化、满足人民群众需求的重要途径。这既是我们党对社会主义文化建设认识上的新突破，同时也为中国特色社会主义文化建设提出了一个崭新的问题。事实上，人类进入21 世纪以来，随着经济全球化进程和知识经济社会的发展，越来越多的国家开始意识到文化产业对国家经济发展的影响和制约。许多国家已经把社会发展的目光转向了文化产业，一些发达国家在产业结构的转型、升级及人才资源、资金投入方面等越来越集中于文化产业，使文化产业逐步成为其社会经济的支柱性产业，如今欧美发达国家向发展中国家的出口已经变成以文化技术产品为主，文化生产力的竞争已经成为世界竞争的重要组成部分。当前，我国文化产业正在经历着历史性的重大变革，与以前相比，我们的文化产业有较大的发展，但从目前的情况看，我国的文化产业发展速度和总量与经济发展还存在着较大的不协调性，文化产业在经济增长中所占的比例适应不了经济发展的需要，满足不了广大民众日益增长的精神文化需求。我国文化产业与发达国家相比，无论是在数量和规模上，还是在人力、物力、财力投入和利润等方面，都还有较大的差距。因此，如何洞察世界经济与文化发展的新趋势，适应知识经济时代的发展趋势，大力发展文化产业，使文化产业成为新的经济增长点、成为我国经济的支柱性产业，从而提高我国的国际竞争力，已经成为中国特色社会主义文化建设无法忽略的重要内容。

（一）实施项目带动战略，促进文化产业大发展

党的十七大从战略的高度，明确地提出了文化产业发展的战略思路，即实施重大文化产业项目带动战略。我国作为文化资源大国却又是文化产业弱国，这表明我国潜在的文化资源优势还没有转化为文化产业的优势，实现这一转化的关键是尽快提升我国文化产业的规模、效益和竞争力，重点就是切实实施重大文化产业项目带动战略，即通过重大文化项目去凝聚文化产业发展所需的资金、人才、技术等要素，促进这些重大项目先行发展，进而拉动文化产业其他项目的发展，从而实现文化产业的整体发展。

在我国实施重大文化产业项目带动战略，是由我国国情及重大文化产业项目本身的优势所决定的。但目前我国文化产业所需的市场要素如资金市场、人才市场、产品市场、技术市场等的发育都不很成熟，仍然表现出资源、行业分散，实力弱，竞争力低，市场份额小等特征。在这种状况下仅靠个别高端文化产业是无法带动整个国家文化产业整体发展的，只有实施重大文化产业项目带动战略，通过国家文化产业政策的引导，对一批具有较大优势、易整合、易形成规模的文化产业进行资源、人才、技术等方面的整合，使之形成实力强、规模大的企业，进而通过它们的产业化、市场化竞争，使整个文化产业实现资源、行业集中，实力增强，市场份额扩

大，使文化资源优势充分转化为文化产品优势和产业优势，最终形成强大的文化产业竞争力。同时，重大文化产业项目本身具有多重优势。一是它们有较强的竞争力。这是因为其资金、人才、技术等各方面较有实力，这些实力又为其进一步吸引资金、人才、引进技术等带来了优势，使它们的发展容易进入一种良性状况，因而竞争力不断得到增强。如以 2007 年的江西省为例，以民营资本为投资主体的文化产业项目中就有 8 个具有 5000 万元以上的资金；山西出版产业园总投资达 3.5 亿元；湖北长江出版传媒集团总投资 6 亿元；重庆出版集团出版传媒创意中心总投资 6.5 亿元；陕西文化产业投资公司的资本达 20 亿元等。① 可见它们的实力相当雄厚，这也为它们的人才发挥创新能力提供了有利的条件，进而更增强了其竞争实力。二是它们通常有丰富的文化内涵，因而具有可持续发展的广阔空间，易于形成文化产品系列和文化产业链，实现文化产业的持续、稳定发展，从而对社会、经济的发展产生大规模的、大范围的、持续的影响。因此，在我国实施重大文化产业项目带动战略，是由我国国情及重大文化产业项目本身的优势所决定的必然选择。

现阶段，我国实施重大文化产业项目带动战略，首先，中央政府要根据我国实际情况，出台合理的相关政策。政府不会直接从事文化产业，但是政府任何关于文化产业的重大决策都会直接影响文化产业的发展。为了真正实现重大文化产业项目的带动作用，政府必须出台相关政策，明确向具有丰富文化资源而又影响广泛的重要文化领域、区域进行政策倾斜，使资金、资源、人才、技术以及市场等各种资源和要素迅速聚集，从而使这些项目成为真正意义上的重大项目，产生效益、发挥效果，起到引导的带动作用。其次，要合理确定文化产业的发展重点。文化产业是不断发展和变化着的，随着世界经济、高科技的发展变化，文化产业的侧重点也会相应地发生变化，这就需要我们密切关注世界文化产业发展的趋向、走势，

① 刘克利，栾永玉：《中国文化体制改革与建设研究》，北京：中国人民大学出版社，2009 年，第 152 页。

注意新的文化业态。例如，当前在世界发达国家动漫产品已经占据我国文化产业重要市场的情况下，发展动漫产业、形成动漫产业群就成为我国文化产业发展的重点，因而应将其纳入重大文化产业项目之中，从而促进民族动漫产业的发展，让中国特色社会主义先进文化，通过当代民众普遍欢迎的新文化业态——动漫产业形式，使民众广泛认同和接受，既满足了人民群众日益增长的文化需要，又提高了文化产业的经济效益，更促进了社会主义先进文化的繁荣和发展。最后，政府要加大投入力度以及完善财税优惠政策。政府加大投入力度及实施财税优惠政策可以使一大批具有丰富文化资源而又影响广泛的重要文化产业项目，既可以获得坚实的直接财力支持，又可以增加社会投资者的信任，不断扩大融资渠道，还可以吸引优秀的文化产业人才、最新的技术，使社会财力、人力、物力及技术等迅速向这些有广阔发展前景的重大文化产业项目聚集，最终使它们成为国家经济新的增长点，进而成为国民经济中具有重要作用的支柱性产业。

（二）加快文化产业基地和区域性特色文化产业群建设，促进文化产业大发展

这是党的十七大对发展文化产业提出的重要要求。我国在发展经济建设的过程中，也采取基地建设的形式，如重工业基地、轻工业基地、汽车工业基地等。但对文化建设提出采用基地建设的形式，我们的认识还是比较滞后的，在实践中推行就更晚了，直至 21 世纪初，即 2004 年，我国首批国家文化产业基地才产生，共有以“中国对外文化集团公司”为代表的 42 个国家文化产业示范基地。后来，我国文化部又命名了第二批国家文化产业示范基地，第一批与第二批共计产生了 70 余家国家文化产业示范基地。此外，国家新闻出版广电总局、科技部等也命名了一些文化产业基地，逐步开始了我国文化产业基地的建设。文化产业基地具有高度聚集文化人才、文化资源、资金、技术等文化产业要素的特点。因此，它具有明显的优势：有利于调整文化产业结构层次以及文化产业发展格局；有利于扩大文化产业规模和提升文化产业实力，提高文化产品的市场竞争力，推进文化产业成为国民经济支柱性产业的步伐，等等。从 2004 年首批国家

文化产业基地产生到2006年，文化产业对GDP增长的贡献率为3.41%。实践证明，文化产业基地对促进文化发展、推动国民经济建设发挥了明显的积极作用。因此，我们要进一步完善、发展文化产业基地，通过对它们的建设，更合理地调整我国文化产业发展格局，使文化产业更好地遵循自身的发展规律，稳定、快速地发展。

文化产业基地和区域性特色文化产业群建设，也是文化产业发展的客观趋势，这是因为两者都具有集中性，呈现出集约化、集群化的共同特征。现代经济发展规律表明，集群化是一个产业成熟的重要标志，产业发展到一定程度，必然会出现集群化趋势。文化产业发展同样遵循一般产业发展的基本规律，具有一定的共性特征，文化产业发展到一定程度也必然会出现集群化趋势，因此，文化产业基地和区域性特色文化产业群建设是文化产业发展的客观趋势。事实上，从当今世界文化产业发展的趋势来看，集群化已经是文化产业发展的主要方向。发达国家的文化产业发展实践表明，文化产业集群化建设的优势主要表现在以下几个方面：首先，集约化经营可以实现文化产业资源共享，包括文化技术人才、信息、资金、销售平台等，把原本分散的单个文化企业聚集起来。由于资源需求、销售市场、技术支持，以及人力支持等诸多方面的相同或接近，易于共同协作，形成共同的产业运行链条，促使文化产业各个环节最大限度地赢利，成为价值增长点，进而有效提升文化产业的经济效益。其次，文化产业集群化建设，通过把分散或无序状态优化整合为集约状态，形成集群化优势后，可以尽快地把文化产业的核心能力扩散到其他相关领域，如数字网络业、策划推广业、信息咨询业、商品管理业等，从而构成立体多重的文化产业集群。在这样的集群里，既使各种资源和要素在产业内、企业之间互动，又使产业间、企业间相互激荡、激烈竞争，逐步形成综合的集群效应，实现文化资源、利益的合理流动和良性竞争，从而不断增强文化产业的竞争力，促进我国文化建设事业的繁荣和发展。

加快文化产业基地和区域性特色文化产业群建设，需要我们立足于当前国家文化产业发展现状，结合世界文化产业发展趋势，进行多方面的努力。从主要方面而论，首先，要依据国家经济发展战略，合理规划文化产业布局，有效实施文化产业的区域性开发战略。例如，西部大开发是国家经济发展的重大战略，我们要依据这个战略，积极推动西部区域性特色文化产业群的建设。可以依照国家优先发展环境友好型、资源节约型产业的政策要求，在政策倾斜、财税扶持下，加大投入，扩宽融资渠道，引导投资方向，集中资金、技术和管理力量等，加快西部文化产业基地和区域性特色文化产业群建设，使之成为西部现代化建设的支柱性产业。其次，借鉴发达国家的经验，充分发挥市场经济的功能，在我国政府的宏观调控下，通过有序、合理的竞争，使我国文化产业不断提升集约化、集群化的程度，从而有效推进我国文化产业基地和区域性特色文化产业群的建设进程。最后，转变观念，培育文化产业战略投资者。通过政策导向、财税扶持等具体措施，引导经济发达地区的投资者逐步改变观念，增强文化产业战略投资意识。当前我国文化产业的战术投资者多于战略投资者，战术投资的短期投资行为和小份额分散投资行为严重制约着我国文化产业基地和区域性特色文化产业群的建设进程。因此，要有意识地培育着眼于长远、具有相对稳定性及较大投资数量的战略投资者，使其更关注文化产业的投资，尤其是要重点投资关乎国计民生和中华民族精神成长的基础性、关键性的文化产业。同时，还要鼓励文化产业战略投资者，关注世界文化产业发展的新趋势，勇于开发新的文化经济“增长极”，积极推进文化产业基地和区域性特色文化产业群的建设，形成文化产业规模效应和特色文化产业群，最终把文化产业培育成国民经济的支柱性产业和新的增长点。

（三）深化文化体制改革，促进文化产业大发展

我国经历了长期的计划经济体制时期，改革开放后，我们进行文化体制的相关改革，取得了一定的成效，如在文化所有制形式方面，逐步形成了国家保证重点，集体、个人共同参与，多体制共同办文化的格局，并在此基础上形成了多种不同的经营方式及流通渠道；在行政管理方面，确立了分类管理、分级指导的宏观思路；在内部运行机制上，为适应社会主义市场机制的需要，建立了不同于计划经济体制下的文化艺术生产机制、经

营机制、用人机制、分配机制及领导体制等，使我国文化事业呈现出全面推进、蓬勃发展的良好态势。但在国际文化产业急速发展、快速变化的背景下，要促进我们的文化产业的健康、稳定发展，必须进一步深化文化体制改革。

深化文化体制改革的指导思想和原则是：坚持马克思主义的指导地位，坚持社会主义先进文化的前进方向；坚持勇于实践、大胆创新；坚持将社会效益放在首位，努力实现社会效益与经济效益的统一，等等。深化文化体制改革的任务是：使宏观管理体制更科学、合理；微观运行机制更灵活、高效；文化发展格局更多样；文化市场体系更现代、更成熟等。深化文化体制改革的重点是：加强宏观管理、激活微观主体。加强宏观管理就是要建立适应当代新形势发展需要的科学宏观管理体制，在这个体制里，党委领导有力，政府管理有效，运行有序。与此相适应，要使文化行政管理体制进一步规范、公正、高效；切实把政府文化管理职能转移到主要为文化产业主体服务及创造良好的发展环境上来。激活微观主体是深化文化体制改革的关键。文化企业是最主要的、最具体的文化市场主体，是文化产业发展的基石，能否激活这些微观主体，是文化产业能否健康发展的关键环节。在当今的市场经济体制下，要激活文化企业的活力，必须使文化企业具有受法律保护的、明确的独立产权，使之成为独立的市场主体，让其有充分的决策权、自主权，并为自己的决策和行为负责。因此，目前我国要深化文化体制改革，必须继续推动经营性文化单位的转企改制，尽快使这些文化企业获得受法律保护的独立产权，拥有充分的决策权和自主权，使之逐步成为有创造力、有竞争实力的现代文化企业和企业集团，从而有效推进文化产业成为我国社会经济发展的重要产业，增强我国的国际竞争实力。

## 第八节　弘扬中华文化，推进文化开放

### 一、弘扬中华文化，建设中国特色社会主义和谐文化

党的十七大明确指出，中华文化是中华民族不断前进的不竭动力，因此要求我们弘扬中华文化，建设共有精神家园。中华传统优秀文化是中国特色社会主义文化不可或缺的重要组成部分，缺失这一部分，“中国特色”将难以成立。我们当然清楚，“中国特色”更主要是定位于“中国现实的、当下的现代化建设”。然而，不能改变的一个事实是，现在的现实是从历史发展而来的，我们的建设不应该也不可能割断历史。更重要的是，文化尽管是受制于社会存在的社会意识，但它也有相对独立性，有其特殊性，而历史继承性就是它的重要特殊性之一。中华文化源远流长，在几千年的社会文明发展历史过程中，中华文化成为世界最古老的文化之一，它博大精深，具有鲜明的民族特色和时代特征。中华文化的体系更是繁复、庞大：从纵向而言，既包括延续了几千年的儒释道文化，也包括“新文化运动”以来形成的爱国、科学、民主传统文化以及新的理念，更包括我们党领导的革命、建设、改革过程中形成的革命文化、社会主义文化传统等，是当前世界上仅有的延绵五千年不曾中断的文化，是世界上少有的“连续性文化”的典范①；从横向而言，包括中国几十个民族创造的民族文化。正是这样博大精深的文化凝聚着全民族的精神和力量，成为我们全民族共有的精神支柱，成为中华民族繁荣、强盛的文化保障。因此，我们必须强调保护和充分利用祖国的优秀文化遗产，如文物、传说、民俗、节庆等物质与非物质形态的文化遗产，要有保护文化遗产的自觉，形成、完善保护

① 刘克利，栾永玉：《中国文化体制改革与建设研究》，北京：中国人民大学出版社，2009年，第58页。

文化遗产的规划、计划，同时也要有保护文化遗产的投入；要建立健全相关文化遗产保护法律、法规；要优化文化遗产保护管理制度、体制、机制；要重视挖掘我国传统文化中的优秀成分，等等。这是一项艰苦、长期的研究工作，需要我们在科学认识我国传统文化的深层意义及重大价值的基础上，运用科学的方法对其进行认真的梳理，提炼其符合现时代要求、合理的优秀成分，在赋予其现时代新内涵的基础上，努力推进中华传统文化与现代社会、现代文明相适应、相协调。最终，使其既保持民族性，又体现时代性，从不同的程度赋予其时代的新内容、新要求。另外，要向民众普及和宣传中华传统文化，要充分发挥春节等民族传统节日的文化传承作用，运用有益的民间文化活动，使我国优秀传统文化深刻而广泛地融入民众的工作、生活、学习之中，充分发挥民众的力量，共同建设中华民族共有的精神家园。

构建中国特色社会主义和谐文化，是党中央在十六大以来提出的战略任务。党的十六届六中全会指出：建设和谐文化是构建社会主义和谐社会的重要任务。接下来，党的十七大报告则进一步强调：和谐文化是全体人民团结进步的重要精神支柱，是实现社会和谐的文化源泉和建设动力。无论是从理论上而言，还是从中国特色社会主义总体布局的现实来看，构建和谐文化都是建设中国特色社会主义和谐社会的题中应有之义或者说是重要构成部分。社会主义和谐社会，从根本上说无疑是指民主法治、公平正义、诚信友爱、充满活力、安定有序、人与自然和谐相处的社会。这样的社会显然要求的是经济、政治、文化各方面的全面协调有序发展，缺一则难以和谐，文化和谐便是其中不可或缺的重要组成部分。中国特色社会主义和谐文化既是建构中国特色社会主义和谐社会的内涵目标、重要内容，同时还是实现中国特色社会主义和谐社会的重要条件。其一，它为和谐社会提供正确的、稳定的价值导向。一个社会没有正确、科学、成熟、稳定的价值观导向，是难以形成和谐氛围、构成和谐局面、建构和谐社会的。一般而论，一个社会表层呈现出的不和谐乃至混乱的局面，往往这已经是结果，深层的原因应该是人们思想深处的价值理念、价值观的不科学、不全面，价值评价的不合理、价值判断的偏差等，并由此而产生思想上的躁动、偏激及至行为上的冲动，从而造成社会不和谐、不安宁的现象，甚至在一定社会条件下，国内外综合因素的影响下，会造成社会的骚乱、动荡等现象。很显然，维护社会安定和谐，应该并必须给予民众价值观上的正确引导。中国特色社会主义和谐文化是在马克思主义的指导下，在社会主义核心价值体系的统领下，对民主法治、公平正义、诚信友爱、充满活力、安定有序、人与自然和谐相处等社会主义和谐社会之文化的思考。因此，中国特色社会主义和谐文化能够为民众提供正确的、稳定的价值导向，帮助人们在当前各种思想文化相互激荡的背景下，培育正确的共同的价值理念，形成科学的价值观、高尚的精神追求和远大的理想信念，从而为社会主义和谐社会的构筑提供科学价值观的基础。其二，它为建构中国特色社会主义和谐社会形成文明的意识、高尚的道德风尚。马克思主义唯物史观基本原理很科学地告诉我们：社会存在决定社会意识，人们的意识是对社会存在的反映。而这个“反映”过程并非像镜子照物般直接、简单，它是指人们在实践中不断改造、认识客观对象的过程。人们的文明意识、道德意识属于社会意识，自然也是一个不断实践、认识的过程。因此，人们文明的意识，高尚的道德情操、修养等都不是天生的，而是后天养成的结果。养成一定不是一蹴而就的，而是一个过程，在这个过程中，需要行为主体自身的实践，也需要外在的正确、科学的文明思想、道德理念、伦理观念等的灌输、引导直至内化、吸收，最后在行为中践行。在整个这样的文明意识、道德风尚的培育过程中，正确、科学的文明思想、道德理念、伦理观念等的灌输、引导、教化等显然十分重要。核心价值体系作为中国特色社会主义文化的核心部分，即为我们提供了正确、科学的文明思想、道德理念、伦理观念。所以，我们认为，和谐文化有利于提高全体社会成员的思想道德素质，有利于在全社会形成文明的道德风尚，从而有利于中国特色社会主义和谐社会的建设。上述论证表明，弘扬中华文化，建设中国特色社会主义和谐文化，是中国特色社会主义文化建设不可忽略的重要内容。

## 二、大力推进文化开放与“走出去”的文化建设战略

我们知道文化具有共享性特征，文化一经产生，就可以为一个集体、一个社会乃至整个人类所共同享有。文化不可能像某个具体物体一样能够被人掩藏起来独自拥有和享用，而是不可避免地要在社会交往中被他人模仿、运用，进而经过传播和扩散，成为众人共同享有的财富。尤其是文化的共享性与物质的共享性有很大不同，当某物的所有者与他人共享此物时，所有者本身对该物的拥有量就会减少；而文化的拥有者与他人分享此文化时，却不会导致拥有者对文化占有量的减少。因此，文化天然具有共享性、开放性。特别是进入现今的网络时代，许多国家已经借助网络技术、信息技术等高科技平台，实施“文化输出”战略，有意识地输出自己的文化价值观，增强自己的国际竞争力，这已经成为一种不可忽略的客观现实。随着我国改革开放进程的推进，我们党不断强调文化走出去的战略。2002 年 7 月，时任我国文化部部长的孙家正同志在全国文化厅局长座谈会上指出：“进一步扩大对外文化交流，实施‘走出去’战略。”① 2004 年 7 月时任我国文化部副部长的孟晓驷同志也多次提及中国文化实施开放及“走出去”的战略。② 2005 年以后，在中央关于文化建设的一系列纲领性文献中，不断强调实施文化开放与“走出去”的新文化建设战略。党的十七大以后，更加重视这个战略。李长春同志在 2008 年 1 月 21 日全国宣传思想工作会议上的讲话中明确提出要实施文化“走出去”战略，增强中华文化的国际影响力。在此次会议上，胡锦涛同志同样强调了这个战略，并把它与提升国家软实力紧密联系在一起。到了 2011 年党的十七届六中全会做出的《中共中央关于深化文化体制改革 推动社会主义文化大发展大繁荣若干重大问题的决定》，把推动中华文化走向世界、实施文化走出去工程作为一个重要的问题做了具体的论述，进一步发展和丰富了文化

① 孙家正：《关于战略机遇期的文化建设问题》，《文艺研究》，2003 年第 1 期。

② 孟晓驷：《中国和平发展时代的文化使命》，《人民日报》，2004 年 7 月 27 日。

"走出去"战略的理论。

在当今国际社会越来越重视文化输出以增强国际竞争力的大背景下，大力推进文化开放与文化"走出去"，已经成为我国社会主义文化建设的重要内容。概括起来，我们要强化如下几个主要方面的工作：一是拓展对外文化交流和传播渠道，加强对港澳台和海外华侨的文化宣传，通过创新对外宣传方式，进一步加强向国际社会宣传中华文化，培育对外文化中介机构，建立重点主流媒体的海外分支机构，注重国外中国文化文化机构的建设，建构中外文化营销网络。另外要注意加强统筹协调，坚持多管齐下，在推进政府主导的文化交流的同时，积极大胆地探索民间文化交流形式，实现政府层面的文化交流与民间层面的文化交流相结合等。二是培育外向型骨干文化企业。重点扶持大型国有文化企业中的文化出口企业。文化、广电、新闻出版等部门要向文化出口重点企业倾斜，财税、商务、金融、海关等要对文化出口重点企业出台优惠政策措施，各类文化产业投资基金、文化产业专项基金等也要重点扶持文化出口重点企业，使它们不断发展壮大，形成规模，培育成外向型骨干文化企业，使它们的文化产品和文化服务在国际文化市场中的份额不断扩大，从而提升其国际竞争力。三是加强文化品牌建设，促进国际文化市场的开拓。总结我国文化出口经验及借鉴发达国家文化品牌的有效方法，打造广为国内外消费者所接受的高知名度品牌文化产品，将更有效地提高国际文化市场份额，提高国际竞争力。这就要求我们做多方面的努力。其一，精益求精，提高产品质量，确保诚信等是打造文化品牌的先决条件，任何急功近利、粗制滥造、弄虚作假的理念都不利于国际文化品牌建设。增强文化产品的高科技含量，提高文化品牌的附加值，这是当今时代文化产品成为国际品牌的基础条件，更是站稳如今国际文化产品市场的核心条件。深入挖掘本民族的优秀文化资源，打造出口文化产品的独特风格，这是文化品牌建设的得天独厚优势。其二，尊重他国文化，认真研究国外文化消费者对文化需求的关注点、兴趣点、共鸣点，了解他们的文化特点，有针对性地开发在当地适销对路的文化产品，提供易于当地民众所接受的文化服务，这是打造国际文化品牌的必修课。其三，积极探索和实践符合国际惯例和市场运作规律的文化产品营销方式，自觉维护自己文化品牌的良好声誉，抵御危害自己品牌声誉的不良行为，这是形成国际文化品牌的自我保护能力。在上述条件具备的同时，还要推进文化出口平台和海外营销渠道的建设，有效拓展文化产品国际贸易网络，包括有效举办高质量的国际文化产业博览交易会、国际文化会展，鼓励国内文化事业单位、文化企业积极参与国外有益的文化节展，等等，通过各种有利的渠道推销我国的优秀文化产品，使它们尽快成为为世界文化消费者所熟知、欣赏，并乐于接受和消费的世界文化品牌，从而有效实现“走出去”的文化发展战略。

# 第五章

# 中国特色社会主义文化建设的主要经验

在我国社会主义现代化建设总体布局的引领下，在党和人民的共同努力下，改革开放特别是党的十六大以来，中国特色社会主义文化建设取得了伟大的成就，正如党的十七届六中全会《中共中央关于深化文化体制改革 推动社会主义文化大发展大繁荣若干重大问题的决定》中所指出的那样：我们走出了中国特色社会主义道路；形成和发展了中国特色社会主义理论体系；坚持推进社会主义核心价值体系建设，巩固了我们的共同思想道德基础，显著提高了全民族思想道德素质和科学文化素质，促进了人的全面发展；大量优秀文化产品涌现，人们的精神文化生活得到丰富；广大民众的基本文化权益得到进一步保障，文化在社会发展中的地位和作用得到突出；国家文化软实力得到增强，国家的新形象及良好精神风貌得到展示，等等。在共享这些伟大成就的同时，也需要我们注重对取得这些成就的实践做出及时、客观的经验总结，使中国特色社会主义文化理论进一步充实和完善，更好地指导我国文化建设实践，从而使中国特色社会主义文化建设更加稳定、持续地向前发展。

## 第一节 坚持党对文化建设的领导

中国特色社会主义文化是指以马克思主义为指导的社会主义文化，因此，作为人类文化历史上的一个阶段，它有文化的一般特性，但作为中国特色社会主义文化又有其特殊性，加强党对中国特色社会主义文化建设的领导，是其特殊性的内在要求，是中国特色社会主义文化建设的根本保证。我们党建立 90 多年以来的历史表明，坚持党的领导，确保社会主义先进文化前进方向，是建设中国特色社会主义文化的重要经验。

## 一、坚持党的领导，确保马克思主义在文化建设中的指导地位

党的发展历史告诉我们，作为中国无产阶级的先锋队，党的诞生就是马克思主义思想在中国传播、发展的必然结果，而我们党从成立之日起，就一直以代表人类社会文明进步的马克思主义思想为指导，以坚持和发展马克思主义为己任。在马克思主义的科学指导、武装下，我们党正确地认识到，近代史上中国的文化相对落后，根本原因是旧中国的生产方式落后，封建制度腐朽没落以及殖民主义对我国的侵略掠夺等，因此必须要在变革旧的社会制度、旧的生产方式的基础上，才能进行科学的文化建设。正是在马克思主义先进思想文化的正确指导下，我们立足中国现实、研究世界文化发展的新趋势，弘扬祖国优秀传统文化，吸取世界各民族文化的精华，不断创新，不断把党对发展先进文化的战略和目标与中国的实际情况相结合，有计划、有步骤地切实落实到了现实中，走在了发展先进文化的前列，从而使中国特色社会主义文化建设取得了伟大的成就，使中华文化在现代以来谱写了辉煌的乐章，中华民族文化受到了当代世界人民的瞩目。因此，历史经验证明，正是由于长期以来我们坚持党对文化建设的领导，才得以确保马克思主义在文化建设中的指导地位，使我们在长期的社会主义文化建设中，一以贯之地坚持用马克思主义的唯物历史观去正确分析文化与政治、经济、社会建设等各方面因素之间的关系，正确定位文化的属性，在此基础上努力制定出符合中国客观实际的正确的文化建设路线、方向、战略、规划、计划、方针、方法等，从而不断引领我国社会主义文化建设顺利发展。因此，始终坚持党对社会主义文化建设的领导，从而确保马克思主义对文化建设的指导地位，是我们文化建设取得不断发展的重要保证。

## 二、坚持党的领导，科学引领先进文化建设的前进方向

无论是在革命战争时期还是在社会主义建设和改革时期，中国共产党都坚持运用马克思主义的科学世界观和方法论，从客观实际出发，结合中国革命、建设、改革不同时期的时代要求，努力科学地阐明各个时期文化建设的纲领和奋斗目标，提出符合实际的文化建设政策、要求，引领文化建设的前进方向。正是在党的正确文化纲领、目标、政策的指引、规范下，不断促使我们的文化思想觉醒，不断取得理论创造新成果以及文化建设新发展，从而造就了当今中国特色社会主义文化建设的伟大成就。

党的正确领导能为文化工作提供科学的思想理论指导，指明正确的政治方向，更好地发挥先进文化对社会发展的积极推动作用。如前文所述，马克思主义认为，文化作为对一定社会存在的反映，对人类社会的发展有一定的反作用。落后的文化对社会发展起消极的影响作用，先进的文化对社会发展起积极的推动作用。中国特色社会主义文化是先进文化，从事物发展的应然角度而言，对社会发展起积极的推动作用，但从事物发展的实然角度而言，其推动作用的实现以及实现的程度，则取决于多维因素的作用，其中党的正确领导就是文化充分发挥其积极推动作用的根本保证。从我们党成立至今90多年来，党始终坚持马克思主义基本原理与中国具体情况相结合，不断推进马克思主义中国化、时代化、大众化，形成了毛泽东思想、中国特色社会主义理论，为文化工作提供了科学的思想理论指导，并从政治方向上进行正确的引导。我们党始终坚持在不同时期立足于不同的现实，阐明了文化工作的重要意义，明确了不同时期文化工作的主题和任务，从而为文化工作者明确了正确的政治方向，促进文化工作者找准历史方位，把握根本方向，进而有效地发挥先进文化对社会发展的积极推动作用。如大革命时期，在艰难的条件下，我们党的文化工作在宣传正确的政治主张、发动群众、鼓舞人民斗志、团结民众力量、壮大革命力量、加强舆论斗争、抵制反动宣传等方面发挥了重要的作用，形成了强有力的文化部队，与武装部队一起共同推进了新民主主义革命的进程。抗日

战争时期，在我们党的领导下，文化工作找准了正确的政治方向，使广大文化工作者同心协力，为争取抗日战争的伟大胜利而共同努力，因而使文化工作变成了强有力的抗日战场，成为团结人民、教育人民，打击敌人、消灭敌人的有力武器，真正发挥了“轻骑兵”的作用，形成了促进抗日战争胜利的强大推动力量，从而对抗日战争的胜利起到了推动的作用。新中国成立初期，面对旧统治者留下的千疮百孔的烂摊子，我们党为文化工作确立了建设社会主义新中国的共同方向，使广大文化工作者满怀建设新中国的高昂热情及高尚道德追求、理想，投入到社会主义文化建设之中，实现了以较快的速度、在较广的范围里使为人民服务、劳动光荣，男女平等、妇女解放，尊老爱幼、团结协作，公正公平、平等互助，遵纪守法、文明礼让等先进文化观念深入民心，空前地激发了人民群众的劳动热情、创造激情，从而极大地促进了社会主义的建设进程。在改革开放初期，我们党在思想理论文化界展开了真理标准问题的大讨论，极大地推动了全国性的马克思主义思想解放运动，为重新确立正确的马克思主义思想路线、政治路线、组织路线奠定了基础，发挥了极其重要的思想文化的积极推动作用，极大地推进了中国社会主义现代化建设事业的发展进程。因此，我们说坚持党的领导，科学引领先进文化建设的前进方向，是我国社会主义文化建设的成功经验。

### 三、坚持党的正确领导，引导文化工作者更好地把握文化发展的辩证法

正确处理文化发展与社会发展的辩证关系以及文化自身各种内在的辩证关系，则有助于推进文化的发展，反之，则会阻碍文化的发展。对于这一点，我们党长期以来十分重视，并始终坚持引导我国文化工作者运用马克思主义的科学世界观、方法论，不断探索、深化对文化发展与社会发展辩证关系以及文化自身各种内在的辩证关系的认识。主要表现在以下几个主要方面。其一，正确认识文化发展与社会生产力发展的辩证统一关系。一方面，物质生产力是文化存在和发展的物质基础，没有物质生产力的存在和发展，文化建设就会失去物质基础的支撑；另一方面，文化对物质生

产力的发展具有十分重要的制约作用，先进文化会通过提供精神动力和价值引导、智力支持和文化保障等促进物质生产力的发展，反之，落后的文化则会阻碍物质生产力的发展。我们党尊重上述社会物质生产力与文化之间的辩证联系，并已经深刻地认识到了，在建设先进文化时，绝不能抛开物质生产力建设，一味地强调单一的文化建设。而在进行物质生产力建设的时候，同样不能抛开先进文化建设，一味地强调单一的物质生产力建设。必须把先进文化建设与先进物质生产力建设紧密结合起来，并贯穿在整个社会主义现代化建设的始终。其二，正确认识文化继承性与创新性的辩证关系。我们党不断在实践中强调，文化建设工作者要正确认识到文化继承性与创新性是既有差别又是辩证统一的。一方面，继承性是创新性的基础，人类不同时期的文化必然有历史传承的文化积淀作为基础。另一方面创新是继承的最好延续，如果没有创新，那么继承就只能是简单的重复，文化的发展就会停滞。因此，我们党要求在中国特色社会主义文化建设中，既要强调对民族传统文化的合理继承，又要强调文化创新。要通过继承和创新，使中国特色社会主义文化建设充满生机和活力，进而使中华民族优秀文化真正世世代代地传承下去。其三，正确认识文化民族性与开放性的辩证关系。我们党始终要求文化建设工作者要遵循马克思主义的观点，正确认识文化的民族性是文化开放性的根基，合理的文化开放性是文化民族性的有效维持，两者同样存在辩证统一的关系。因此，要求文化工作者既要遵循文化开放性的原则，虚心学习，科学借鉴，合理融汇人类创造的一切优秀文化，又要结合本民族文化的精华，在此基础上，形成有民族风格、民族气派，真正强大的现代民族文化。

上述论证表明，与其他客观存在的现象一样，文化发展与社会发展以及文化自身都存在着各种相互关系，不了解和把握其辩证性质，文化建设就会受到挫折。因此，坚持党对文化工作的正确领导，则会引领文化工作者深入研究文化中的各种相互关系及其辩证性质，从更深的层次上促进我们的文化自觉，并在此基础上采取理性的、正确的、稳定的态度，从而真正确保我国社会主义文化建设的顺利进行。

我们知道，在当前世界经济一体化的时代大背景下，受全球化进程的影响，当代世界各种思想相互激荡、各种文化相互碰撞。因而当前我国社会文化中亦呈现出十分复杂的状态，社会主义文化与多种非社会主义文化并存。中国特色社会主义文化无疑是当前我国文化的主体，引领着我国文化的主流，但其他传统文化、西方文化也同时存在，并在我国民众中有着广泛的影响，表现为古今文化同在、先进与落后文化并存、东西方文化共存等，各种性质、各种形态的文化错综复杂地交织在一起，它们对社会主义现代化的发展起着不同的作用，有积极的推动作用，也有消极的阻碍作用。因此，能否客观分析当前我国文化的现状，科学分析主流文化与非主流文化现象，准确把握社会主义文化与非社会主义文化之间的联系与区别、同一性与斗争性，正确处理不同文化之间的关系以及可能引发的文化冲突和矛盾等，都直接关系到社会主义文化的建设进程，进而影响到整个社会主义现代化的顺利发展。在这样的复杂时代背景下，更需要文化工作者在中国共产党的领导下，运用马克思主义的基本原理，立足中国实际，客观地分析我国文化的现状，着眼于世界文化发展形势，准确掌握世界文化发展走势，从而正确理解、把握我国公民文化意识形态的发展趋势，把握社会主义文化与非社会主义文化之间的联系与区别、同一性与斗争性，并在此基础上切实做到分清性质、把握分寸、掌握力度。另外，对社会主义文化必须大力发展，对有益文化必须坚决支持，对落后文化要加以合理改造，对反动的文化则要坚决批判、抵制，等等。因此，要恰当、有效地处理不同文化之间可能引发的文化冲突和矛盾，正确地处理好不同文化之间的关系，既弘扬社会主义主旋律文化，又容纳多种文化并存，既强调文化思想的提高，又注意文化思想的普及，最终实现中国特色社会主义文化的顺利发展，并使其成为强大的精神力量，进而推动中国特色社会主义现代化建设的进程。

## 第二节 始终坚持文化为人民服务、为社会主义服务的根本方向

为人民服务、为社会主义服务是中国特色社会主义文化建设的根本方向，这是社会主义制度对文化建设提出的本质要求，是社会主义文化建设必须承担的重要社会责任。

我们党从诞生之日起，就把为广大人民服务作为自己的宗旨和奋斗的动力，把全心全意为人民服务、谋利益作为自己始终不变的价值追求。早在艰苦卓绝的革命战争时期，我们党就已经开始提倡为人民服务的政治觉悟和道德境界。毛泽东同志在 1942 年首次明确提出了为人民服务的文艺方向。随着革命的胜利、社会主义制度的建立、改革开放的推进，党更加明确了为人民服务、为社会主义服务的文化建设根本方向，并不断发展为人民服务、为社会主义服务的内涵。例如，进入改革开放时期，在新的历史条件下，党的领导集体就明确提出了“三个有利于”的标准，要求党的一切工作要立足中国的实际，从最广大人民的根本利益出发，把人民是否支持及是否拥护作为党制定路线、战略、规划、计划、方针、方法、政策等的出发点和落脚点，从而在新的历史时期，坚持和发展了为人民服务、为社会主义服务的内涵。到了党的第三代领导集体，则提出了核心及落脚点都是为人民服务、为社会主义服务的“三个代表”重要思想。进入新时期以来，党中央领导集体提出了科学发展观，使为人民服务、为社会主义服务有了更进一步的理论升华和精神提升，强调始终把最广大人民的根本利益作为一切工作的出发点和落脚点，坚持以人民的利益为根本，强调为人民而执政、为人民而谋利等，使为人民服务、为社会主义服务真正落到工作实处，等等。总之，在我们党成立 90 多年以来的历史中，通过党对为人民服务、为社会主义服务方向的始终坚持和发展，赢得了广大人民群众的拥护和支持，团结和凝聚了广大文化工作者；极大地激发了广大人民群众尤其是文化工作者的文化创造热情，使人民群众的文化创作活力得到

激活，创新才华得到充分施展；文化生产力得到解放和发展，现如今，我国文化创作生产十分活跃，文化创造成果不断涌现，文化市场不断拓展；文化体制改革得到实施，文化发展理念得到创新，文化事业日益繁荣，文化产业健康发展；广大人民群众的文化权益保障水平得到提高，文化在国民经济发展中的地位和作用日趋重要；文化“走出去”的新战略正在实施，我国对外文化交流格局正向多层次、宽领域方向发展，中华民族优秀文化的国际影响不断扩大，国家软实力不断增强；广大人民群众的科学文化素质、思想素质明显提高等，所有中国特色社会主义文化建设的伟大成就，都用事实客观地诠释了坚持为人民服务、为社会主义服务的根本方向，是中国特色社会主义文化建设的成功经验。尤其是到了现在，随着改革开放的深入、社会主义市场经济的发展，我国人民的物质生活水平日益提高，广大人民群众的文化需求也在不断增长，并呈现出多元性、自主性、选择性等新时代特征，我们更加注重立足于新时代的现实，对坚持为人民服务，为社会主义服务的根本方向有更深刻的理性认识，从而真正做到切实贯彻为人民服务、为社会主义服务的根本方针。

## 一、坚持为人民服务，为社会主义服务的方向是党的性质和宗旨的内在要求

我们党作为代表先进生产力的中国工人阶级政党，始终把为中国最广大人民谋福利作为自己的根本宗旨。党的这种性质和宗旨，内在地决定了其必须代表中国最广大人民的根本利益，为包括工人阶级在内的广大人民群众谋利益。党在任何时候、任何工作领域都必须把中国最广大人民群众的根本利益放在首位。因此，作为党的事业重要组成部分的文化建设，在“为了谁”的根本方向问题上，必然与党的性质和根本宗旨具有同一性、一致性。只有坚持为人民服务的方向，坚持以人民的根本利益为出发点和归宿点，以最广大人民为表现主体及服务对象，以人民欢迎的各种创作形式，创造出反映人民呼声、体现人民情感、表现人民愿望的文化作品，才能真正做到不断满足人民大众不断增长的文化需求。只有坚持为社会主义

服务的根本方向，直面社会主义建设的客观现实，正确认识社会主义现代化建设的客观发展规律，科学把握社会主义社会发展的正确方向，密切关注社会主义变革的时代风云，积极投入社会主义先进文化建设实践，真正把文化艺术追求、科学学术的探索融入社会主义现代化建设的时代潮流之中，才能创作出符合新时代要求、符合社会主义社会发展需要的优秀文化作品和产品。

## 二、全面坚持文化为人民服务、为社会主义服务的根本方向

随着我国经济体制逐渐由计划经济体制向社会主义市场经济体制转变，文化事业逐渐有了公益性文化事业与非公益性文化事业的区分。二者的区别如下：一是资本来源不同。公益性文化事业的资本来源于国家财政拨款或社会捐助，而我国非公益性文化事业的资本则主要来源于企业等经济实体。二是机构性质不同。公益性文化事业组织是政府部门的附属单位，是非营利性组织，而非公益性文化事业组织是企业，是营利性组织，文化产业是非公益性文化事业的主体。三是生产目的不同。公益性文化事业以国家、公众的需要为目的，而非公益性文化事业是以市场需要为目的。四是运营原则不同。公益性文化事业以获得最高社会效益为原则，而非公益性文化事业以追求最高经济效益为原则。五是调控方式不同。公益性文化事业采取行政命令的直接调控方式，而非公益性文化事业主要适用市场调控方式以及相应的法律规范、政策引导等。

由于两者有着以上截然不同的特征，人们往往容易从其表面特征去理解：由国家财政拨款、非营利性的公益性文化事业理所当然应该坚持为人民服务、为社会主义服务的根本方向，而自筹经费、营利性的非公益性文化事业则没有坚持为人民服务、为社会主义服务根本方向的要求，创作、生产什么文化作品、产品，提供什么文化服务等，都只以市场需要为根据、为目的，以获取最高经济效益为原则，可以无视社会效益，不顾对社会产生消极的影响后果，不承担任何社会责任，等等。这显然是一种误读，是对坚持为人民服务、为社会主义服务根本方向的片面理解。事实

上，公益性文化事业固然要坚定不移地坚持为人民服务、为社会主义服务的方向，坚持以政府为主导，坚持以国家、公众需要为目的，坚持创作、生产反映社会主义现代化建设、为社会主义现代化建设服务的先进文化作品、产品，不断满足人民大众最基本的文化需求。但同时也要求非公益性的文化事业要坚持为人民服务、为社会主义服务的根本方向。这是因为非公益性的文化事业也是党领导下的文化事业，因此必须与党的性质和宗旨保持一致。同时，非公益性文化事业也是我国现代化建设事业的重要组成部分，它也有促进社会发展进步的社会责任。因此，不仅公益性文化事业要体现为人民服务、为社会主义服务的精神，非公益性的文化事业也必须坚持为人民服务、为社会主义服务的根本方向。虽然公益性文化事业与非公益性文化事业有多方面的区别，但它们也相互联系、相互促进，并统一于繁荣中国特色社会主义文化建设的伟大事业，两者都是中国特色社会主义文化不可缺少的重要组成部分。因此，非公益性文化事业（包括经营性文化产业）与公益性文化事业一样，要自觉坚持为人民服务、为社会主义服务的方向，始终代表人民群众的根本利益，始终把社会效益放在首位，切实做到社会效益与经济效益的有机统一，在经济效益与社会效益发生矛盾冲突时，自觉做到经济效益服从社会效益，不能以损害社会效益为代价一味地追求追求经济利益。为此，无论公益性文化事业还是非公益性文化事业，都要努力确保全面坚持为人民服务、为社会主义服务的根本方向。因此，其一，要注意引导广大文化工作者牢固树立人民是历史创造者的历史唯物主义观点，着眼于人民群众的需要，创造出满足人民需要、促进人民身心健康的文化作品、产品及服务。其二，要注意引导文化工作者站稳先进文化立场，牢记神圣社会职责，弘扬先进文化主旋律，包容文化多样性。其三，要注意引导广大文化工作者加强自身学习、修养，提高自身能力素质，既要向课本学习科学理论，又要向实践和人民大众学习，拜人民为师，不断创作、生产出优秀的文化作品，以满足广大民众不断增长的文化需要。其四，要注意引导文化工作者强化社会责任意识，认真对待文化作品、产品的社会效果，明辨是非，抑恶扬善，多出有品位、有格调的优秀作品、产品，使人民益德益智；自觉抵制假丑恶，弃粗鄙、弃恶搞，远离低级趣味、阴暗心理，多出反映社会公平正义、人间温暖温情、美好生活希望等文化作品、产品，从而促进社会形成良好的社会风气、和谐的社会氛围和健康积极向上的社会精神风貌。

### 三、有效坚持为人民服务、为社会主义服务的根本方向

为人民服务、为社会主义服务是中国特色社会主义文化建设的根本方向，只有把它切实贯彻到文化建设的具体过程中，才能实现社会主义文化的繁荣和发展。进入改革开放的新时期之后，国家处在改革的关键时期，各种社会矛盾凸显，多种思想文化并存、相互交织与相互碰撞。民众的思想日趋活跃，人们在文化选择上的自主性日益增强，大众的文化需求多元性特征越来越明显，为真正实践为人民服务、为社会主义服务的精神，广大文化工作者必须深入了解当前世界文化的发展趋势，了解当前我国社会发展的客观实际，真切了理解广大人民群众的多种文化需求，从而切实做到为人民服务，为社会主义服务。为此，我们的文化工作特别强调要坚持“三贴近”，即贴近实际、生活、群众，不断增强文化工作的针对性、现实性、吸引力、影响力。其一，强调通过坚持“三贴近”，使广大文化工作者真正做到一切从实际出发，充分认识我国社会发展各阶段的客观实际，准确把握新形势下文化发展的特点和要求，正确认识文化建设面临的新局势、新要求，了解人民群众对文化的新需求、新愿望。根据人民群众的思想文化实际，有针对性地解疑释惑，准确、科学地回答人民大众普遍关心的理论问题和现实问题，探索科学解决文化建设中存在问题的方式方法及途径，有效破解制约文化发展的难题，从而创作、生产出真正符合社会发展需要、满足广大人民群众文化要求的文化作品和产品。其二，强调通过坚持“三贴近”，使广大文化工作者真正深入改革开放和现代化建设第一线，着实把握时代的脉搏、社会实际的本质、社会生活的主流，切实做到把目光和镜头对准人民大众，尤其是基层广大民众，始终关注人民的文化需求，使普通人民群众拥有更多的舞台、版面、荧屏等。其三，强调通过

坚持“三贴近”，积极促使文化消费门槛降低，使文化发展重心向基层下移，切实保障全体人民能共享文化发展的新成果，千方百计地使文化为基层服务、为农民服务、为困难群体服务。努力多生产、多提供满足不同地区、不同年龄层次、不同文化水平群众文化需求的文化作品、产品及文化服务。其四，强调通过坚持“三贴近”，切实加强基层文化设施建设，整合各种文化资源，拓宽基层文化活动空间，繁荣和发展广大基层的社会主义文化，从而真正实现我国社会主义文化的繁荣和发展。

总之，社会主义文化必须为社会主义服务，必须以最广大人民的根本利益为终极目标。衡量和检验社会主义文化工作的一个重要标尺，就是要看文化是否代表中国最广大人民的根本利益，是否促进广大民众的科学文化、知识技能和思想品德素养的提高，是否满足最广大民众不断增长的文化需求。所以，在中国特色社会主义文化建设中始终坚持为人民服务、为社会主义建设服务的根本方向，是确保我国社会主义文化建设顺利进行的重要保证。

## 第三节　切实坚持“百花齐放、百家争鸣”的方针

### 一、“百花齐放、百家争鸣”方针是繁荣科学文化的根本方针

百花齐放、百家争鸣（以下简称“双百”）是中国共产党长期以来坚持的基本工作方针，也是促进我国社会主义文化繁荣和发展的基本工作方针。1957 年，基于我国迅速发展文化的迫切需要以及对苏联社会主义发展正反两方面经验教训的深刻总结，毛泽东同志在《关于正确处理人民内部矛盾的问题》的讲话中，已经系统地论述了这一方针。长期以来，我们党坚持“双百”的工作方针来指导各项工作。我国半个多世纪以来的社会主义文化建设实践表明，坚持“双百”方针，我们的文化建设事业就能蓬勃发展，欣欣向荣；反之，如果“双百”方针受到干扰、践踏，文化建设事

业就会发展缓慢，直至停滞不前，严重时甚至会发生倒退。

## 二、努力提高“百花齐放、百家争鸣”方针贯彻执行的实效性

随着我国进入改革开放新的历史时期，随着所有制结构的多样化，市场经济体制的运行及完善、利益的多元化以及全球科技文化迅速发展和频繁、快速交流等，我国民众的思想意识、价值观等越来越呈现出复杂性、多元性、选择性。这些都是“双百”方针提出时未曾出现过的新情况。这些新情况的出现，一方面，使得“双百”方针的贯彻有了更扎实的社会现实基础及新的客观要求，也有了比以往更广泛的社会平台，更有了现代方便、快捷、先进的科技条件作为支撑等；另一方面，又使得在贯彻“双百”方针过程中，难度增大，各种不利的因素也在增加，如一些不真实的信息甚至有害的信息也会借助当代高科技的手段、技术以更快速度、更广范围迅速传播等。在这样的时代背景下，如何有效推进“双百”方针的贯彻执行，是当前我们要认真总结的经验。

其一，必须坚持正确认识。一方面，在实践中必须认真遵循党的思想路线、方针政策，以马克思主义为指导，运用马克思主义的科学理论，客观分析现实中的各种文化现象，准确把握适度的原则，以积极包容的态度促进各种优秀的、符合社会发展需要的文化形式、文化业态产生、发展。第一，重视人民群众的要求、意见，各种学会、研究机构、广播、电视、书籍、报纸、杂志以及互联网等要保障人民大众正当的舆论权利，使广大民众的声音得到表达。第二，要承认差异，包容多样性，切实实现各种不同艺术流派可以得到发展，各种不同的科学学派和观点可以争论的“百花齐放”局面。另一方面，坚持“双百”方针，不等于允许腐朽、反动的文化泛滥、危害人民的身心健康、侵害人民的根本利益。因此，对违背社会发展规律、阻碍社会主义文化建设发展的反动、腐朽文化形式、业态等要坚决反对；对是非不分、荣耻不辨、善恶颠倒，危害社会、毒害民众的文化作品、产品要坚决抵制；对以俗、以怪、以丑来迎合低俗需求的不良作品、产品要摒弃。总之，要通过理论引导正确认识“双百”方针，以确保

“双百”方针的有效贯彻。

其二，必须坚持发扬民主。要在国家宪法规定的范围内，在明晰学术问题、思想认识问题、政治问题界限的基础上，区别对待：在政治问题上坚持坚定的立场，在学术问题上实行民主的讨论，在思想问题上则注重说理、引导。在学术问题上积极开展多形式、多渠道的学术研讨和交流活动，鼓励和支持在各种学派、各种学术观点之间开展民主讨论和自由争鸣，提倡开展学术上积极的批评与自我批评，从而真正实现学术民主。在艺术创作上，提倡不同艺术派别之间的自由争鸣和平等切磋，鼓励、倡导艺术上多种形式、多种风格的自由发展和创新，鼓励和倡导艺术理论批评上不同观点之间的自由争鸣、不同学派之间民主讨论，从而真正实现艺术民主。总之，通过充分发扬民主，尊重文化工作者的创造性劳动，调动他们的积极性、创造性，激发他们的创作热情，对社会的责任感、使命感，努力培育、发展民主、活跃、和谐、求真务实的良好学术氛围和艺术氛围，切实保障人民的思想自由、学术自由、创作自由，从而使“双百”方针得到切实的贯彻执行。

其三，必须坚持创新。我们知道，创新是人类社会发展进步的源泉和动力，创新也是人类文化的本质特征，坚持创新才能更好地坚持“双百”方针，从而促进文化建设的繁荣发展。2006 年 11 月 13 日，温家宝同志在全国文代会上与作家、艺术家谈心时曾说过，实行“双百”方针就是要鼓励创新。整个人类社会发展史包括思想文化历史、科技艺术历史等都用充分的事实证明，人类所有的新思想观念、新创造发明的产生、发展和完善，都是以思想解放、开拓创新作为前提条件的。作为引领时代风气之先的文化，它的进步发展更是需要解放思想、开拓创新。只有不断解放思想、不断创新，才能不断产生新的学术观点、出现新的学术流派，不断创造出新的作品、新的艺术风格和艺术形式等，从而不断使不同的学术观点、学术流派，不同的艺术风格、艺术形式，不同的创作题材、不同的创造方法之间相互讨论、竞相争鸣，进而真正实现“双百”的繁荣局面，不断推进社会主义文化建设的繁荣和发展。一枝独秀、一家一说等限制文化创新的状况，是无法真正贯彻“双百”方针的，也是无法推进社会文化不断发展的。为此，我们不断坚持鼓励文化创新，鼓励广大文化工作者以勇于超越前人的创新勇气，以敢于引领风尚的创新胆识，不断激发创新热情，充满创造活力，积极推进学术观念、学术流派、艺术形式、艺术风格以及题材、体裁、手段、方法等方面的创新和发展；不断鼓励广大文化工作者自觉站在科学技术发展的最前沿，主动积极地用现代科技方法、手段创新文化作品、产品的表现形式，敏锐并及时地用现代科技元素提升文化作品、产品、服务的艺术魅力，从而使艺术与科技完美融合，使文化的“百花”更具时代气息，文化的“百家”更有现代科技含量，从而使“双百”方针在新时代的背景下得到切实有效的贯彻执行。

## 第四节　努力满足人民群众文化需要，保障人民群众的基本文化权益

中国特色社会主义文化是广大人民群众的文化，是民众共建共享的文化。发展社会主义文化，就是为了让广大民众分享文化发展成果，就是为了丰富人民群众的文化生活，提高人民大众的生活质量。因此，在解答发展文化“为了谁”的问题上，我们始终坚持满足人民群众的文化要求，保障人民群众基本文化权益，这是中国特色社会主义文化建设的成功经验。

回顾历史，几十年来，无论是在革命战争时期，建立社会主义制度、开展大规模社会主义建设时期，还是改革开放和社会主义现代化建设时期，我们党都坚持把实现好、维护好最广大人民群众的根本利益作为衡量一切工作的最高标准。因此，在文化建设工作中也是如此，我们坚持文化为人民服务的根本方向，以不断推进文化的繁荣和发展来满足广大民众不断增长的文化需要，努力以各种优秀的文化作品、产品以及文化服务来陶冶人民的性情，提升人民的精神境界，激励人民的意志，提高人民的科学文化素质和各种技能。我们党长期坚持努力保障广大民众的基本文化权

益，根据不同的社会群体，尤其是基层民众群体、农民群体、边远地区少数民族群体等具体情况，创作、生产与他们生活实际紧密相关，同时也是他们乐于消费、能够消费得起的文化作品、产品及服务；举办广大人民群众可以参加、愿意参与的各种形式、各种类型的文化活动；倡导广大文化工作者下基层、到农村、到边远地区为不同地区、不同年龄、不同文化水平的群众提供文化服务等。经过长期的努力，使我国人民群众的文化水平和发展能力得到不断的提高和发展，中国特色社会主义文化建设进入繁荣发展的新时期。

在新的历史发展时期，我们党更是把努力满足广大民众的文化需要，保障大众基本文化权益的成功经验，内化成了更为自觉、更为理性的认识，把努力满足广大民众的文化需要，保障大众基本文化权益，更明确地提高到了重要的地位。胡锦涛同志在党的十七大上就把保障人民群众基本文化权益明确作为了国家文化建设的重要目标之一。到了党的十七届六中全会《中共中央关于深化文化体制改革　推动社会主义文化大发展大繁荣若干重大问题的决定》中，则进一步明确把满足人民群众的精神文化需求作为推动文化大发展大繁荣的根本价值取向和价值目标。我们党对满足人民群众文化需要，保障广大人民群众基本文化权益的高度自觉，适合了我国社会发展的客观需要。当今社会，随着我国广大人民群众物质生活水平的不断提高，文化消费水平进入快速增长期，文化消费水平已经成为衡量广大人民群众生活质量的重要指标。在这样的客观背景下，我国广大人民群众发展文化的自觉性、分享文化发展成果的自觉性、自己的文化权益的自觉性等越来越高了，因而从理论上提炼文化建设中有关努力满足人民群众文化需要，保障广大人民群众基本文化权益的成功经验，具有了更大的现实性。

## 一、正确认识保障人民基本文化权益的重要意义

### （一）保障人民基本文化权益是我们的责任和义务

与西方市场经济发育早、经济发达的国家相比，我国由于相当长时期

处于农业社会，权益观念培育较晚，文化权益观念则更晚一些。“文化权益”在一般的意义上也被称为“文化权利”，国际社会对文化权利早已有所认识，1948 年联合国《世界人权宣言》规定：“人人有权自由参加社会的文化生活，享受艺术，并分享科学进步及其产生的福利”“人人对由于他所创作的任何科学、文学或美术作品而产生的精神的和物质的利益，有享受保护的权利”。1966 年 12 月 16 日第 21 届联合国大会又通过《经济、社会和文化权利国际公约》，对民众的文化权利做了进一步的详细约定。我国则在 30 多年之后，即 1997 年 10 月 27 日正式签署了这一公约，2001 年 2 月 28 日，中华人民共和国全国人民代表大会常务委员会正式批准了这一公约，表明从此时起，中国正式承认了这一公约的合法性和有效性，也承担了在中国执行保障广大人民群众文化权益的责任和义务。

（二）保障人民基本文化权益是社会主义的本质需要

我们从社会主义本质是在解放和发展生产力的基础上最终达到共同富裕的基本表达中可以得知，社会主义本质的核心就是通过推动社会生产力发展，逐步实现人类的公平。这是马克思主义在深刻揭示人类社会发展规律的基础上，对社会主义本质的科学凝练。中国共产党在领导中国社会主义实践中遵循社会主义本质的要求，不断促进社会的公平。权利公平则是社会公平的核心，权利公平涵盖政治、经济、文化等多方面的综合权利平等，人民享有公平的文化权利是社会主义本质要求的重要组成部分。我们党一直注重文化建设，从根本上确保广大人民的文化权益。在《宪法》第三十五条中就明确规定：“中华人民共和国公民有言论、出版、集会、结社、游行、示威的自由”，第四十六条规定：“中华人民共和国公民有受教育的权利和义务”，等等，从而从国家根本大法的角度确保了广大人民群众的文化权益，为人民享有公平的文化权利奠定了坚实的基础。在实际中，我们党也不断推进社会主义文化繁荣和发展，使人们的精神文化生活逐步丰富。随着改革开放的不断发展，随着人们物质生活水平的逐步提高，人民大众精神文化的需求也不断提高。因此，努力保障广大人民群众的基本文化权益，逐步实现人民大众在文化权益的社会公平，是社会主义制度自我完善和发展的本质要求。

（三）保障广大人民群众基本的文化权益是构建和谐社会的客观需要

和谐社会状态是人类长期以来的社会理想，对此古今中外许多思想家都有过论述，但把它上升到理论高度，并进行了科学论证的是马克思、恩格斯。在《德意志意识形态》中，马克思、恩格斯就非常明确地表述了未来共产主义社会的和谐状态："在共产主义社会里，任何人都没有特殊活动范围，而是都可以在任何部门内发展，社会调节着整个生产。"① 由于历史条件的限制，马克思、恩格斯没有就如何构建共产主义和谐社会，特别是如何构建社会主义和谐社会展开论述，这个任务留给了马克思主义的后继者。2005 年以胡锦涛为总书记的中共中央领导集体创造性地提出了构建社会主义和谐社会的伟大战略任务，并对如何构建社会主义和谐社会展开了论述，其中在构建社会主义和谐社会与中国特色社会主义文化建设的关系问题上，认为两者有内在联系。中国特色社会主义文化建设既是构建社会主义和谐社会的重要内容，也是构建社会主义和谐社会的必要条件。正如胡锦涛同志所指出的："要更好地构建和谐社会，就必须在社会主义先进文化引领下，大力建设和谐文化，广泛动员人民群众投身和谐社会建设。"② 可见构建社会主义和谐社会与中国特色社会主义文化建设之间有内在的联系，其中保障人民大众基本文化权益，逐步实现广大人民群众的文化公平，就是构建社会主义和谐社会的重要条件。我们知道，2005 年 2 月，胡锦涛同志把社会主义和谐社会的基本特征概括为民主法制、公平正义、诚信友爱、充满活力、安定有序、人与自然和谐相处。这些基本特征都是中国特色社会文化建设的目标要求和重要特征。因此，只有明确提出保障广大人民群众的基本文化权益，逐步实现文化公平，才能切实调动人民参与文化创造、文化生产的积极性，从而实现"充满活力"的良好局

---

① 中共中央编译局：《马克思恩格斯选集》（第 1 卷），北京：人民出版社，1995 年，第 85 页。

② 胡锦涛：《在中国文联第八次全国代表大会、中国作协第七次全国代表大会上的讲话》，《人民日报》，2006 年 11 月 11 日。

面；只有明确提出保障广大人民群众的基本文化权益，逐步实现文化公平，才能更好地使人们自觉地要求行使和落实文化权利，自觉、合理、恰当地使用文化权利去抵御贪婪、欺诈、唯利是图、坑蒙拐骗等落后、腐朽的思想观念及行为，摆脱愚昧无知、贫困疾病，从而真正有效地维护社会的平稳、安定、和谐，切实形成“诚信友爱”的社会风尚。在这样的基础上，才能真正实现我们所追求的社会主义和谐社会。尤其是在当前我们所处的社会发展阶段，由于生产力发展水平有限，文化生产力水平还不高等原因，使我们还不能实现高水平的文化公平。但是我们必须明确提出保障广大人民群众的基本文化权益，努力创造条件，不断缩小城乡之间、地区之间、贫富阶层之间、不同职业人群之间的文化生活差距；努力加大对公益性文化设施建设的投入，建设布局合理、服务方便的社会公共文化服务体系，尽最大的可能逐步实现文化成果社会共享，真正保障广大人民群众的基本文化权益，以文化公平促进社会平稳、安定、和谐，从而有效地推进社会主义和谐社会的建设进程。

（四）保障广大人民群众基本文化权益是贯彻落实科学发展观的需要

当代中国坚持发展是第一要务，坚持贯彻执行科学发展观，其核心就是以人为本。因此，我们通过保障广大人民群众的基本文化权益，促进文化事业繁荣发展，促进人的全面发展，真正实现以人为本，才能使科学发展观得到有效的贯彻落实。

在繁荣发展社会主义文化过程中，要保障广大人民群众的基本文化权益，使科学发展观的以人为本理念得到切实的落实。这是因为保障广大人民群众的基本文化权益，要求更加注重以人为本：为了有效保障广大人民群众的基本文化权益，就要密切关注人民大众不断增长的文化需求，不断加快发展公益性文化事业，让人民大众广泛享有基本公共文化产品和服务；为了保障广大人民群众的基本文化权益，就要更加注意增加公共文化服务总量，缩小城乡之间、地区之间、贫富阶层之间、不同职业人群之间的文化生活差距，使最广大的人民群众共同分享社会主义文化建设的新成果；为了保障广大人民群众的基本文化权益，就要更加注意及时把各种文化发展成果转换成人民大众的各种福利，让广大民众切实享受到文化改革发展的各种实惠，从而使他们的文化生活质量得到切实的提高，使他们的思想素质、道德境界得到提升，精神得到愉悦，身体素质得到增强，科学文化素质得到提高，劳动技能得到拓展，等等，从而使以人为本的理念得以真正落到实处，使科学发展观得到切实的贯彻落实，使社会主义现代化建设得到有效的促进。事实上，从国际范围来看，经济发达、文化发展较好的国家，都很重视对民众文化权益的保障。近些年来，由于受这些因素的影响，在这些发达国家进一步完善保障国民文化权益政策、措施的同时，一些发展中国家也开始重视这方面的工作了，重视民众的文化权益、保障国民的基本文化权益已经是一种世界趋势。在世界全球化的今天，中国不能忽略这种趋势，否则如果其他国家重视民众文化权益的保障而加快了文化、社会的发展、进步，而我国却因忽略这种趋势而使文化发展受到影响，严重时将会使我国在综合国力的国际竞争中处于被动的局势。国际文化发展经验证明，一个国家文化权利的落实直接关系到它的文化发展，进而影响到它的社会发展。凡是文化兴盛之地，均会伴有社会的兴盛，世界经济发达国家往往同时就是文化发达国家。因此，我们说强调保障广大民众的基本文化权益，既是促进我国文化发展、满足人民大众不断增长的文化的需要，同时也是贯彻落实科学发展观，促进我国社会主义现代化建设的需要。

## 二、科学把握人民基本文化权益的内涵

前文我们提到，由于商品市场经济发育较晚等原因，我国权益观念培育较晚，文化权益观念则更晚，加上文化权益概念本身具有抽象性及历史发展性等原因，因此我们对人民基本文化权益的内涵的厘清也就相对滞后一些。为了更好地有效保障人民群众的基本文化权益，必须对人民基本文化权益的主要内涵有正确的认识和把握。这是中国特色社会主义文化建设的重要经验。人民基本文化权益的内涵具有明显的历史性，在不同的时期有不同的具体内容。在当前我国特定的历史环境下，人民基本文化权益的

内涵十分丰富，主要包括人民拥有文化生产和创造的权利，人民拥有公平地享受社会文化成果的权利，人民拥有自由平等地参与社会文化活动的权利等。

（一）人民拥有文化生产和创造的权利

人民的文化生产和创造权是人民作为文化生产和创造主体的权利。这是马克思主义唯物历史观关于人民群众是社会历史创造者这一基本观点在文化建设中的具体表现。人民群众的物质、精神文化生产创造了人类的灿烂文明历史，创造了人类历史上迄今为止的一切物质财富和精神财富。正如列宁所说的那样：生机勃勃的创造性的社会主义是由人民群众自己创立的。因此，没有人民群众的生产和创造，也就没有人类的文化历史，由此文化建设必须尊重和保护人民群众的文化生产和创造的权利。人民是文化生产和创造的主体，有多层含义：一是文化根植的基础是人民群众，广大人民群众的生产和生活实践是文化作品、产品产生的直接源头。二是人民群众本身是文化生产力的主体。国家文化的主要财富是由广大人民群众直接创造的。三是人民中从事文化生产、创造的专业技术群体，是文化生产力的重要组成部分，他们从事文化建设中的高精尖工作，技术含量要求更具体、社会责任更大，对社会发展的推动作用更直接。

我们党的文化建设经验表明，有效保障人民文化生产和创造的权利，要着力做好以下几个方面的主要工作。其一，要加强对人民群众文化生产和创造的有效组织和正确引导。通过坚持“三贴近”，有效地支持人民群众在贴近实际、生活、群众中寻找文化创作的素材，提高创作水平，打造群众文艺精品，尽最大努力保护好人民群众投身文化生产和创造的愿望、热情、积极性。其二，要加强对农村民办文化的引导和支持，引导农民办健康、有益的文化项目，大力支持农民群体自主兴办电影队、剧团、图书室等。有计划地加强对农村文化骨干的培训，提高他们的管理知识、业务技能，建设一支稳定的农村文化工作队伍。尊重农民自办文化创造性劳动，在表彰奖励、宣传推介等方面给予政策倾斜。其三，要大力发展民营文化产业，在优惠政策等方面与国办单位一视同仁，继续完善扶持民营文化产业的政策，使之提高市场竞争力，从而充分发挥民营文化产业在文化建设中的重要作用。总之，要充分、有效地保障人民群众文化生产和创造的权利，需要我们采取多种方法，从不同层面去保护人民群众文化生产、文化创造的积极性和创造性，努力营造良好的社会氛围，对人民群众所创造、生产的所有有意义的文化好产品、好作品实施有效保护，使蕴藏在我国广大民众中的文化创造力及文化生产力充分释放，进而在形成社会文化价值认同约定的基础上，使人民群众生产、创造的文化产品的社会意义和社会价值得到真正的社会认同，使之成为真正的社会文化成果，从而真正实现人民群众文化生产和创造的权利。

（二）人民拥有公平地享受社会文化成果的权利

人民群众拥有创造、生产文化的权利，当然也拥有享受自己文化生产成果的权利。在社会主义条件下，这种文化的享受权利是公平的，也就是全体社会公民及其群体公平地享有基本文化权益。我们知道，在现实社会中，人们在社会政治、经济地位以及对社会文化资源的占有等方面，都还在不同程度上存在着差异，这是我们必须承认的客观现实，但这种客观现实却不能成为我们在认识上忽略人民拥有公平地享受社会文化成果权利的借口。我们知道，许多文化产品的最后形成，通常是由单个或几个人来完成，似乎是人类个体的劳动成果，然而事实上，每一个文化产品都凝结着其他人的文化劳动，有时甚至是几代人的精神劳动积累，这就使文化天然地具有为整个社会服务及被全体民众共同享受的特征，就文化自身的内在精神价值而言，其天然地具有人类普遍享受的价值。因此，我们必须认识到，优秀文化产品一经人类创造出来，就具有了普遍属于人民大众的性质，人民大众拥有公平地享受社会文化成果的权利，这是由文化的特性所决定的，不容违背。因此，必须让人民大众公平享受一切优秀文化成果。一是让人民群众自由享有学习一切优秀文化成果的权利，包括不同时期、不同地区、不同民族以及不同国家的优秀文化，以提高他们的文化素质、思想素质、道德品质以及拓展文化技能等。二是让人民群众享有选择文化的权利。由于人类文化的不断积累，某个具体历史时期的人民大众会面对多种文化形式及不同的文化类型，不能以一种或几种特定的文化形式或种类去限定人们的文化选择。在国家的教育引导下，让人民可以根据自己的文化背景、民族特点、兴趣爱好以及文化欣赏习惯等具体情况，去选择接受一切优秀的人类文化。三是让人民享有传承文化的权利。文化具有历史传承性，优秀的人类文化通过人类的不断继承而代代相传、延绵不断，不能以任何借口或理由强行剥夺人民群众对一切优秀文化的传承权利，我国历史上出现的“焚书坑儒”等现象就是一种对人民传承文化权利的剥夺。四是让人民享有接受新文化成果的权利。作为反映社会存在的社会意识，文化具有相对的独立性，既包括落后的阻碍作用，也包括一定程度的超前探索，因而会产生一些新的文化成果，尤其是在现代社会，人类的文化碰撞、文化传播、文化影响更频繁、更快捷、更广泛，新的文化成果的出现比历史上任何时期都要快、要多，在这些新的文化成果中，当然会有许多不成熟、不完善的成分，但是不能以此为理由剥夺人民群众享有接受文化新成果的权利。相反，必须不断探索和掌握文化发展的客观规律，以包容的态度对待文化的探索，以发展的眼光看待文化新成果的不成熟、不完善，让人民群众掌握新文化成果的价值判断权，从而使他们真正享有接受文化新成果的权利。五是让人民享有将优秀的文化成果应用于日常生活的权利。由于文化的类型不同、形式不同，对于接近人民大众日常生活的文化种类，人民能够更方便、更快捷、更直接地分享。而对于远离大众日常生活的高精尖文化产品、曲高和寡的文化作品等，如果不能或者不去创造条件使之与人民群众的日常生活相结合，那么人民享受人类文化成果的权利将会受到事实上的极大限制。因此，必须让人民大众享有将各种优秀的人类文化应用于日常生活，融入其日常生活的权利，从而才能在最大限度上真正实现人民享受文化成果的权利。

（三）人民拥有自由平等地参与社会文化活动的权利

当前我国社会文化活动是指以繁荣发展社会文化为目的、促进社会发展进步的各种文化领域的活动，包括文化教育活动、文化传播及科学普及活动、民俗节庆活动等。

文化教育活动是基本的社会文化活动。我国公民享有受教育的权利，当然就拥有自由平等地参与文化教育活动的权利。《中华人民共和国义务教育法》以法律的形式把免费的义务教育确定了下来，公民免费享受义务教育的权利得到了法律的保护，这就为我国公民自由平等地参与文化教育活动提供了法律保障。因此，义务教育是我国公民最基础的文化教育活动，任何人、任何组织机构都不能以任何理由剥夺中国公民平等参与义务教育活动的权利。与此同时，我国公民享有平等参与各类文化教育培训活动的权利。

文化传播及科学普及活动是当代社会重要的社会文化活动。通过文化传播及科学普及活动，一方面，使科学文化发展的成果得到迅速的传播、广泛的普及，使人民大众更快、更广泛地参与到文化活动中来。另一方面，通过参与文化传播、科学普及活动，使参与者本身的文化水平、思想意识、道德修养、情趣品位等得到切实的提高，使他们更能获得文化主人的身份确认，从而实现人民群众基本文化权利的有效保障。因此，国家和社会要积极通过开展各种各样的文化传播、科学普及活动，为人民群众参与文化传播、科学普及活动创造有利条件、营造良好氛围，不断满足他们的文化需求，从而使广大人民群众参与文化传播、科学普及活动的权利得到真正有效的落实。

民俗节庆活动是我国重要的社会文化活动。民俗节庆活动本身就是人民所创造的。中国历史悠久、民族众多，各族劳动人民在长期的实践过程中，逐步总结、传承了丰富的民俗节庆活动，并赋予其许多积极的文化意蕴、美好的文化诉求与愿望，形成了许多活泼、生动、欢乐的节庆，对激发人民的爱国热情、凝聚民心、传承文明等都有着其他文化活动形式所不能替代的重要作用，如祝愿彼此吉祥快乐、安康幸福的新春佳节，合家团圆、美满快乐的中秋节，祭奠祖先、传承文化传统的清明节，纪念屈原、弘扬爱国主义、培育团结精神的端午节，以及全国各个民族具有自己独特形式、健康有益的各种民俗节庆活动等，都是我国十分重要的社会文化活动，也是我国大众参与度极高、普及面极广的社会文化活动。因此，要保障人民公平参与这些有益社会文化活动的权利，不能以任何理由剥夺人民参与有益文化活动的权利。

## 第五节　充分发挥人民群众在文化建设中的主体作用

中国共产党领导全体中国人民经过不懈的努力，使得中国特色社会主义文化建设取得了一系列伟大成就，彻底改变了旧中国科学文化落后、文化生产力极度低下的局面，其中充分发挥人民群众的主体作用是重要的经验，笔者从以下几个主要方面加以论析。

### 一、正确认识人民群众在文化发展中的地位

与历史上的历史唯心主义观点不同，马克思主义首次提出了唯物主义历史观，从社会存在决定社会意识的基本前提出发，从根本立场上正确解决了对人民群众的历史作用的认识问题。唯物历史观认为，人民群众是推动社会发展的主体动力，是人类社会历史的创造者。社会历史是社会的人通过自己的活动创造的，正如马克思所指出的："人们自己创造自己的历史。"① 人民群众创造历史的作用全面地体现在社会生活的各个方面，首先，表现在他们是物质财富的创造者。人民群众通过生产实践，不断创造社会物质财富，为人类社会提供赖以存在和发展的根本基础。其次，广大民众是精神财富的创造者。他们中不仅有众多人为精神财富创造提供必要的物质基础，开辟丰富的精神财富创造源泉，而且有许多劳动者直接参与了精神财富的创造。最后，人民群众是社会变革中具有决定作用的社会主体。他们的物质劳动生产不断造就的生产力，从深层次推动了社会变革；代表他们愿望、反映社会发展要求的思想者为社会变革提供理论武器；广

---

① 中共中央编译局：《马克思恩格斯选集》（第 4 卷），北京：人民出版社，1995 年，第 732 页。

大人民群众是社会变革关键时刻的革命主力军。由此可见，人民群众是包括物质生产、精神生产、社会变革等在内的全部社会实践活动的主体。站在唯物历史观这个正确的基点上，我们就能正确地认识到人民群众这种创造历史的实践活动正是我们获得正确认识的来源，他们在实践中的首创精神就是文化发展的基本内生动力，离开了人民群众创造社会历史的伟大实践，文化建设将无从谈起。对于这一点，我们党以自己 90 多年的历史经验证明了要充分发挥人民群众的物质、精神创造作用，必须首先正确认识人民群众在社会历史发展中的地位。

在艰难的革命战争时期，我们党将人民的利益视为最高的利益，把人民群众看作创造历史的主体（亦是创造文化的主体），把“为人民服务”作为自己的根本宗旨；把建设科学的、大众的新文化作为文化建设的奋斗目标；把为政治服务、为工农兵服务作为文艺工作的方向；把为了人民、依靠人民、服务人民作为文化工作的根本方法，从而赢得了人民大众对我们文化建设工作的支持和积极参与，顺利推进了文化建设的进程。

在社会主义建设、改革时期，我们党始终坚持相信人民、依靠人民、尊重人民的思想路线和工作作风；坚持把建设中国特色社会主义事业当作广大人民群众的共同事业，当作全体中国人民的共同理想；强调党的文化政策要在人民群众丰富的文化实践基础上进行科学的总结和提炼，形成合理的、符合广大人民愿望的文化建设路线、战略以及方法、政策等，并不断在人民群众的文化实践活动中加以检验、更正、充实和完善，从而更好地获得了人民的理解、认可、接纳及践行，有效推动了中国特色社会主义文化建设的繁荣和发展。

在改革开放的新时期，特别是党的十六大以来，我们党高度关切新时期人民群众对精神文化需求的新变化，及时把满足广大人民群众不断增长的文化需要作为党的文化工作重点，同时要求文化工作者转变观念，提高文化为人民服务的意识，转变职能，把原来的“办文化”转变为管理文化、服务文化，让人民充分发挥建设社会主义文化的积极性、主动性及创造性。党的十七大报告则明确强调，“充分发挥人民在文化建设中的主体作用”，把满足广大人民群众不断增长的文化需求放在了更加突出的位置，要求以人为本，切实实现好、保护好人民大众的基本文化权益；十分具体地提出维护低收入和特殊群体的基本文化权益等要求，使人民群众更真切、更具体地感受到了执政党对他们的尊重、对他们文化权益的保护，切实体现了人民群众的文化主体地位，因而有效激发了人民群众建设中国特色社会主义文化的热情和干劲，使我们的文化建设事业成功推进到了大繁荣大发展的历史发展新时期。所以，到了党的十七届六中全会，我们党在《中共中央关于深化文化体制改革　推动社会主义文化大发展大繁荣若干重大问题的决定》中明确就指出：“人民是推动社会主义文化大发展大繁荣最深厚的力量源泉。”

上述党的文化建设历程有力说明了要充分发挥广大人民群众在文化建设中的主体地位，必须首先在思想和认识上正确认识人民群众在社会历史发展中的地位，从而才能在实践中真正落实到位。

## 二、充分尊重人民群众在文化建设中的主体地位

人民群众是社会历史的创造者，是推动社会发展的主体动力，自然就是推动文化发展的主体，理应受到尊重。但是在由占人口少数的剥削阶级占统治地位的不合理社会状态下，人民群众在文化建设中的主体地位并没有得到尊重，反而受到否定、鄙视、排挤、打击、限制，从而极大地打击了人民群众创造文化、发展文化的积极性、主动性、创造性，阻碍了文化的顺利发展。作为对历史上由占人口少数的剥削阶级占统治地位的不合理社会状态的否定，中国共产党尊重人民群众创造历史的客观事实，坚持为占人口多数的劳动人民服务，充分尊重人民群众的主体地位，包括在文化建设中的主体地位。

### （一）把人民群众确定为文化发展的最终价值取向

中国共产党作为中国工人阶级、中国人民和中华民族的先锋队，人民的根本利益就是党的利益，党的一切工作为了人民，一切发展属于人民。因此，在文化领域里，人民群众的根本利益就是我们党的文化发展的最终

价值取向。早在革命战争时期，党就确定文化工作的方向是为工农大众服务。新中国成立后，在长期的社会主义建设、改革过程中，我们党把为人民服务、为社会主义服务的方向普遍推广为社会主义文化建设的根本方向，始终坚持文化工作的为人民服务、为社会主义服务方向，把满足人民的文化需求作为文化工作的目标。进入改革开放新时期，在科学发展观的统领下，位居于科学发展观首位的是以人为本，它强调人是一切发展的最终价值取向，人民的生存和发展是最高的价值目标。在科学发展观看来，人是社会的根本，离开了人就无所谓社会的存在，离开了人民群众，也就无所谓社会主义文化，因而在社会主义文化建设领域坚持科学发展观，坚持以人为本，就是把人民群众作为中国特色社会主义文化发展的核心、根本目标以及最终价值取向。中国特色社会主义文化建设就是人的建设，中国特色社会主义文化的发展就是人的发展。中国特色社会主义文化建设的主要功能就是培育出全面发展的社会主义建设人才，即通过理想信念的教育，民族精神、时代精神的弘扬，公民道德的培育，科学文化素质的提高等，达到提高人民的科学文化素质，丰富人民的精神，提升人民的境界，增强人民的体质，从而不断促进人民大众的全面发展。

（二）切实确立和巩固人民群众在文化建设中的主体地位

在革命战争时期，由于我们党在全国范围内还没有执政地位，人民的社会主体地位还不能在全国范围内确立，相应地，人民的文化主体地位也未能在全国范围内确立。但我们党在马克思主义唯物历史观的指导下，已经在思想上逐步确立人民群众作为文化主体的思想。1942 年，毛泽东同志在延安文艺座谈会上就指出，我们的文艺工作必须自觉地把服务的方向、服务的对象定位于人民大众身上，明确了人民群众的文化主体地位。与此同时，在解放区的区域内，人民文化主体地位也得到了事实上的确立。

随着新中国的成立，人民的社会主体地位在全国范围得以确立，人民大众的文化主体地位也在全国范围得以确立，并且随着社会主义建设事业的推进，人民群众的文化主体地位不断得到扩大和巩固。具体而言，人民群众的文化主体地位主要表现在以下几个方面。

其一，人民群众是文化创造的主体。创造是文化的生命，是中国特色社会主义文化发展的内在动力，广大人民群众就是产生这一内在动力的主力军。一方面，人民群众的生产实践活动是文化创造、发展的唯一源泉。马克思主义认为，社会存在决定社会意识，文化作为社会意识必然根源于社会物质生活，无论是科学技术还是理想道德、价值理念、文学艺术等，无不起源于人民群众的生产实践活动。正是广大人民群众的社会实践活动为文化创造提供了不竭的源泉。正如毛泽东同志在延安文艺座谈会上所指出的那样：人民生活中本来存在着文学艺术原料的矿藏……它们是一切文学艺术的取之不尽、用之不竭的唯一的源泉。离开了人民劳动实践这一源泉，文化就会变成无本之木、无源之水，文化就会丧失发展的生机和活力。另一方面，人民群众是文化创造的直接主体。人民群众创造历史，不仅直接创造物质财富，同时也直接创造精神财富。中华五千年灿烂的文化，就是一代又一代中华各民族的劳动民众在长期的生产实践当中创造和发展起来的，没有他们的劳动创造，就没有源远流长、丰富多样的中华文化。新中国成立，尤其是改革开放30多年来，广大人民群众的文化创造活动获得了广阔的平台和良好的氛围，因此他们创造文化的积极性、主动性得到了极大的激发，从而使中国特色社会主义文化建设取得了伟大的成就，广大人民用新的文化发展事实证明了他们是文化创造的主体，因而，我国人民在文化建设中的主体地位也在伴随着文化建设实践的不断推进而不断巩固和提高。

其二，人民群众是推动文化发展的主体。人民群众是中国特色社会主义文化的创造者，这是坚持马克思主义唯物历史观的必然认同，是我们长期以来所熟悉的马克思主义观点。但对人民群众是文化发展成果的享受者和消费者，却是近年来才特别注重提及的，长时期以来我们未曾这样明确强调，因此许多人一度觉得陌生。事实上，这是我们对马克思主义理论理解更加全面、更加深刻、更加科学的表现，是新形势下对马克思主义关于人民是文化创造主体的新认识。人民既然是文化的创造者，那么当然就应该是文化产品的享受者、消费者，这才是完整地体现人民群众是社会历史主体的唯物历史观观点。事实上，这也是人类历史发展的客观事实。人类文化历史表明，正是人们对文化的消费要求引导、促进着文化的不断发展，人们对文化产品的消费能力越强，对文化发展的推动作用就越明显，人民群众对文化的需求是促进文化发展的内生动力，因此人民群众通过消费文化产品、享受文化产品直接推动文化的发展。同样，中国特色社会主义文化也离不开人民群众对文化的享受和消费，缺失了这种直接的推动力，文化发展就无从谈起。尤其是当前随着物质生活水平的不断提高，我国民众对文化的需求快速增长，选择性日益增强，多样性、多层次的特征越加突出，人民群众对文化的消费要求正在引导和推动着我国特色社会主义文化建设向前发展，我国文化建设将会在不断满足人民群众不断增长的文化需求下不断繁荣、不断发展，从而使人民群众在文化建设中的主体地位得到不断巩固和提高。

## 三、努力发挥人民群众在文化建设中的主体作用

如上文所述，科学的历史观揭示了人民群众作为人类历史的创造者，当然地是文化创造的主体，是推动文化发展的主力军，这也是人类发展史上不可否认、不容篡改的客观事实。但人民群众在文化建设中的主体作用在何种广度及何种深度发挥，却与不同的社会发展状况如社会制度、文化体制、文化政策等因素密切相关。在社会主义制度下，人民当家做主的政治地位以及不断发展的社会生产力，为人民群众充分发挥在文化建设中的主体作用提供了最坚实的政治保障和经济基础。在这个基础上努力发挥人民群众在文化建设中的主体作用，从而推进我国文化建设的进程，是中国特色社会主义文化建设的重要经验。

### （一）努力营造良好的文化创造政策环境

作为社会意识的组成部分，文化具有相对独立性，但文化不是绝对独立的，与其他社会现象存在着相互联系、相互制约的紧密联系，其中与社会政治因素就密切相关。中国特色社会主义文化建设的经验表明，政治环境对于文化的发展有制约性的影响，其中文化政策既决定着文化发展的方

向、方式，同时也决定着文化发展的速度，因为文化政策作为党的文化路线方针的贯彻和细化，具体地体现着党的文化建设精神、要求。科学、合理的文化建设政策，就会激励人民群众进行文化创造、文化建设的积极性、主动性及创造性。科学、合理的文化建设政策也会保护人民群众的创造精神、创新理念以及创新实践，从而充分发挥广大人民群众进行文化创造和文化生产的积极性，激发全社会的文化创造活力，推进整个社会文化建设的发展进程。正是基于这样的认识，长期以来，我们党坚持各项文化建设的政策要全面为人民服务、为社会主义服务的方向，文化政策要从多种角度、多个层面支持多出优秀文化建设人才、文化创作人才，多出优秀文化作品。文化政策要体现尊重文化科学劳动、尊重文化创造等方面。我们党也坚持各项文化建设的政策要全面贯彻“双百”方针，文化政策要鼓励学术、艺术民主，鼓励学术问题通过科学界、理论界、学术界的民主争鸣、自由讨论、探索去解决，通过科学、艺术的不断实践去解决；文化政策要鼓励学风问题通过民主讨论和批评与自我批评来逐步实现思想统一、认识统一，通过文化政策的引导逐步形成既有端正的学风又有宽松的学术环境，等等。多年来，我们党正是通过贯彻执行正确的文化政策，营造良好的文化创造政策环境，用一系列的文化政策促使整个社会逐步形成各类文化创造精神、创新活力涌现、各种优秀文化成果层出不穷的文化发展状态。当前，我们更注重努力营造良好的文化创造政策环境去促进文化的大繁荣、大发展。这是因为目前我国社会主义文化虽然有了较大的发展，文化生产力有了较大的提高，但从总体而言，我们的文化生产力还很低下，而当代世界，文化生产力已经高度集中于创造文化知识产品的能力。因此，要提高文化生产力，必须把着力点放在文化创造的问题上，其中营造良好的文化创造政策环境，就成了当前我们面临的直接现实问题。为此，党的十七届六中全会的《中共中央关于深化文化体制改革　推动社会主义文化大发展大繁荣若干重大问题的决定》中，就我国文化大发展大繁荣的问题，在发展社会科学、推进新闻舆论工作、完善网络文化、发展公益性文化、加快发展文化产业等方面都确定了一系列鼓励文化创造的政策，例如，对鼓励文化产业创新的政策就确定得非常具体，提出坚决支持国有（或国有控股）文化企业以及各种非公有制文化企业的发展和壮大。为此，投资核准政策、信用贷款政策、土地使用政策、税收优惠政策、上市融资政策、发行债券政策、对外贸易政策和申请专项资金政策等一系列相关政策将形成并实施，共同营造良好的有利于文化产业创造的政策环境，使从事、经营文化产业的广大人民群众获得宽松的政策环境支持，切实地激励他们的文化创造热情，鼓励他们的文化产业创造活动，充分发挥他们文化创造的潜能，真正体现他们作为文化建设主体的作用，从而促进中国特色社会主义文化事业的整体繁荣和发展。

（二）培育理想的文化创新氛围

创新是文化的本质特征，创新伴随着人类文化发展的始终。人类本身具有与其他动物相区别的创造特性，但这种特性要成为现实，使人民群众成为现实的文化建设主体，则需要我们着力培育理想的文化创新氛围。其一，教育要注重对学生创造意识、创新素质和能力的培养。文化创新需要有创新能力的人才来实现，而人的创新精神、创新意识和创新能力等则需要有意识地教育和培养，因此，教育在培育民族创新精神和培养创造性人才方面具有特殊的作用。为此，我们要积极进行教育体制和教学方式方法的改革，着实推进素质教育，鼓励学生从小参加各种类型的科技创新活动，使其养成创造意识和培养他们的创新能力。进入改革开放新时期以来，我们党十分重视这个问题。正如温家宝同志所指出的那样，发展教育是要用心力和财力的。用心力，就是学校要勇于创新，注重把最新的文化知识、新的科学技能等传授给学生，努力培育学生的创新意识、能力和素质等。其二，形成鼓励创新人才的良好氛围。创新人才是文化创新的关键。在全社会形成鼓励创新人才的良好氛围，有利于引导人民群众积极发挥自身的文化创造能力，从而实现文化创造主体的作用。长期以来，我们党十分重视这个问题，进入改革开放新时期后，我们党更加重视培育鼓励创新人才的良好氛围，在坚持以往经验的基础上，我们党的十七届六中全会的《中共中央关于深化文化体制改革　推动社会主义文化大发展大繁荣若干重大问题的决定》中，更加进一步强调了培育鼓励创新人才良好氛围的具体措施，如在文化领域中设立国家级荣誉称号，使成就显著的文化人才得到及时的、到位的表彰和鼓励。另外，还特别强调了对基层文化人才的鼓励，如通过机构的完善、保障条件的落实、队伍建设的加强等措施，吸引、鼓励优秀专业人才驻入基层文化建设过程中，带动广大人民群众的文化建设热情，提升群众的文化创造水平，从而有效地促进人民群众文化创造主体作用的充分发挥。

（三）构建合理的文化体制和机制

我们党的文化建设经验表明，努力构建合理的文化体制和机制，才能更有利于发挥人民群众在文化建设中的主体作用。因此，只有构建适合社会发展趋势的合理的文化体制和机制，才能有利于人民群众文化创造主体作用的充分发挥，从而促进文化建设的顺利发展。目前，我们在这方面也已经逐步积累了相当的经验，在十七届六中全会《中共中央关于深化文化体制改革　推动社会主义文化大发展大繁荣若干重大问题的决定》中有了较集中的论述，可概括为以下几个主要方面。

首先，区别对待，循序渐进，逐步把现代企业制度植入文化建设事业。在市场经济体制下，现代企业制度是主要的、有效的管理体制。中国特色社会主义文化建设已经不可能完全与市场经济体制相脱离，有意识、有目的、有步骤地引入现代企业制度，是时代发展的客观需要，所以《中共中央关于深化文化体制改革　推动社会主义文化大发展大繁荣若干重大问题的决定》指出：以建立现代企业制度为重点，加快推进经营性文化单位改革。① 根据我们党的文化建设经验，《中共中央关于深化文化体制改革　推动社会主义文化大发展大繁荣若干重大问题的决定》强调，这个过程是一个慎重的、循序渐进的逐步推开过程，需要科学界定文化单位的性质和功能，区别对待、分类指导：对一般的、非时政类的文化单位，推行

① 《中共中央关于深化文化体制改革　推动社会主义文化大发展大繁荣若干重大问题的决定》，《人民日报》，2001 年 10 月 26 日。

并加快转企改制，形成现代企业管理制度；对一般的时政类、公益性等文化事业单位，则实行现代企业化管理，增强与市场经济接轨的能力，提高服务功能。总之，要根据上述文化单位的性质和功能的不同，有区别地引入现代企业的管理元素，从而激活各类文化单位的发展活力、内生力量，进而真正实现人民群众在文化建设中主体作用的充分发挥。

其次，着力健全现代文化市场体系。现代文化市场是人民文化创造激情的吸引器和容纳器。这是因为一方面现代文化市场形式多样，因而可以以各种不同的形式广泛地吸引人民群众参与各种各样的文化创造活动。另一方面，现代文化市场的市场价格导向、市场竞争、市场资源配置等有利于吸收社会资金，有利于广纳文化人才，更有利于激活人民群众的文化创造性，提高人民参与文化创造的意愿，从而促进人民群众在文化建设中主体作用的充分发挥。我国文化建设的经验表明，自从文化市场在我国发展起来以后，我国人民参与文化作品的创造、文化产品的生产积极性被极大地激活，文化的品种和种类随之多了起来，文化的个性也丰富了起来。文化市场的发展充分表现了它在促进人民群众主体作用充分发挥的过程中具有不可替代的作用。因此，到了党的十七届六中全会，我们党更为强调健全现代文化市场体系，在《中共中央关于深化文化体制改革　推动社会主义文化大发展大繁荣若干重大问题的决定》中要求加快培育文化产权、信息等要素市场；加快建设文化产品物流基地；完善中国国际文化综合交易平台；发展现代文化流通组织、形式、流通网络；办好相关文化产权交易所、健全中介机构，等等，从而使我国现代文化市场体系不断完善、不断发展，让广大人民群众在不断完善的现代文化市场平台上，更好地发挥文化创造主体的积极作用，推进我国文化建设的顺利发展。

最后，努力创新文化管理体制。文化行政管理体制改革直接关系到文化建设的成效。进入改革开放时期之后，在市场经济体制的推动下，我们开始了文化管理体制的创新，努力建立适应社会主义市场经济发展要求，符合中国特色社会主义文化建设的特点和规律，促进文化生产力发展的文化管理体制：建立引导方向正确、调控适度有效、监管合理有力、充满活力的宏观管理体制，从而形成使决策、执行、监管等相关环节有效配合、相互协调的市场监管机制，形成有利于调动人民群众参与文化创造的创作体制、激励体制以及人事体制等。随着改革开放的进一步推进，我们党对创新文化管理体制的工作提出了更为具体的要求，在《中共中央关于深化文化体制改革　推动社会主义文化大发展大繁荣若干重大问题的决定》中就提出了要深化文化管理体制改革。为此要求促进政府职能转变，强调文化建设领域里的政企分开、政事分开。要求提高文化建设法制化水平，强调通过行政手段、法律手段、经济手段，以及文化手段、科技手段等整体提高文化管理的效果，最终实现激发人民群众的文化主体作用，有效促进我国社会主义文化的大发展大繁荣。

# 结束语

随着全球化的不断推进、高科技的迅速发展和广泛应用，文化的社会作用越来越凸显，从国家、民族内部而言，文化已经成为凝聚一个国家民众精神力量的重要纽带，成为广大民众发挥创新力量的重要源泉。从国家外部关系而言，文化则已经成为一个国家增强软实力、提高国际竞争力、维护国家安全的重要因素。因此，当今时代，加强中国特色社会主义文化建设，提高我国文化软实力已经具有了极端的重要性。在这样的时代大背景下，本书着力从多个角度讨论中国特色社会主义文化建设的论题。一是围绕中国特色社会主义文化建设理论的形成，分别从中国特色社会主义文化建设理论形成的理论基础、中国特色社会主义文化理论形成的文化历史渊源、中国特色社会主义文化建设理论形成的时代背景三个维度进行了具体的论证；二是集中论述了中国特色社会主义文化的主要特征和重要地位；三是分析了中国特色社会主义文化建设的意义和基本任务；四是阐析了中国特色社会主义文化建设的主要内容；五是论析了中国特色社会主义文化建设的主要经验等。笔者认为，探析中国特色社会主义文化建设理论形成的理论基础、历史渊源、社会背景等，有助于我们了解中国特色社会主义文化建设的历史性、客观性和必然性，从而增强人民建设社会主义文化的坚定性、自觉性；把握中国特色社会主义文化的主要特征和主要地位，可以使我们从理论上明晰中国特色社会主义文化的发展脉络、重要地位、主要特征，从而形成对中国特色社会主义文化的整体性理论认识，使文化建设实践获得理论的指导，有效提高文化建设实践的稳定性、可持续性；明晰中国特色社会主义文化建设的重要意义和基本任务，则有利于提高广大人民群众建设中国社会主义文化建设的主动性和责任心；掌握中国特色社会主义文化建设的主要内容，可以提高我们在社会主义文化建设实践中的针对性、有效性；提炼中国特色社会主义文化建设的主要经验，则有助于人民群众提高社会主义文化建设的信心，更好地探索中国特色社会主义文化建设的科学路径，把握文化建设的科学规律，从而有效推进我国社会主义文化的大发展、大繁荣。总之，在党的正确领导下，在我国广大人民群众的努力下，通过不懈的实践、探索和研究，中国特色社会主义文化建设将会更顺利地持续发展，我们可以展望，在不久的将来，我国将逐步实现《中共中央关于深化文化体制改革 推动社会主义文化大发展大繁荣若干重大问题的决定》中提出的文化改革奋斗目标，包括社会主义核心价值体系建设的推进、文化产品的不断丰富、文化事业的全面繁荣、文化产业的不断发展、文化管理体制的改革创新、文化人才队伍的不断壮大等，真正实现我国社会主义文化的大发展大繁荣，使中国特色社会主义文化在增强我国软实力、提高国际竞争力、维护国家安全中发挥应有的重要作用，从而促进社会主义现代化发展，促进中华民族的伟大复兴。

# 主要参考文献

## 一、国内参考文献

（一）经典著作：

[1] 中共中央文献编辑委员会：《毛泽东选集》（第 4 卷），北京：人民出版社，1991 年

[2] 中共中央文献编辑委员会：《毛泽东选集》（第 3 卷），北京：人民出版社，1991 年

[3] 中共中央文献编辑委员会：《毛泽东著作选读》（下册），北京：人民出版社，1986 年

[4] 中共中央文献编辑委员会：《毛泽东选集》（第 7 卷），北京：人民出版社，1999 年

[5] 中共中央文献编辑委员会：《毛泽东选集》（第 5 卷），北京：人民出版社，1977 年

[6] 中共中央文献编辑委员会：《毛泽东选集》（第 2 卷），北京：人民出版社，1991 年

[7] 中共中央文献编辑委员会：《毛泽东选集》（第 2 版，第 1 卷），北京：人民出版社，1991 年

[8] 中共中央文献编辑委员会：《邓小平文选》（第 2 版，第 1 卷），北京：人民出版社，1994 年

[9] 中共中央文献编辑委员会：《邓小平文选》（第 2 版，第 2 卷），北京：人民出版社，1994 年

［10］中共中央文献编辑委员会：《邓小平文选》（第 3 卷），北京：人民出版社，1993 年

［11］中共中央文献编辑委员会：《江泽民文选》（第 1 卷），北京：人民出版社，2006 年

［12］中共中央文献编辑委员会：《江泽民文选》（第 2 卷），北京：人民出版社，2006 年

［13］江泽民：《论“三个代表”》，北京：中央文献出版社，2001 年

［14］中共中央文献研究室：《江泽民论有中国特色社会主义》（专题摘编），北京：中央文献出版社，2002 年

［15］胡锦涛：《高举中国特色社会主义伟大旗帜，为夺取全面建设小康社会新胜利而奋斗》，载于《中国共产党第十七次全国代表大会文件汇编》，《人民日报》，2007 年 10 月 25 日

［16］胡锦涛：《在中国文联第八次全国代表大会、中国作协第七次全国代表大会上的讲话》，《人民日报》，2006 年 11 月 11 日

（二）中文著作、中文译著：

［1］中共中央编译局．《马克思恩格斯全集》（第 3 卷），北京：人民出版社，2002 年

［2］中共中央编译局．《马克思恩格斯全集》（第 44 卷），北京：人民出版社，2001 年

［3］中共中央编译局．《马克思恩格斯选集》（第 3 卷），北京：人民出版社，1972 年

［4］中共中央编译局．《马克思恩格斯全集》（第 42 卷），北京：人民出版社，1979 年

［5］中共中央编译局．《马克思恩格斯全集》（第 3 卷），北京：人民出版社，1960 年

［6］中共中央编译局．《马克思恩格斯全集》（第 3 卷），北京：人民出版社，1995 年

［7］中共中央编译局．《马克思恩格斯全集》（第 4 卷），北京：人民出版社，1995 年

［8］中共中央编译局．《马克思恩格斯全集》（第 30 卷），北京：人民出版

社，1995 年

[9] 中共中央编译局．《马克思恩格斯全集》（第 2 卷），北京：人民出版社，1995 年

[10] 中共中央编译局．《马克思恩格斯全集》（第 46 卷）上册，北京：人民出版社，1979 年

[11] 中共中央编译局．《马克思恩格斯选集》（第 1 卷），北京：人民出版社，1995 年

[12] 中共中央编译局．《马克思恩格斯选集》（第 4 卷），北京：人民出版社，1995 年

[13] 中共中央编译局．《列宁选集》 （第 4 卷），北京：人民出版社，1995 年

[14] 中共中央编译局．《列宁全集》（第 2 版，第 39 卷），北京：人民出版社，1986 年

[15] 中共中央编译局．《列宁全集》（第 2 版，第 4 卷），北京：人民出版社，1984 年

[16] 中共中央编译局．《列宁选集》（第 3 版，第 2 卷），北京：人民出版社，1995 年

[17] 中共中央编译局马列部，教育部社会科学研究与思想政治工作司：《马克思主义经典著作选读》．北京：人民出版社，1999 年

[18] 石云霞：《中国特色社会主义改革开放的历史经验研究》，武汉：华中科技大学出版社，2008 年

[19] 石云霞：《新中国思想理论教育 60 年》，武汉：华中科技大学出版社，2009 年

[20] 国家统计局：《伟大的十年：中华人民共和国经济和文化建设成就的统计》，北京：人民出版社，1959 年

[21] 肖云岭，陈钢：《井冈山革命根据地文化建设史》，南昌：江西人民出版社，2007 年

[22] 李小三：《让历史告诉现在》，南昌：江西人民出版社，2006 年

[23] 李小三：《中央革命根据地简史》，南昌：江西人民出版社，2009 年

[24] 中国井冈山干部学院：《弘扬井冈山精神坚定理想信念》，北京：党建

读物出版社，2010年

［25］孙建娥：《新民主主义文化革命的历史经验研究》，长沙：湖南人民出版社，2008年

［26］中宣部：《文化发展战略论坛论文集》，广州：广东人民出版社，2004年

［27］韩泽春：《中国现代文化发展论纲》，北京：中国社会出版社，2010年

［28］王庚年：《文化发展论集》，北京：中国国际广播出版社，2007年

［29］许明，花建：《文化发展论》，北京：北京大学出版社，2005年

［30］胡惠林：《文化产业发展与国家文化安全》，广州：广东人民出版社，2005年

［31］韦森：《文化与制序》，上海：上海人民出版社，2003年

［32］樊浩：《文化与安身立命》，福州：福建教育出版社，2009年

［33］方彦富：《文化管理引论》，福州：福建人民出版社，2010年

［34］徐贲：《文化批评往何处去》，长春：吉林出版集团有限责任公司，2011年

［35］王辉耀：《国家战略——人才改变世界》，北京：人民出版社，2010年

［36］黄书光：《文化差异与价值整合》，北京：教育科学出版社，2011年

［37］［英］伊格尔顿著，方杰译：《文化的观念》，南京：南京大学出版社，2006年

［38］［法］弗雷德里克·马特尔著，刘成富等译：《主流：谁将打赢全球文化战争》，北京：商务印书馆，2012年

［39］［美］克利福德·格尔茨著，韩莉译：《文化的解释》，南京：译林出版社，2008年

［40］［美］亨廷顿著，周琪等译：《文明的冲突与世界秩序的重建》，北京：新华出版社，2010年

［41］［美］亨廷顿著，程克雄译：《文化的重要作用》，北京：新华出版社，2010年

［42］冯天瑜：《中国特色社会主义文化建设研究》，武汉：武汉大学出版社，2008年

［43］胡荣山，万艳玲，叶丹菲：《人与社会》，桂林：广西师范大学出版社，

2005 年

[44] [美] 加布里埃尔·阿尔蒙德，西德尼·维巴著，马殿君等译：《公民文化》，杭州：浙江人民出版社，1989 年

[45] 刘克利，栾永玉：《中国文化体制改革与建设研究》，北京：中国人民大学出版社，2009 年

[46] 黄宏：《长征精神》，北京：人民出版社，2006 年

[47] 江西档案馆：《中央革命根据地史料选编》（下册），南昌：江西人民出版社，1982 年

[48] 陈胜云：《中国特色社会主义文化实践论》，上海：上海三联书店，2009 年

[49] 张瑞才，范建华：《中国特色社会主义文化建设的理论与实践》，北京：社会科学文献出版社，2012 年

[50] 谢少波，王逢振：《文化访谈录》，北京：中国社会科学出版社，2003 年

[51] 宋贵仑：《毛泽东与中国文艺》，北京：人民文学出版社，1993 年

[52] [加] 大卫·莱昂著，郭为桂译：《后现代性》，长春：吉林人民出版社，2004 年

[53] 陶德麟，石云霞：《马克思主义基本原理概论》，武汉：武汉大学出版社、湖北人民出版社，2006 年

[54] 周三胜：《中国现代化进程中的文化选择》，桂林：广西人民出版社，2010 年

[55] 中共中央文献研究室：《十二大以来重要文献选编》（上），北京：人民出版社，1986 年

[56] 中共中央文献研究室：《十二大以来重要文献选编》（下），北京：人民出版社，1988 年

[57] 中共中央文献研究室：《十三大以来重要文献选编》（上），北京：人民出版社，1992 年

[58] 杨焕章：《简明哲学原理》，上海：上海人民出版社，1986 年

[59] 红旗出版社编辑部：《哲学》，北京：红旗出版社，1983 年

[60] 中共中央文献研究室：《十三大以来重要文献选编》（下），北京：人

民出版社，1993 年

[61] [美] 西蒙著，詹正茂译：《管理行为》，北京：机械工业出版社，2004 年

[62] 钱俊生：《最新科学技术全书》（第二册），北京：人民日报出版社.

[63] 本书编写组：《党的十七届六中全会〈决定〉学习辅导百问》，北京：党建读物出版社，学习出版社，2011 年

[64]《论语·里仁第四》，载于《十三经注疏》，北京：中华书局 1980 年影印版

[65]《荀子·大略》，载于《诸子集成》卷二，上海：上海书店 1986 年影印版

[66]《尚书·五子之歌》，载于《十三经注疏》，北京：中华书局 1980 年影印版

[67]《管子·霸言》，载于《诸子集成》卷五，上海：上海书店 1986 年影印版

[68] 韩愈：《原道》，引自周大璞、刘禹昌、王启兴编：《古文观止注释》，武汉：湖北人民出版社，1984 年

[69] 刘德福，徐伟新：《文化新思维》，哈尔滨：黑龙江人民出版社，1988 年

[70] 张秋红：《国际金融危机背景下推动马克思主义大众化研究》，北京：光明日报出版社，2010 年

[71] 中共中央文献研究室：《社会主义精神文明建设文献选编》，北京：中央文献出版社，1996 年

[72] 倪力亚，倪健民：《文明中国》，北京：中国社会出版社，1996 年

[73] [美] 约翰·布鲁贝克著，王承绪译：《高等教育哲学》，杭州：浙江教育出版社，1998 年

[74] 张筱强：《十七大精神深度解读（文化建设篇）》，北京：人民出版社，2008 年

[75] 李瑞环：《坚持正面宣传为主的方针》，《新闻工作文献选编》，北京：新华出版社，1990 年

[76] 丁柏铨，丁和根，董秦：《改革开放以来中国共产党新闻思想研究》，

北京：新华出版社，2006 年

[77] 巴忠倓：《文化建设与国家安全》，北京：时事出版社，2007 年

[78]《新闻学概论》编写组：《新闻学概论》，北京：人民出版社，高等教育出版社，2009 年

[79] 许峰，彭安文，李祥清等：《文化园》，北京：蓝天出版社，1990 年

[80] 顾海良：《中国特色社会主义理论体系研究》，北京：中国人民大学出版社，2009 年

[81] 俞思念：《社会主义现代化与文化创新》，北京：人民出版社，2006 年

[82] 童世骏：《文化软实力》，重庆：重庆出版社，2008 年

[83] 沈壮海：《软文化真实力》，北京：人民出版社，2008 年

（三）论文

[1] 卢永欣：《语言维度下的意识形态分析》，《思想战线》，2010（3）

[2] 李晓明：《论民族地区乡村文化发展的制度创新》，《长白》，2010（5）

[3] 陈强：《当代社会的“文化的非文化化”或“文化的亚文化化”现象刍议》，《社会科学战线》，2010（3）

[4] 张艺兵：《论中国文化软实力的提升》，《学校党建与思想教育》，2010（10）

[5] 李光炎：《以和谐为导向的领导力》，《中国浦东干部学院学报》，2010（1）

[6] 耿丽萍：《从公共事件思考政府公信力的缺失与构建》，《社会科学家》，2011（7）

[7] 王宇：《马克思主义大众化进程中的主流文化热点培育》，《广西社会科学》，2011（1）

[8] 杨翰美：《新时期党加强和改进群众工作的思考》，《学术论坛》，2011（9）

[9] 曾凡军，韦彬：《整体性治理：服务型政府的治理逻辑》，《广东行政学院学报》，2010（1）

[10] 付蓓，韦怀远：《文化民生与马克思主义信仰重塑》，《人民论坛》，2011（9）（中）

[11] 尹红英：《公正是社会主义政治的基础价值》，《伦理学研究》，2010

(1)

[12] 樊新华：《毛泽东〈新民主主义革命论〉中的文化建设思想及其启示》，《现代营销·营销学苑》，2011（07）

[13] 余章宝，卢凯旋：《文化与经济发展——福山的社会信任理论及其意义》，《东南学术》，2004（4）

[14] 钟宜：《文化发展的规律与历史定位问题》，《理论与改革》，2001（3）

[15] 潘振兵：《论先进文化对社会发展的促进作用》，《理论观察》，2002（6）

[16] 陈太福：《论经济与文化的互动和社会的全面发展》，《广西民族学院学报（哲学社会科学版）》，2001（4）

[17] 胡锦涛：《坚定不移走中国特色社会主义文化发展道路　努力建设社会主义文化强国》，中国共产党新闻网，2012 年 01 月 01 日

[18] 王东：《文化建设的大得大失——文化现状的基本估计》，《中国党政干部论坛》，1996（7）

[19] 王阳：《中国特色社会主义文化建设浅议》，《沈阳干部学刊》，2011（3）

[20] 吴征：《中国特色社会主义文化建设中的若干概念厘析》，《江西师范大学学报（哲学社会科学版）》，2009（1）

[21] 孙家正：《关于战略机遇期的文化建设问题》，《文艺研究》，2003（1）

[22] 孟晓驷：《中国和平发展时代的文化使命》，《人民日报》，2004 年 7 月 27 日

[23] 王建辉：《邓小平文化思想探论》，《江汉论坛》，1998（4）

[24] 张全景：《对苏联亡党亡国的现实思考》，《高校思想政治理论课参考资料》，2011（96）

[25] 李慎明：《苏联解体是俄罗斯的极大灾难》，《高校思想政治理论课参考资料》第 96 期，2011 年 8 月 15 日，第 6 页，原载环球时报，2011 年 8 月 8 日

[26] 张树华：《英国前首相撒切尔谈瓦解苏联》，《高校思想政治理论课参考资料》，2010（57）

[27] 张国祚：《为什么苏联会不攻自破》，《高校思想政治理论课参考资料》，2011（96）

[28] 李宏:《苏共亡党的传媒因素》,《红旗文稿》, 2011 (8)

[29] 吴恩远, 李燕:《沉痛的历史教训》,《文献与研究》, 2010 (39)

[30] 解学芳:《论科技创新主导的文化产业演化规律》,《上海交通大学学报(哲学社会科学版)》, 2007 (4)

[31] 尤芬, 胡惠林:《论技术长波理论与文化产业成长周期》,《上海交通大学学报(哲学社会科学版)》, 2007 (4)

[32] 赵彦宏:《构建和谐社会要求教育公平》,《光明日报》, 2005 年 6 月 29 日

[33] 焦新:《5 年来全国教育投入年均增 16.1%》,《中国教育报》, 2007 年 10 月 15 日

[34] 刘军:《加大经费投入, 改善我国教育发展的"高原缺氧"现象》,《教师报》, 2007 年 11 月 7 日

[35] 李长春:《深入学习实践科学发展观推动社会主义文化大发展大繁荣》,《求是》, 2008 (22)

[36] 王永章:《实现文化产业跨越式发展》,《人民日报》, 2007 年 11 月 29 日

## 二、国外参考文献

[1] Truax, B. Acoustic Communication. New Jersey: Ablexp Publishing Corporation, 1984

[2] Schafer M. The Tuning of the World . New York: Alfred A . Knopf, 1977

[3] Sterne, Jonathan. The Audible Past: Cultural Origins of Sound Reproduction. Durham, NC: Duke University Press, 2003

[4] Olivier Serrat. Culture Theory. Knowledge Management Center, Regional and Sustainable Development Department, Asian Development Bank. December 2008

[5] Kenneth H. rubin; Melissa Menzer. Culture: Culture and Social Development. University of Maryland, USA, January 6, 2010

[6] Roberto M. Estévez. Culture, Value of Culture and Crisis of Culture. Instituto de Ciencias Políticas y Relaciones Internacionales, Universidad Católia Argentina, 2010

[7] Bruce LaRue, Roberct R. Ivany. Transform Your Culture. St. Thomas Univer-

sity, USA, 2008

[8] David W. Young. Managing Organizational Culture. Health Sector and Public & Nonprofit Management Programs, Boston University School of Management, November 2006

[9] Colin James. Funding Our Culture. Institute of Policy Studies, Victoria University of Wellington. Wellington, New Zealand, ISSN 1174 – 8982, 2000

[10] John Hanwright, Sharnie Makinson. Promoting evaluation culture. The Performance Systems Audits division of the Queensland Audit Office. Brisbane, 8 (1), 2008

[11] Allen Barclay. Economic Organization Culture. College of Natural Sciences, Colorado State University; College of Management, Metropolitan State University. Fort Collins. Journal of Management Research. ISSN 1941 – 899X, 2 (1), 2010

[12] Jordan. Globalization and Culture. 50th Anniversary Symposium of the Aspen Institute. August 22, 2000

[13] F. H. Buckley. Culture and Liberty. George Mason University School of Law, McMahon, Paris. January 14, 2000

[14] Guido Tabellini. Institutions and Culture. IGIER, Bocconi University; CEPR; Ces – Ifo; CIFAR, November 2007

[15] Paul Krugman. Economic Culture Wars. Princeton University. 1996

[16] Raquel Fernandez. Does Culture Matter? National Bureau of Economic Research (Nber); Department of Economics, New York University. National Bureau of Economic Research (Nber) Working Paper Series. New York, NY. August 2010

[17] John Douglass. A Global Talent Magnet: How a San Francisco/Bay Area Global Higher Education Hub Could Advance California's Comparative Advantage In Attracting International Talent and Further Build US Economic Competitiveness. Research & Occasional Paper Series, University of California – Berkeley, May 2011

[18] Hamid Nakhaie, Asma Esmail Zadeh. Culture and Entrepreneurship. Mahan Center, Islamic Azad University. Department of IT, Kerman Branch, Islamic Azad University. International Proceedings of Economics Development and Research. ISSN 2010 – 4626 Mahan, Kerman, Iran, December 2011

[19] M. Mobin Shorish. Globalization and Culture. University of Illinois at Urbana – Champaign, 2006

[20] Daniel Mattes. The culture of cooperation. Universidad Anahuac, 68th International Federation of Library Associations and Institutions (IFLA) Council and General Confeence, Meeting Number: 132, Glasgow, UK, August 18, 2002

[21] André Mottart, Ronald Soetaert, Bart Bonamie. Digitization and culture. Ghent University, Department of Education, Interactive Educational Multimedia. Issn 1576 – 1990, (8) April 2004

[22] Edward L. Ayers. The Academic Culture& the it Culture Their Effect on Teaching and Scholarship. Dean of the College and Graduate School of Arts and Sciences and e University of Virginia. Educause review, ISSN 1527 – 6619, USA. November 2004

[23] David Fisher. Tourism, Culture and Development – Who's Culture? Whose Development? Lincoln University. New Zealand, 2008

[24] Sanjay Bhasin. Lean success and organisational culture. Aston University, England, 2008

[25] Dick Stenmark. Intranets and Organisational Culture. Goteborg University, Department of informatics, Goteborg, Sweden, 2008

[26] I Grugulis, A Wilkinson. British Airways: Culture and Structure. Lecturer in Employment Studies, Manchester School of Management, UMIST. ISBN 1 85901 172 1, Manchester, UK, May 2001

[27] Audrone Poskiene. Organizational Culture and Innovations. Engineering Economics ISSN 1392 – 2785. Kauno Technologijos Universitetas. Kaunas, February, 2006

[28] Anne Phillips. More on culture and representation. Social & legal studies, ISSN0964 – 6639. Gender Institute and Department of Government, London School of Economics, 4 (17), 2008

[29] Dianne Lewis, Erica French, Peter Steane. A Culture of Conflict. Working Paper No. PONC65 – QUT, ISSN 1037 – 1516. Queensland University of Technology; La Trobe University. Wellington, New Zealand, 3 July 1996

[30] M. Kenneth Holt. Culture – Free or Culture – Bound? Two Views of Swaying Branches. International Journal of Business, Humanities and Technology, ISSN 2162 –

1357; EISSN 2162 - 1381. Austin Peay State University. Clarksville, TN, USA, November 2011

[31] Dan Silverman. Street Crime and Street Culture. #03 - 3, Department of Economics, University of Michigan. Michigan, USA. May 2003

[32] Ekkehart Schlicht. Corporate Culture and Exploitation. Department of Economics University of Munich, Munich, Germany. September 8, 2001

[33] Leslie Kathleen Williams. Culture Shock and Economic Outcomes. California State University, Los Angeles, USA. 2006

[34] Raquel Fernandez. Women, Work, and Culture. Department of Economics, New York University, New York, USA. February 2007

[35] Mark Casson. Culture and Economic Performance. Department of Economics, University of Reading, Reading, UK, 30, March 2003

[36] Michael Kosfeld, Ferdinand von Siemens. Competition, Cooperation, and Corporate Culture. University of Zurich & IZA; University of Munich, Germany, September 2006

[37] Jonathan Haas, MacArthur Curator. Warfare and the Evolution of Culture. Department of Anthropology, The Field Museum; Santa Fe Institute, Santa Fe, NM, 2010

[38] Stephen H. Miller, NadaEl - Aidi. Culture Shock: Causes and Symptoms. International Business Research, ISSN 1913 - 9004; EISSN 1913 - 9012. College of Business & Economics, California State University, Hayward, CA, USA. 1 (1), January 2008

[39] Jan Toporowski. The Economics and Culture of Financialisation. SOAS Department of Economics Working Papers, ISSN 1753 - 5816. SOAS University of London, and the Research Centre for the History and Methodology of Economics, University of Amsterdam, Holland, April 2008

# 后　　记

在本书即将付印之际，回首写作过程中的点点滴滴，除了诸多感慨，便是深深的感激，在此特向所有帮助过我的老师、朋友、亲人致以最诚挚的谢意！

感谢我的博士生导师石云霞教授。在武汉大学学习期间，石老师给了我悉心的指导、大力的支持和热心的帮助。当我因工作、学习、家庭等压力大而对学习感到畏惧时，是石老师给了我及时的开导和鼓励；当我在论文选题方面找不到方向时，是石老师为我指点了迷津。尤其是本书的研究，从最初的选题、题目的确定，提纲的草拟、撰写、修改，直到最后的定稿，从有关方法论的掌握与运用，从论著的结构安排、材料的选取到修改等整个过程中，石老师都倾注了无数的心血和精力，为此，学生感到深深的不安，正是因为学生的愚钝，给年迈的老师增添了诸多的烦忧，在此，恳请老师海涵！石老师严谨的学风、敏捷的思维、独到的见解、渊博的知识、深厚的学养以及宽严适度的大家风范、严慈并济的导师风格，都使我终身受益。在此，谨向恩师致以由衷的感谢和深深的敬意！谢谢石老师，谢谢您对我一路的扶持和栽培！

感谢一直支持和帮助我的朋友们。感谢我的好朋友、武汉大学校友、广西大学校友潘柳燕教授，是她的真诚鼓励和热心支持，让我鼓起了克服重重困难的勇气，尤其是当我在本书写作过程中被困难压得非常沮丧的时候，正是她用最朴实的言语告诉我：你行的！同时给予了我及时、贴切的宽慰、开导和无私的帮助。感谢桂林医学院的同行们对我的理解、支持、鼓励和帮助，当我因忙于本书写作忘了吃饭时，他们常常悄悄地帮我从学校食堂买来饭菜，或送我点心、水果等，使我感动不已。感谢桂林医学院的保安人员小李，在漫长的暑假，偌大一栋办公楼，只有我一个人在写作，每天早出晚归，常常写到很晚，她就一直通过视频关注我的安全，实在太晚时，她会好心提醒我：天黑，人少，王老师您回家的路上要注意安全啊！让我真切地感受到了最质朴而温暖的关心。谢谢朋友们！这一切我会铭记在心，珍藏永远。

感谢默默支持我的父母、丈夫、女儿。我的父母已年近90，我常常与他们聊天，每个月帮他们理一次头发。双亲已经习惯了这种方式，随着他们年龄的增高，越发成为一种依恋。但当他们知道我有完成本书的写作任务时，十分支持，并宽慰我不用担心他们，好好写作。我怀着忐忑不安的心情进入了本书的写作状态，默默祈祷父母身体健朗如常，平平安安！感谢父母的支持、理解！感谢他们的坚强！在这里要特别感谢我的先生，在我全身心投入本书的写作之后，为了支持我的工作，患有严重高血压的他，在繁重的工作之余，承担了照顾家庭的全部工作，毫无怨言，并不时鼓励我、开导我，令我感到惭愧不安，感谢先生的无私付出、全力支持！女儿对我的默默支持更让我愧疚不已。女儿正处于求学阶段，我本应该多一些时间与她沟通，缓解一下她的升学压力，消除她的一些成长烦恼，但我在这样的关键时期，无暇顾及她，只能让她自己面对各种压力。感谢她的懂事和善良！祝愿她实现自己的理想！

最后，本书的出版得到人民日报出版社编辑的大力支持和帮助，在此一并表示衷心的感谢。

王光秀

2016年10月